CONSTITUCIONALISMO DIGITAL
LIMITES CONSTITUCIONAIS NA NOVA FRONTEIRA DO PODER

JOÃO VICTOR ARCHEGAS

Prefácio
Eneida Desiree Salgado

CONSTITUCIONALISMO DIGITAL
LIMITES CONSTITUCIONAIS NA NOVA FRONTEIRA DO PODER

Belo Horizonte

FÓRUM
CONHECIMENTO JURÍDICO

2025

© 2025 Editora Fórum Ltda.

É proibida a reprodução total ou parcial desta obra, por qualquer meio eletrônico, inclusive por processos xerográficos, sem autorização expressa do Editor.

Conselho Editorial

Adilson Abreu Dallari
Alécia Paolucci Nogueira Bicalho
Alexandre Coutinho Pagliarini
André Ramos Tavares
Carlos Ayres Britto
Carlos Mário da Silva Velloso
Cármen Lúcia Antunes Rocha
Cesar Augusto Guimarães Pereira
Clovis Beznos
Cristiana Fortini
Dinorá Adelaide Musetti Grotti
Diogo de Figueiredo Moreira Neto (*in memoriam*)
Egon Bockmann Moreira
Emerson Gabardo
Fabrício Motta
Fernando Rossi
Flávio Henrique Unes Pereira

Floriano de Azevedo Marques Neto
Gustavo Justino de Oliveira
Inês Virgínia Prado Soares
Jorge Ulisses Jacoby Fernandes
Juarez Freitas
Luciano Ferraz
Lúcio Delfino
Marcia Carla Pereira Ribeiro
Márcio Cammarosano
Marcos Ehrhardt Jr.
Maria Sylvia Zanella Di Pietro
Ney José de Freitas
Oswaldo Othon de Pontes Saraiva Filho
Paulo Modesto
Romeu Felipe Bacellar Filho
Sérgio Guerra
Walber de Moura Agra

FÓRUM
CONHECIMENTO JURÍDICO

Luís Cláudio Rodrigues Ferreira
Presidente e Editor

Coordenação editorial: Leonardo Eustáquio Siqueira Araújo
Revisão: Cristhiane Maurício
Capa e projeto gráfico: Walter Santos
Diagramação: João Oliveira

Rua Paulo Ribeiro Bastos, 211 – Jardim Atlântico – CEP 31710-430
Belo Horizonte – Minas Gerais – Tel.: (31) 99412.0131
www.editoraforum.com.br – editoraforum@editoraforum.com.br

Técnica. Empenho. Zelo. Esses foram alguns dos cuidados aplicados na edição desta obra. No entanto, podem ocorrer erros de impressão, digitação ou mesmo restar alguma dúvida conceitual. Caso se constate algo assim, solicitamos a gentileza de nos comunicar através do *e-mail* editorial@editoraforum.com.br para que possamos esclarecer, no que couber. A sua contribuição é muito importante para mantermos a excelência editorial. A Editora Fórum agradece a sua contribuição.

Dados Internacionais de Catalogação na Publicação (CIP) de acordo com ISBD

A671c   Archegas, João Victor
            Constitucionalismo digital: limites constitucionais na nova fronteira do poder / João Victor Archegas. Belo Horizonte: Fórum, 2025.

            247 p. 14,5x21,5cm
            il. color

            ISBN impresso 978-65-5518-857-8
            ISBN digital 978-65-5518-858-5

            1. Constitucionalismo. 2. Plataformas digitais. 3. Direito constitucional. 4. Teoria constitucional. 5. Direito digital. 6. Internet. 7. Redes sociais. I. Título.

            CDD: 342
            CDU: 342

Ficha catalográfica elaborada por Lissandra Ruas Lima – CRB/6 – 2851

Informação bibliográfica deste livro, conforme a NBR 6023:2018 da Associação Brasileira de Normas Técnicas (ABNT):

ARCHEGAS, João Victor. *Constitucionalismo digital*: limites constitucionais na nova fronteira do poder. Belo Horizonte: Fórum, 2025. 247 p. ISBN 978-65-5518-857-8.

Ao meu pai e minha mãe, que sempre me incentivaram a ser quem eu sou.

Isso me levou além.

AGRADECIMENTOS

O processo de construção de um trabalho acadêmico muitas vezes cria uma ilusão de isolamento. São incontáveis horas divididas apenas entre telas e páginas. Ao iniciar a escrita dos meus agradecimentos, entretanto, a ilusão se desfez rapidamente. Estas são as pessoas que estiveram ao meu lado e nunca deixaram que eu me sentisse realmente sozinho.

Meus pais, Danielle e Fabiano. Sou para sempre grato pela educação e pelo amor que recebi de vocês desde os meus primeiros segundos de vida. Mais do que isso, tenho que agradecer por me incentivarem a ser quem eu sou. A liberdade para seguir meus sonhos me fez ir além, sem jamais esquecer o caminho de volta para casa.

Meu irmãos, João Gabriel e Rafaella. Obrigado por me mostrarem todos os dias o real significado da vida. A alegria (e orgulho) que vocês me dão não cabe em palavras. Sigam adiante, sempre lembrando que eu estarei aqui para o que for preciso. Minha companheira, Ana Cecília. O seu amor é uma confortável constante no mar de incertezas que é a vida. Obrigado por dividir tantos sonhos e angústias comigo.

Meus avós, Carlos, Themis, Dilmar e Ligia. Vocês são minhas maiores inspirações. As lições de vida que recebi de vocês estão bem guardadas comigo e continuarão guiando minhas escolhas até o fim. Minha madrinha, Fernanda. Obrigado por estar sempre por perto. A presença é, sem dúvidas, um dos maiores atos de amor.

Minha orientadora, Desiree. Não haveria um João pesquisador e professor sem você. Obrigado por abrir as portas do mundo acadêmico para mim há quase uma década e seguir acreditando no meu potencial até hoje. Minha professora e mentora, Estefânia. Preciso agradecer pelos seus valiosos ensinamentos, dentro e fora de sala de aula. Você é a razão pela qual eu decidi dedicar minha carreira acadêmica ao Direito Público.

Meus colegas de orientação, Letícia, Erick, Ana, Luiza, Daniel, Eduardo, Juliana, Suellen, José Armando, João e Juliano. Obrigado pela paciência com as minhas dúvidas e pelas conversas sobre o meu tema de pesquisa. Em especial, devo agradecer a Letícia e ao Erick pela revisão cuidadosa do meu trabalho e por todos os apontamentos que estão refletidos, de uma forma ou outra, no texto final desta obra.

Meus amigos de graduação, Franciane, João Gabriel, Diana e Lívia. Sempre serei grato pelos laços que criamos dentro do prédio histórico e que persistem, mais fortes do que nunca, anos depois. Meus companheiros de docência, Gilberto, Julia, Daniel, Eloi e Décio. Agradeço por me ajudarem na difícil (mas gratificante) missão que é a educação universitária e por debaterem comigo diversos dos conceitos que aparecem ao longo do trabalho.

Meus colegas do ITS Rio. O meu tempo no Instituto ensinou-me quase tudo que eu sei sobre a relação entre Direito e tecnologia. Em especial, preciso agradecer a orientação que recebi de pessoas generosas como Caff, Sérgio, Fabro, Celina, Ronaldo e Christian. Diversas outras pessoas inspiradoras também cruzaram meu caminho no ITS, como o Lucas e a Alice. Ao Lucas, particularmente, devo agradecer por todas as conversas edificantes sobre constitucionalismo digital ao longo dos últimos anos.

Eu sou reflexo de diversos outros professores e amigos que passaram pela minha vida e que, felizmente, não cabem numa só lista. Mesmo sabendo que vou cometer algumas injustiças por lapso de memória, preciso agradecer às seguintes pessoas: Heloisa, Melina, Miguel, Kanayama, Emerson, Vicki, Tom, Felipe, Érico, Pedro, Roberta, Gustavo, Alex, Arthur, Mateus, Marcelo, Nayara, Daniel, Leonardo, Moacyr, Alcides, Flavia, João, Caio, Tainá, Priscilla, Cristina, Nina, Jana e tantos outros.

The essence of Government is power; and power lodged as it must be, in human hands, will ever be liable to abuse

(James Madison, 1829)

I cried, power
Power
Bring down

(Nina Simone, 1962)

I understand the concerns about how tech platforms have centralized power,
but I actually believe the much bigger story is how much these platforms have
decentralized power by putting it directly into people's hands

(Mark Zuckerberg, 2019)

LISTA DE FIGURAS

Figura 1   A Batalha das Corporações-nação
Figura 2   Recorte da Batalha das Corporações-nação

LISTA DE GRÁFICOS

Gráfico 1   Respostas da Meta às Recomendações do Oversight Board
Gráfico 2   Taxa de Implementação das Recomendações do Oversight Board

SUMÁRIO

PREFÁCIO
Eneida Desiree Salgado 17

1. INTRODUÇÃO 21

2. EM UM RELACIONAMENTO COMPLICADO:
DIREITO E INTERNET 27
2.1 Responsabilidade civil de intermediários na internet 32
2.1.1 A construção da seção 230 nos EUA 33
2.1.2 A formação do Marco Civil da Internet no Brasil
 e o artigo 19 38
2.1.3 Um novo impasse jurídico e a ascensão dos "impérios na
 nuvem" 42
2.1.3.1 Um emaranhado político-judicial nos EUA 49
2.1.3.2 A (in)constitucionalidade do artigo 19 no Brasil 53
2.2 Um novo contexto regulatório 56
2.2.1 As três fases da governança de plataformas digitais 56
2.2.2 Autorregulação, regulação e corregulação 59
2.2.3 Novas iniciativas regulatórias e os limites da regulação
 estatal 62

3. CONSTITUCIONALISMO DIGITAL 67
3.1 Constitucionalismo para além do Estado 69
3.1.1 Constitucionalismo multinível e constitucionalismo
 global 79
3.1.2 Constitucionalismo societal e transconstitucionalismo 83
3.1.3 Constitucionalismo cosmopolita e a crítica de
 Martin Loughlin 94
3.2 Construção ou confusão conceitual? 96
3.2.1 A perspectiva de Fitzgerald 96
3.2.2 A perspectiva de Suzor 98

3.2.3 A perspectiva de Redeker, Gill e Gasser 106
3.2.4 Isso não é uma revolução: a perspectiva de Celeste e De Gregorio 113
3.2.5 Críticas ao conceito de constitucionalismo digital 122
3.3 *Design* constitucional e a busca por uma síntese 131
3.3.1 Respondendo às críticas 132
3.3.2 Propondo uma nova agenda para o constitucionalismo digital 148

4. APLICAÇÕES PRÁTICAS DO CONSTITUCIONALISMO DIGITAL 153
4.1 O *Oversight Board* do Facebook 153
4.1.1 Dois amigos e uma bicicleta 158
4.1.2 Estrutura e processo 165
4.1.3 Críticas ao Board 173
4.1.4 Análise da atuação do Board 188
4.1.5 Construindo uma política de crise 201
4.2 Regulação de plataformas digitais no Brasil 210
4.2.1 O Projeto de Lei nº 2.630, de 2020, entre a pandemia e o 8 de janeiro 213
4.2.2 Efeito Bruxelas, dever de cuidado e riscos sistêmicos 218
4.2.3 Caminhos a partir do constitucionalismo digital 222

5. CONSIDERAÇÕES FINAIS 233

REFERÊNCIAS 239

PREFÁCIO

Desde o princípio das teorizações sobre política, a preocupação central é a de um governo equilibrado e com a proteção das pessoas submetidas a esse governo. É certo que aqui e ali havia também ênfase nos poderes do governante e nas estratégias para se fazer obedecer e que a autonomia individual a ser protegida nem sempre alcançava muita gente.

Quando houve certa despersonalização do poder, com a passagem da soberania do rei para a soberania da nação e depois para a soberania popular, os olhares voltaram-se para os desenhos institucionais: separação de poderes, freios e contrapesos, representação política, devido processo legal e o constitucionalismo para equilibrar todas essas premissas.

Uma nova configuração do poder vem desafiar essas categorias. Não estamos diante apenas da privatização do poder, já observada há décadas com o poder econômico de grandes corporações a se impor contra poderes políticos dotados de legitimidade democrática, limitando suas ações e os efeitos de suas decisões: agora uma nova esfera pública se apresenta.

A praça pública deslocou-se para as plataformas digitais. É nesse novo não-lugar, destacado nas exigências de sincronicidade discursiva, que grande parte das pessoas passa a formar sua opinião política e a manifestar suas ideias. Essa que poderia ser uma ágora ampliada, com potencialidade para a deliberação democrática, frustrou as esperanças de um novo tempo: nas redes sociais a política está perdendo (e feio) para os discursos de ódio, a desinformação e as ameaças à democracia.

É essa realidade tratada por um dos pesquisadores mais brilhantes que eu já conheci. Enfrentando, como fez desde a graduação, temas relevantes em busca de respostas adequadas, João Victor Archegas propõe a utilização da caixa de ferramentas do constitucionalismo para as plataformas.

Como instrumento de realização das promessas da modernidade política, o constitucionalismo é um termo superestimado, estimado mesmo. As organizações políticas modificam-se intensamente e o constitucionalismo vai sendo adjetivado, ora com mais ênfase em seus elementos originais, ora acompanhado por um adjetivo que modifica sua essência.

A aplicação do termo constitucionalismo, suas abordagens e derivações aparecem vinculadas a uma organização política específica: o Estado nacional. Apesar de leituras como constitucionalismo global e constitucionalismo multinível, o *design* constitucional e seus fundamentos parecem estar fortemente vinculados a um território específico, a uma população determinada que se transforma em povo ao ser constituída por uma Constituição. Nem mesmo a proposta de uma Constituição para a União Europeia em 2004 prosperou, apesar de seus países, ao menos discursivamente, compartilharem os mesmos ideais democráticos.

Essa leitura que relaciona ontologicamente Constituição e Estado permanece na mentalidade política e jurídica, apesar da transformação radical na esfera pública ocorrida no século XXI. Mas a população dessa arena digital não se vincula a um território definido e não é constituída por um conjunto de princípios e valores. Mais relevante ainda, a configuração do domínio nesse espaço desterritorializado é absolutamente distinta daquela pensada pela teoria política: trata-se de um domínio privado e uma pessoa – física ou jurídica – que detém o comando das plataformas digitais.

João Victor Archegas sabe de tudo isso e estuda há tempos a relação entre Direito e Internet. A partir de profunda pesquisa e de seu trabalho, João defende, competentemente, um constitucionalismo digital como uma nova modalidade de constitucionalismo para além das fronteiras estatais. Enfrentando as críticas ao termo, o talentoso pesquisador afirma que a gramática constitucionalista, trasladada à esfera digital, é capaz de promover a proteção de direitos fundamentais nas relações das pessoas com as empresas de tecnologia, a partir de uma regulação interna, vinda das próprias empresas, combinada com a regulação estatal. Para demonstrar seus argumentos, analisa ainda duas aplicações deste constitucionalismo: a configuração e o funcionamento do Oversight Board do Facebook e os debates relativos à regulação de plataformas digitais no Brasil.

Fruto da dissertação de mestrado, defendida exemplarmente no Programa de Pós-Graduação em Direito da Universidade Federal do Paraná, o livro traz um baita panorama dos problemas e soluções, uma defesa do constitucionalismo digital e uma agenda de pesquisa. Leitura essencial para quem quer entender o que está acontecendo e para quem quer propor medidas para enfrentar os desafios deste nem tão admirável mundo novo.

Curitiba, inverno de 2024.

Eneida Desiree Salgado
Professora de Direito Constitucional e Eleitoral da UFPR.
Pesquisadora — às vezes otimista, às vezes pessimista quanto à democracia do futuro.

1. INTRODUÇÃO

Imagine que já se passaram alguns anos desde que a primeira "inteligência artificial geral" foi criada por empresas do Vale do Silício. Programas de computador altamente sofisticados agora são mais inteligentes do que qualquer ser humano vivo, desempenhando quase todas as tarefas essenciais para o funcionamento da nossa sociedade. Os benefícios dessa tecnologia, entretanto, não são distribuídos de forma igualitária ao redor do planeta. Apenas algumas empresas de tecnologia possuem a *expertise* e os recursos necessários para explorar essas aplicações tecnológicas em escala. Em razão disso, não são mais apenas *big techs*, mas sim "Corporações-nação" que competem por poder político e econômico no plano transnacional. Não tardou, assim, para que entrassem em guerra.

Figura 1 – Escultura "A Batalha das Corporações-nação", de Sebastian Errazuriz (2023)

Essa é a trama semificcional retratada pela escultura "A Batalha das Corporações-nação" (*The Battle of Corporate Nations*), de Sebastian Errazuriz. Para representar esse futuro distópico, Errazuriz esculpiu três bilionários do setor de novas tecnologias em uma cena de guerra. À esquerda, montado em um cavalo e com um pacote da Amazon em mãos, está Jeff Bezos. No centro, com um óculos de realidade virtual na cabeça, é possível ver Mark Zuckerberg. Por fim, à direita, como um lança-chamas na cintura e um capacete da Space X, foi posicionado Elon Musk. Segundo o artista chileno, "corporações movidas por inteligência artificial vão acumular riqueza, poder e influência até o ponto de se tornarem mais importantes do que países".[1] Nesse futuro distópico imaginado pelo escultor, Bezos, Zuckerberg e Musk não são apenas ricos e influentes, mas também conquistadores.

O movimento descrito por Errazuriz, entretanto, já está parcialmente em curso e, de certa maneira, independe do estágio de desenvolvimento da inteligência artificial. Grandes empresas de tecnologia como Meta,[2] Amazon e Google são, pelo menos em alguns aspectos, tão poderosas e influentes quanto Estados-nação. Enfrentar essa realidade é uma tarefa urgente, se pretendemos proteger e promover direitos e liberdades fundamentais na era digital. O presente trabalho, assim, pretende contribuir com essa discussão por meio dos subsídios teóricos e práticos oferecidos pelo constitucionalismo digital. Trata-se de um conceito que, embora ainda em construção e altamente contestado, aponta para a necessidade da implementação de limites constitucionais para além do Estado.

Do ponto de vista metodológico, alguns recortes foram necessários para operacionalizar o presente estudo. Em primeiro lugar, o principal objeto de investigação é a atuação de provedores de aplicações de Internet,[3] em especial redes sociais — embora, em

---

[1] O perfil do artista, seu acervo e a explicação detalhada da escultura estão disponíveis em https://www.faenaart.org/sebastian-errazuriz.

[2] Chamada por anos apenas de Facebook, a Meta hoje é a empresa que controla aplicações populares como Facebook, Instagram e WhatsAp. Ao longo deste trabalho, a depender da data de publicação das obras e notícias referenciadas, é possível que o nome "Facebook" seja usado para referenciar a empresa como um todo e não apenas a rede social. Em outros contextos, entretanto, o nome "Facebook" é usado para indicar especificamente a rede social criada em 2004 por Mark Zuckerberg.

[3] É adotada aqui, para fins conceituais, a distinção entre provedores de aplicações e provedores de conexão à Internet que é feita por legislações como o Marco Civil da Internet

vários momentos, o trabalho mencione "plataformas digitais" com o intuito de expandir a análise para outras empresas de tecnologia quando possível.[4] Em segundo lugar, a maior parte das discussões a seguir orbitam em torno dos impactos da governança interna desses provedores sobre o exercício da liberdade de expressão na era digital. Por fim, em terceiro lugar, o trabalho se debruça especificamente sobre iniciativas de regulação de plataformas digitais, como o Projeto de Lei nº 2.630, de 2020, no Brasil, explorando sua relação com o regime de responsabilização de provedores na Internet.[5]

Partindo desses três recortes, o principal problema de pesquisa a ser enfrentado é a distorção causada no ecossistema constitucional contemporâneo pelo acúmulo de poder por grandes empresas de tecnologia. Plataformas comandadas por atores privados emergem como os "novos governadores" da era digital, regulando e influenciando diversos aspectos da nossa vida em sociedade.[6] Isso inclui, notavelmente, o exercício de direitos e liberdades fundamentais. A atuação dessas corporações muitas vezes, entretanto, não se coaduna com os "padrões de legitimidade

---

(Lei nº 12.965, de 2014). Provedores de aplicações estruturam, administram e ofertam ao público um "conjunto de funcionalidades que podem ser acessadas por meio de um terminal conectado à Internet" (artigo 5º, VII do Marco Civil), ao passo que provedores de conexão garantem "a habilitação de um terminal para envio e recebimento de pacotes de dados pela internet, mediante a atribuição ou autenticação de um endereço IP" (artigo 5º, V do Marco Civil).

[4] O presente trabalho entende plataforma digital como o gênero que compreende as seguintes espécies: redes sociais, ferramentas de busca, aplicativos de mensageria privada e *sites* de comércio eletrônico. Plataforma digital é, assim, uma infraestrutura digital que busca facilitar a interação entre usuários e, para isso, baseia-se primordialmente no compartilhamento ou curadoria de conteúdos de terceiros. Ainda, segundo Paul Belleflamme e Martin Peitz, "plataforma é uma entidade que aproxima agentes econômicos e administra ativamente os efeitos de rede entre eles". BELLEFLAMME, Paul; PEITZ, Martin. *The Economics of Platforms: Concepts and Strategy*. Cambridge: Cambridge University Press, 2021, p. 28-29. Tradução livre.

[5] O PL nº 2.630 de 2020, também conhecido como "PL das Fake News" ou "PL da regulação de plataformas", é um importante marco nas discussões regulatórias sobre novas tecnologias no Brasil. Nada obstante, o PL vem perdendo força no Congresso Nacional e se tornou fonte de polarização política. Em junho de 2024, o presidente da Câmara dos Deputados, Arthur Lira, criou um grupo de trabalho para analisar o projeto, sinalizando que o texto poderá passar por reformas substanciais. Independente do destino que aguarda o PL nº 2.630 de 2020, o presente trabalho o encara como um importante exemplo de como a regulação de novas tecnologias pode se desdobrar e quais suas principais consequências para o regime de responsabilização de intermediários na Internet.

[6] KLONICK, Kate. The New Governors: The People, Rules, and Processes Governing Online Speech. *Harvard Law Review*, v. 131, 2018.

que nós esperamos dos nossos governos".[7] Nota-se, por exemplo, a falta de transparência e previsibilidades nos sistemas de moderação de conteúdo de redes sociais.

A hipótese, por sua vez, é que é preciso refletir sobre a estruturação e implementação de limites constitucionais dentro da própria governança privada de grandes empresas de tecnologia, não sendo mais suficiente apenas a regulação estatal clássica. Trata-se, assim, de um novo processo de constitucionalização. É nesse sentido que podemos falar em constitucionalismo digital: enquanto projeto de tradução de valores e princípios constitucionais para uma arena digital dominada por um seleto (e poderoso) grupo de atores privados. Em outras palavras, o constitucionalismo digital reconhece o exercício do poder público por plataformas digitais privadas e, com o intuito de garantir a sobrevivência de valores constitucionais na era digital, objetiva criar mecanismos constitucionais de limitação do poder para além do Estado.

Inúmeras objeções podem (e devem) ser levantadas a respeito dessa hipótese. Seria esse um argumento em defesa da substituição de uma ordem constitucional baseada no Estado-nação por uma ordem constitucional cosmopolita? É realmente possível falar em constitucionalismo para além do Estado? Não seria mais lógico apostar numa agenda clássica de regulação, deixando para as agências reguladoras estatais a tarefa de enfrentar os impactos negativos da concentração de poder por atores privados? Essas e outras questões serão avaliadas ao longo do presente trabalho. De antemão, entretanto, é preciso deixar claro que esta pesquisa parte do pressuposto de que algumas *big techs* já são tão poderosas quanto (e, em alguns casos, até mais poderosas que) diversos Estados-nação, especialmente no que diz respeito à sua influência sobre a esfera pública de informações e opiniões *on-line*.

Buscando enfrentar o problema de pesquisa e testar a hipótese levantada, o trabalho é estruturado em três partes. Na primeira são apresentados alguns conceitos introdutórios sem os quais não é possível compreender a relação entre Direito e Internet. Isso inclui uma análise detalhada do regime de responsabilização de provedores de

---

[7] SUZOR, Nicolas. A constitutional moment: How we might reimagine platform governance. *Computer & Security Review*, n. 36, 2020, p. 1. Tradução livre.

aplicações nos Estados Unidos e no Brasil, dando especial destaque à consolidação de dispositivos de *safe harbor* nos dois países. Esses dispositivos, por sua vez, são parcialmente responsáveis pelo surgimento de um paradigma de autorregulação de plataformas digitais, ao redor do qual orbita o debate contemporâneo sobre regulação de novas tecnologias. É justamente esse novo contexto regulatório que servirá de fio condutor para as outras duas partes do trabalho.

A segunda parte, então, é dedicada à análise teórica do constitucionalismo digital e se baseia em uma metodologia lógico-dedutiva. Trata-se, como visto, de um conceito ainda em desenvolvimento e altamente contestado por estudiosos do constitucionalismo contemporâneo. Em primeiro lugar, são exploradas algumas correntes teóricas que defendem a possibilidade de se falar em constitucionalismo para além do Estado. Em segundo lugar, é feito um mapeamento da literatura sobre constitucionalismo digital, incluindo os posicionamentos dos seus principais defensores e críticos. Em terceiro lugar, são oferecidas algumas respostas para as críticas direcionadas ao constitucionalismo digital. Ao final, em busca de uma síntese entre os defensores e críticos, é proposta uma nova agenda para o constitucionalismo digital baseada em elementos de *design* constitucional.

A terceira parte do trabalho, por fim, debruça-se sobre duas dimensões práticas do constitucionalismo digital a partir da agenda proposta ao final da segunda parte. A primeira dimensão é voltada ao funcionamento da governança interna de plataformas digitais e ao estabelecimento de limites constitucionais informados pelo constitucionalismo moderno. Para melhor ilustrar essa dimensão, é feita uma análise detalhada de alguns aspectos operacionais do *Oversight Board* da Meta, uma instituição independente criada para decidir casos de moderação de conteúdo em última instância. A segunda dimensão, ao seu turno, é voltada para a regulação de plataformas digitais pelo Estado, tendo como foco o Projeto de Lei nº 2.630, de 2020. O objetivo dessa análise é demonstrar como, à luz do constitucionalismo digital, instrumentos de corregulação são mais promissores do que instrumentos regulatórios clássicos. Por fim, são feitas algumas considerações em tom de conclusão.

2. EM UM RELACIONAMENTO COMPLICADO: DIREITO E INTERNET

A Internet — uma infraestrutura global de comunicações baseada em servidores descentralizados que interagem a partir de um protocolo comum — foi criada com o intuito de minimizar a possibilidade de cooptação da rede por agentes maliciosos. Criada no final da década de 60 a partir de um programa militar subsidiado pelo governo dos Estados Unidos no auge da Guerra Fria, a Internet nasceu para ser resiliente. Ao longo dos anos, entretanto, essa tecnologia militar recebeu outras aplicações — em especial comerciais, contribuindo com a criação de um verdadeiro mercado digital global — e hoje é a rede de comunicações mais importante, valiosa e influente do planeta. Isso, por sua vez, tem consequências profundas na maneira como interagimos e nos relacionamos em sociedade.

Alguns autores debatem e analisam os impactos da Internet sobre a organização social contemporânea desde a década de 90, antes mesmo das revoluções tecnológicas mais recentes que foram marcadas pela ascensão das plataformas digitais e da inteligência artificial. Manuel Castells, por exemplo, defende que estamos diante de uma nova forma de organização social em razão da popularização da Internet, chamada por ele de "sociedade em rede".[8] Outros autores, por sua vez, referem-se a uma suposta "sociedade algorítmica" diante do surgimento de algoritmos preditivos e sistemas de inteligência artificial cada vez mais avançados e sofisticados.[9]

O Direito, enquanto tecnologia social de regulação das ações e relações entre diferentes sujeitos em sociedade, inevitavelmente encontrou na Internet uma série de obstáculos para estabelecer um

---

[8] CASTELLS, Manuel. *A sociedade em rede*. São Paulo: Paz & Terra, 2013.
[9] DE GREGORIO, Giovanni. *Digital Constitutionalism in Europe: Reframing Rights and Powers in the Algorithmic Society*. Cambridge: Cambridge University Press, 2022.

sistema normativo. A maior parte desses desafios se dá em razão de uma aparente incompatibilidade entre os dois sistemas. A Internet, afinal, apresenta-se como uma rede global e "sem fronteiras", ao passo que o Direito produzido no Estado-nação é, por excelência, limitado de um ponto de vista territorial. A relação entre Direito e Internet, assim, passa a ser uma questão de jurisdição e, ao mesmo tempo, "desvinculação territorial"[10] (*territorial detachment*).

Esse fenômeno levanta uma série de dificuldades para o Estado na era digital, visto que "é tecnicamente possível acessar e consultar servidores estrangeiros remotamente sem precisar entrar no território ou solicitar a assistência de intermediários daquele país" ou, ainda, "controlar remotamente atividades que ocorrem em um Estado a partir de uma localização em outro território".[11] Por muitos anos, a literatura especializada na relação entre Direito e Internet dedicou parte considerável de seus esforços para discutir essas e outras questões jurisdicionais e, assim, propor respostas para uma pergunta que até hoje ecoa em diversos estudos sobre o tema: quem controla a Internet?

Em sua influente obra sobre as fronteiras do mundo digital, Jack Goldsmith e Tim Wu relembram o otimismo libertário da década de 90 e a crença de que a Internet iria "deslocar o poder governamental dos Estados-nação em direção aos indivíduos e grupos privados".[12] Um dos grandes expoentes desse movimento foi John Perry Barlow, conhecido por ser um dos fundadores da *Electronic Frontier Foundation* e uma importante voz na defesa de uma Internet livre e aberta. Tamanha é sua influência sobre a área que hoje é quase impossível encontrar artigos ou livros sobre o tema que não citem sua famosa "declaração de independência do ciberespaço".[13]

Em fevereiro de 1996, durante o Fórum Econômico Mundial em Davos, Barlow escreveu e compartilhou tal declaração como

---

[10] HÖRNLE, Julia. *Internet Jurisdiction Law and Practice*. Oxford: Oxford University Press, 2021.
[11] *Ibidem*, p. 4-31. Tradução livre.
[12] GOLDSMITH, Jack. WU, Tim. *Who Controls de Internet? Illusions of a Borderless World*. Oxford: Oxford University Press, 2006, p. 25. Tradução livre.
[13] A declaração de independência do ciberespaço pode ser consultada, em inglês, em: https://www.eff.org/pt-br/cyberspace-independence.

uma forma de protesto contra tentativas de regulação da Internet por países como os Estados Unidos. Na sua visão, o Estado-nação não tem soberania sobre o ciberespaço e, por isso, a Internet é "naturalmente independente" das formas tradicionais de governo. Mesmo que diferentes países tentem (re)desenhar as fronteiras da Internet a partir de medidas coercitivas, Barlow afirma que nada irá evitar que o ciberespaço continue extrapolando esses limites e seja governado pelos seus próprios usuários, os quais, por sua vez, estão construindo novas identidades que independem das suas nacionalidades. Liberdade, descentralização e autodeterminação; essas seriam as pedras fundamentais dessa nova infraestrutura global, segundo Barlow.

Embora o movimento ciberlibertário tenha deixado uma importante marca nas discussões sobre Internet e jurisdição, Goldsmith e Wu destacam outras correntes que também precisam ser levadas em consideração. É o caso de acadêmicos e ativistas que, embora também reconheçam a erosão da autoridade do Estado na era digital, acreditam que "regras territoriais precisariam ser suplementadas [...] por instituições governamentais globais".[14] Ou seja, trata-se de uma visão cosmopolita, segundo a qual a globalização estaria invariavelmente associada ao surgimento de uma governança global que conta com estruturas e instituições próprias para a organização da sociedade na era digital. Embora seja verdade que a Internet hoje é moldada e influenciada por algumas organizações que se enquadram nessa visão internacionalista, como é o caso da ICANN (a Corporação da Internet para Atribuição de Nomes e Números) e até mesmo do Fórum de Governança da Internet da ONU, a história do ciberespaço desde a década de 90 parece contrariar, ainda que parcialmente, tanto a visão ciberlibertária quanto a visão internacionalista.

Como demonstram Goldsmith e Wu, a Internet é constituída por vários elementos que se relacionam intimamente com a geografia do mundo analógico.[15] A imagem de uma Internet "sem fronteiras" é, em parte, uma ilusão. Na base da rede estão cabos,

---

[14] GOLDSMITH, Jack. WU, Tim. *Who Controls de Internet? Illusions of a Borderless World*. Oxford: Oxford University Press, 2006, p. 25. Tradução livre.
[15] *Ibidem*, p. 49-63.

servidores, diferenças linguísticas, protocolos de geolocalização e tantos outros elementos que vinculam essa infraestrutura complexa aos territórios de diferentes Estados. Estes, por sua vez, buscam moldá-la e conformá-la de acordo com os seus valores e interesses. Ademais, "a sensibilidade da Internet às diferenças geográficas se deu naturalmente, via dinâmicas de mercado, em razão das respostas dadas por provedores de conteúdo e fabricantes de *hardware* e *software* às diferentes demandas locais [que recebiam]".[16]

Exemplo disso é a disputa que ocorreu no alvorecer da Internet comercial nos Estados Unidos pela chamada "autoridade de raiz" (*root authority*), ou seja, o poder de definir e distribuir nomes e números de domínio, além de resolver eventuais conflitos entre as partes interessadas.[17] O fato de essa disputa ter acontecido naquele país, envolvendo atores como o próprio governo dos Estados Unidos e a ICANN, deve-se aos diferentes elementos da Internet que apontam especificamente para o território estadunidense. Em linhas gerais, por mais que a Internet seja de fato uma infraestrutura global de comunicações e, em diversos momentos, desafie os limites do Estado-nação, não é tecnicamente correto afirmar que fronteiras nacionais são completamente acessórias na arena digital. Assim, o Estado continua desempenhando um papel importante na regulação e organização do ciberespaço.

Isso não significa, entretanto, que o ciberespaço deva ser regulado e organizado apenas de acordo com interesses estatais, desconsiderando a natureza global da Internet e o valor atrelado à consolidação de uma rede descentralizada. Há sempre, afinal, uma diferença entre o que é possível e o que é desejável. Embora a visão de Barlow seja exagerada e até mesmo caricata na sua tentativa de reproduzir a linguagem da declaração de independência dos Estados Unidos de 1776, há no seu texto um importante alerta que não pode ser desconsiderado: se cada Estado-nação buscar regular e organizar a Internet de forma independente, o ciberespaço que conhecemos deixará de existir.

Alguns especialistas chamam o resultado desse fenômeno de *splinternet*: a fragmentação da Internet em redes que, por não

---

[16] *Ibidem*, p. 63. Tradução livre.
[17] *Ibidem*, p. 30-46.

compartilharem mais as mesmas bases, deixam de se comunicar.[18] Esse fenômeno pode ser acelerado tanto por regulações demasiadamente restritivas que são aprovadas por governos locais, quanto pela ação de grandes corporações que ofertam serviços na Internet e adotam técnicas de fragmentação como uma forma de maximizar lucros e limitar seus concorrentes. O que há em comum entre esses dois contextos é o enfraquecimento do potencial descentralizado da Internet. Em outras palavras, a *splinternet* é a antítese de uma Internet aberta, livre e descentralizada, dando lugar a uma rede fechada em si mesma.

Da década de 90 para cá, esse parece ter sido o principal fio condutor da história do ciberespaço: uma disputa entre os que defendem uma Internet descentralizada e aqueles que se beneficiam de uma maior centralização da rede. O futuro imaginado pelos ciberlibertários (e até mesmo pelos internacionalistas) dos anos 90 guarda pouca ou nenhuma semelhança com a Internet contemporânea. Dois movimentos podem ser destacados para ilustrar esse ponto. Em primeiro lugar, de uma rede construída em primeiro plano pelos próprios usuários, a Internet passou a ser dominada e moldada por grandes corporações, em especial as plataformas digitais de busca, comércio eletrônico e redes sociais. Em várias regiões do planeta, em especial no Sul Global, acessar essas plataformas se tornou sinônimo de acessar a Internet. Habitantes da Ásia, África e América Latina que contratam planos de telefonia móvel com acesso patrocinado ou *zero-rating* muitas vezes confundem o acesso à Internet com o acesso aos serviços da Meta ou Google.

Em segundo lugar, diversos Estados, em especial aqueles com tendências autoritárias, passaram a investir na construção de uma infraestrutura digital com "pontos de estrangulamento" (*choke points*) que facilitam o bloqueio de determinados domínios e o monitoramento das comunicações via Internet. O exemplo máximo dessa estratégia é a "grande *firewall* da China", o resultado de uma série de soluções técnicas que vêm sendo implementadas desde 1998 com o intuito de garantir o controle do governo chinês sobre o acesso

---

[18] BLUMBERG, Deborah Lynn. *3 ways the 'splinternet' is damaging society*. MIT Sloan, 14 jun. 2023. Acesso em: 30 jan. 2024. Disponível em: https://mitsloan.mit.edu/ideas-made-to-matter/3-ways-splinternet-damaging-society.

à Internet. Rebecca MacKinnon refere-se ao sistema como uma espécie de "autoritarismo em rede" (*networked authoritarianism*), que conta tanto com uma camada externa — qual seja, o bloqueio de *sites* estrangeiros — quanto com uma camada interna — representada, ao seu turno, pela pressão exercida pelo governo para que empresas chinesas removam ou limitem certos conteúdos.[19]

O presente trabalho, entretanto, não é um estudo sobre Internet e jurisdição. Basta para os nossos objetivos destacar essa visão geral sobre o que a Internet poderia ter sido e o que ela de fato é, sem que isso represente qualquer tipo de fatalismo sobre o que ela poderá um dia se tornar. Ademais, é preciso ter claro que a possibilidade de maior centralização não significa que isso seja desejável em toda e qualquer circunstância, pelo contrário. Ainda que grandes corporações e Estados tenham sido, em alguma medida, bem-sucedidos na promoção de uma Internet mais centralizada, é preciso estar atento para as consequências desse fenômeno à luz do projeto de construção de uma Internet global e aberta. Mais do que isso, por trás desse debate estão diversas questões que apontam para o complicado relacionamento entre Direito e Internet. Não há soluções simples, por exemplo, para a regulação de plataformas digitais ou para o aprimoramento da governança interna de redes sociais.

Buscando pavimentar o caminho para uma discussão mais aprofundada sobre nosso principal objeto de estudo — qual seja, o conceito de constitucionalismo digital e suas possíveis aplicações práticas —, o próximo tópico se debruça sobre um dos aspectos mais sensíveis da relação entre Direito e Internet: a responsabilização de intermediários pelas informações hospedadas em seus domínios digitais.

2.1 Responsabilidade civil de intermediários na internet

Há uma longa discussão na literatura[20] sobre a responsabilidade civil de intermediários na Internet, em especial provedores de

---

[19] MACKINNON, Rebecca. *Consent of the Networked: The Worldwide Struggle for Internet Freedom*. Nova Iorque: Basic Books, 2012, p. 31-50.

[20] Para um panorama geral da literatura sobre o tema, ver FROSIO, Giancarlo (ed.). *The Oxford Handbook of Online Intermediary Liability*. Oxford: Oxford University Press, 2020.

aplicações *on-line*. Seriam esses atores responsáveis pelos danos causados por conteúdos ou informações compartilhadas por seus usuários e hospedadas em seus domínios na Internet? Se não, quais são os efeitos da atribuição de uma eventual imunidade? Se sim, qual a natureza e extensão dessa responsabilidade? Ainda, como a atribuição de responsabilidade pode incentivar diferentes padrões de comportamento por parte dos provedores e, assim, impactar a liberdade de expressão na Internet e outros valores constitucionais conexos?

Essas são apenas algumas das questões que informam esse longo (e inacabado) debate que está no centro das discussões contemporâneas sobre regulação de plataformas digitais. Para melhor compreender as nuanças envolvidas no tema, entretanto, é preciso antes se voltar brevemente ao contexto que levou à aprovação da seção 230 do *Communications Decency Act* nos Estados Unidos e, na sequência, do artigo 19 do Marco Civil da Internet no Brasil. O dispositivo estadunidense, analisado no próximo tópico, definiu os contornos da responsabilização de provedores naquele país e influenciou a aprovação de dispositivos semelhantes ao redor do mundo, incluindo no Brasil e na União Europeia.

2.1.1 A construção da seção 230 nos EUA

Nos Estados Unidos, onde as principais empresas que contribuíram para o desenvolvimento da Internet contemporânea estão sediadas até hoje, dois casos decididos pelo Poder Judiciário do estado de Nova Iorque foram responsáveis por informar e direcionar o debate sobre responsabilização de provedores nos anos 90.[21] O primeiro caso, *Cubby v. CompuServe*, foi julgado em 1991 pela Corte Distrital do Distrito Sul de Nova Iorque.

Além de oferecer serviços de conexão à Internet e se tornar uma das pioneiras do mercado, a CompuServe também investiu na criação de fóruns *on-line* para que seus clientes pudessem interagir e conversar na Internet. O formato GIF (*Graphics Interchange Format*), até hoje popular em diferentes plataformas digitais, foi desenvolvido por

---

[21] KLONICK, Kate. The New Governors: The People, Rules, and Processes Governing Online Speech. *Harvard Law Review*, v. 131, 2018, p. 1604-05.

um time da empresa em 1987 como parte da sua estratégia de tornar as interações *on-line* mais dinâmicas, promovendo engajamento não apenas entre os próprios usuários, mas também entre os usuários e sua interface digital. Esses fóruns, entretanto, não eram moderados pela CompuServe e inexistiam regras específicas sobre o que era ou não permitido naqueles espaços digitais. Em alguns casos, a empresa chegava até mesmo a delegar a administração dos fóruns para terceiros e estipulava em contrato que eles, e não a CompuServe, seriam responsáveis por criar e revisar os conteúdos disponibilizados.

A empresa Cameron Communications era a responsável pela administração de um fórum de notícias *on-line* criado pela CompuServe e, por sua vez, subcontratou os serviços de produção de conteúdo da Rumorville USA, uma empresa especializada em *newsletters*. Em 1990, entretanto, a Rumorville publicou um conteúdo difamatório sobre a empresa Cubby no fórum *on-line*, uma das suas principais concorrentes no setor. Cubby, então, apresentou uma ação de difamação em face da CompuServe com pedido de reparação pelos danos sofridos pela publicação do conteúdo difamatório no fórum.

A questão que se colocava perante a Corte era se a CompuServe, enquanto criadora do fórum *on-line*, deveria ser responsabilizada pelos danos sofridos por Cubby, ainda que o conteúdo em questão tenha sido criado pelo Rumorville e a responsabilidade pela administração do fórum fosse da Cameron Communications. A Corte Distrital, então, decidiu que a CompuServe não poderia ser responsabilizada tendo em vista que não tinha (e nem poderia ter) conhecimento do conteúdo difamatório, já que não realizava qualquer esforço de moderação dos seus fóruns *on-line*. Em linhas gerais, os juízes entenderam que a CompuServe era uma mera distribuidora de conteúdos *on-line*, não tendo qualquer participação direta na sua produção. Assim, não poderia ser responsabilizada pelos danos causados pelo conteúdo difamatório sob análise.[22]

Esse panorama jurisprudencial mudou significativamente quatro anos depois, quando a Suprema Corte de Nova Iorque julgou o caso *Stratton Oakmont v. Prodigy Services*. A Prodigy era

---

[22] ESTADOS UNIDOS. Corte Distrital do Distrito Sul de Nova Iorque. *Cubby, Inc. v. CompuServe, Inc.* 776 F. Sup. 135, 1991.

uma provedora de aplicações *on-line* que, entre outros serviços, oferecia aos seus usuários um fórum chamado *Money Talk* para que se informassem sobre notícias do mercado financeiro. Em 1994, um usuário anônimo postou uma mensagem no fórum acusando Stratton Oakmont, uma empresa de corretagem, de fraude financeira. Diferentemente da CompuServe, a Prodigy adotava uma série de medidas de moderação para controlar os conteúdos compartilhados em seus fóruns. Além de definir algumas regras e parâmetros sobre o que era ou não permitido nesses espaços, a empresa contava com alguns administradores responsáveis por aplicar suas diretrizes em fóruns específicos e, ainda, identificava linguagem ofensiva de forma automatizada a partir da implementação de um *software* de moderação. Ainda que incipiente e longe da complexidade dos sistemas implementados atualmente por empresas como Meta e Google, tratava-se, inegavelmente, de um sistema próprio de moderação de conteúdo.

Assim, a Suprema Corte de Nova Iorque decidiu que a Prodigy havia feito uma escolha consciente por maior controle editorial de seus fóruns, afastando-se da função de mera distribuidora, como no caso da CompuServe. Por implementar os mecanismos e procedimentos necessários para saber da existência do conteúdo difamatório em questão, a Prodigy foi, então, condenada a reparar os danos sofridos pela Stratton Oakmont.[23]

Ou seja, os juízes entenderam que, a partir do momento que a plataforma passa a moderar conteúdo, ela deixa de ser distribuidora e se torna editora, podendo, assim, ser responsabilizada. Ao criar parâmetros sobre os conteúdos permitidos, designar administradores e implementar *softwares* de triagem, a Prodigy passou, na visão da Corte, a participar ativamente da formação das postagens, sendo responsável pelos danos causados por eventuais ilegalidades. Por mais consistentes que as decisões em *Cubby* e *Stratton Oakmont* sejam do ponto de vista da construção de precedentes nos Estados Unidos, em conjunto elas criaram um incentivo nefasto para as plataformas digitais e colocaram o emergente mercado de tecnologias digitais em risco.

---

[23] ESTADOS UNIDOS. Suprema Corte de Nova Iorque. *Stratton Oakmont, Inc. v. Prodigy Services* Co. 23 Media L. Rep. 1794, 1995.

Ocorre que, diante do entendimento firmado em *Stratton Oakmont* em 1995, a plataforma digital que investisse em inovações tecnológicas de moderação e optasse por filtrar certos conteúdos estaria, na prática, expondo-se ao risco de responsabilização por todo e qualquer conteúdo compartilhado por terceiros. É preciso destacar que o risco de responsabilização, mesmo naquela época, era grande demais, dado o crescimento exponencial do volume de informações hospedadas na Internet e o estágio embrionário do mercado de novas tecnologias.

Isso poderia dissuadir o ingresso de novos atores que não teriam condições de internalizar os custos associados ao risco de responsabilização civil e desincentivar investimentos em inovação por parte das plataformas existentes.[24] Mesmo hoje, em uma Internet dominada por grandes corporações, esse ponto ainda é relevante: "quando o risco de responsabilização de plataformas aumenta, empresas ricas podem contratar advogados e exércitos de moderadores para se adaptar aos novos parâmetros", o que não é necessariamente verdade para *startups* ou pequenas empresas.[25]

Ademais, ainda que a plataforma optasse por absorver o risco da responsabilização civil ao continuar moderando conteúdos de terceiros, outro incentivo igualmente indesejável entraria em cena. A plataforma passaria a vigiar ostensivamente as comunicações dos usuários para remover todo e qualquer conteúdo limítrofe para, assim, mitigar ao máximo o seu risco legal, gerando um impacto negativo para a liberdade de expressão daqueles que usam seus serviços. Na prática, a empresa de tecnologia seria instada a identificar informações ilegais e, para isso, precisaria interpretar e aplicar a lei local — tarefa para a qual, vale dizer, não tem a *expertise* (nem a legitimidade) necessária. Como deixa claro Daphne Keller, "quando plataformas correm riscos legais pelo discurso de seus usuários, elas rotineiramente pendem para o lado da cautela e optam

---

[24] CHANDER, Anupam. How Law Made Silicon Valley. *Emory Law Journal*, v. 63, n. 3, 2014, p. 650-57.

[25] KELLER, Daphne. Toward a Clearer Conversation about Platform Liability. *Knight First Amendment Institute*, 06 abr. 2018. Acesso em: 04 fev. 2024. Disponível em: https://knightcolumbia.org/content/toward-clearer-conversation-about-platform-liability.

por remover o conteúdo".[26] O volume massivo de informações associado à falta de *expertise* para determinar a legalidade ou não das informações cria, assim, um incentivo pela remoção de mais conteúdos.

Do outro lado, caso a plataforma optasse por deixar de moderar qualquer conteúdo para que fosse classificada como distribuidora e não editora, o resultado também seria temerário. Isso porque, em primeiro lugar, ela deixaria de ter controle sobre conteúdos que, embora legais, não estão alinhados com a sua estratégia de negócios ou com a sua visão de mundo. Esse é um importante elemento que faz da Internet um espaço plural, garantindo a existência de plataformas com propostas distintas em termos de conteúdo e engajamento. Por exemplo, embora conteúdos pornográficos não sejam necessariamente ilegais, é legítimo que plataformas como Facebook e YouTube busquem removê-los de seus serviços. Da mesma forma, um *site* de relatos de maternidade pode optar por restringir a publicação de relatos de viagem simplesmente por não se encaixarem no seu escopo de atuação.

Em segundo lugar, a plataforma seria desincentivada a combater conteúdos tóxicos e ilegais — como discurso de ódio, nudez não consentida, propaganda terrorista, *bullying* e assédio — para evitar ser responsabilizada por postagens que, embora ainda desconheça, seguem hospedadas em seu domínio. Afinal, a partir do momento que passa a investir em moderação, o provedor se torna, segundo a lógica de *Stratton Oakmont*, responsável por tais conteúdos.

Ou seja, independente do ângulo pelo qual essa questão seja analisada, as decisões em *Cubby* e *Stratton Oakmont* não foram suficientemente ajustadas às particularidades e nuances da nova realidade digital — especificidades essas que, vale dizer, apenas se aprofundaram desde então com o aumento significativo da circulação de informações e conteúdos na Internet. É nesse contexto que, em 1996, dois deputados apresentaram uma emenda ao *Communications Decency Act* no Congresso Nacional dos Estados

---

[26] KELLER, Daphne. Internet Platforms: Observations on speech, danger, and money. *Aegis Series Paper* No. 1807, 2018, p. 2. Tradução livre.

Unidos, levando à aprovação da seção 230. Essa regra estipula, em tradução livre, que "nenhum provedor ou usuário de um serviço de computador deverá ser tratado como editor ou autor de qualquer informação fornecida por outro provedor de conteúdos".

Com algumas exceções, como no caso de plataformas que violam a lei penal federal estadunidense ou que ativamente criam conteúdos ilegais ou danosos, a seção 230 estabeleceu uma ampla imunidade contra a responsabilização por conteúdos de terceiros na Internet. Além disso, também introduziu no ordenamento jurídico daquele país a chamada "cláusula do bom samaritano", estendendo sua imunidade para plataformas que, de boa fé, buscam moderar seus serviços para limitar a circulação de conteúdos considerados obscenos, excessivamente violentos ou simplesmente objetáveis, ainda que protegidos constitucionalmente pela primeira emenda.

A seção 230, assim, é parcialmente responsável pela consolidação de um cenário de autorregulação de plataformas digitais, concedendo aos provedores a autonomia necessária para criar e implementar seus próprios padrões, regras e soluções de moderação sem o risco da responsabilização civil pelos danos causados por conteúdos de terceiros. Para referenciar o título de uma influente obra sobre o tema, são as "vinte e seis palavras que criaram a Internet",[27] como a conhecemos hoje.

2.1.2 A formação do Marco Civil da Internet no Brasil e o artigo 19

No Brasil, a primeira regra específica sobre responsabilização civil de intermediários só surgiu em 2014 com a aprovação do Marco Civil da Internet (Lei nº 12.965). O processo de criação do Marco Civil estendeu-se de 2007 até 2014 e contou com uma ampla participação e engajamento do público ao longo de diversas fases. Trata-se, assim, de uma das primeiras legislações do mundo a serem gestadas por meio de um modelo de *crowdsourcing on-line*.[28] Ou seja, não só foi

---

[27] KOSSEFF, Jeff. *The Twenty-Six Words That Created The Internet*. Ithaca: Cornell University Press, 2019.

[28] LEMOS, Ronaldo. Uma breve história da criação do Marco Civil. In: DE LUCCA, Newton *et al.* (Coord.). *Direito e internet III*. Tomo II: Marco Civil da Internet (Lei nº 12.965/2014). São Paulo: Quartier Latin, 2015, p. 79.

uma legislação feita *para* a Internet como também parcialmente produzida *na* Internet, por meio de uma plataforma que permitia ao público compartilhar comentários, impressões e sugestões sobre o seu texto. O Marco Civil, entretanto, não necessariamente surgiu de forma "orgânica" a partir da necessidade de se regular uma tecnologia emergente, mas sim como um ato de resistência diante da tentativa de se estabelecer uma lei penal para a Internet ainda em 2006. Essa, por sua vez, é uma discussão que vinha se desdobrando no país desde o início dos anos 90 e sofreu a influência de acontecimentos nos Estados Unidos ao longo da década de 80.

Como relembra Scott Shapiro, um filme de Hollywood de 1983 chamado *WarGames* causou um pânico moral em torno dos chamados "cibercrimes", criando um temor de que *hackers* poderiam causar danos irreparáveis à segurança nacional a qualquer momento.[29] A trama do filme envolvia um adolescente que invadia computadores para acessar jogos eletrônicos ainda não lançados. Um dia, inadvertidamente, o estudante invadiu um computador do Pentágono. Ao interagir com esse terminal, que acreditava estar rodando um jogo eletrônico de guerra, o jovem quase causou uma guerra termonuclear ao dar comandos erráticos ao *software*.

A preocupação foi tamanha que o Presidente Ronald Reagan chegou a comentar sobre o filme com conselheiros e ministros. As discussões na época criaram o pretexto perfeito para que o Congresso dos Estados Unidos criminalizasse certas condutas praticadas na Internet. Em 1986, então, foi aprovada uma lei federal para criminalizar o acesso não autorizado a outros computadores. Curiosamente, a primeira pessoa a ser condenada por cometer esse crime foi Robert Morris Jr. em 1988, um estudante de PhD em Cornell que resolveu testar um vírus mutante de computador (também conhecido como *worm*) e acabou por "quebrar a Internet".[30] Hoje Morris Jr. é um respeitado professor de ciência da computação no MIT.

A partir de 1991 começaram a surgir projetos de lei similares no Brasil. Um exemplo é o Projeto de Lei do Senado nº 152, de 1991, que buscava criar o crime de "uso indevido de computador". Já

---

[29] SHAPIRO, Scott. *Fancy Bear Goes Phishing: The dark history of the information age, in five extraordinary hacks*. Nova Iorque: Farrar, Straus & Giroux, 2023, p. 21-31.
[30] *Ibidem*.

em 2006, vários projetos da mesma natureza foram apensados no Senado Federal, sendo apresentado na sequência um substitutivo elaborado pelo Senador Eduardo Azeredo para consolidar diversos delitos digitais em um único documento, uma espécie de código penal para a Internet. O projeto ficou conhecido como "Lei Azeredo" e contava com tipos penais abertos e obrigações desproporcionais dirigidas aos provedores de conexão e de aplicações.

Por exemplo, o projeto previa a guarda obrigatória de dados de comunicação via Internet, além de obrigar provedores a denunciarem ações "suspeitas" aos órgãos de justiça, gerando, assim, grande preocupação a respeito dos seus possíveis impactos negativos sobre a privacidade e a liberdade de expressão *on-line*.[31] Após ampla resistência da sociedade civil e da academia, que à época rotularam o projeto de "AI-5 Digital", a Lei Azeredo foi substancialmente modificada e aprovada com uma série de vetos pela presidente Dilma Rousseff em 2012 (Lei nº 12.735). Ainda, foi apresentada ao longo do processo legislativo, como uma alternativa à Lei Azeredo, a chamada "Lei Carolina Dieckmann", buscando tipificar algumas poucas condutas como a invasão de dispositivo informático e a interrupção de serviço informático de utilidade pública. Esse projeto foi aprovado também em 2012 e se transformou na Lei nº 12.737.

Essa experiência deu força à narrativa de que o Brasil precisava, mais do que uma lei penal, de um marco civil para estipular regras e princípios de governança da Internet. Como afirma Paulo Rená, "é incoerente a proposição de uma normal penal antes não apenas da existência, mas da vivência de uma legislação civil que disciplinasse de forma específica os direitos referentes ao uso da internet no Brasil".[32] Afinal, a lei penal deve ser sempre informada pelo princípio da *ultima ratio*. A primeira proposição nesse sentido veio de um artigo de opinião publicado por Ronaldo Lemos em maio de 2007.[33] Nas palavras de Lemos, "é preciso primeiro que se

---

[31] SOUZA, Carlos Affonso et al. Notes on the creation and impacts of Brazil's Internet Bill of Rights. The Theory and Practice of Legislation, v. 5, n. 1, p. 73-94, 2017.
[32] SANTARÉM, Paulo Rená da Silva. O direito achado na rede: a concepção do Marco Civil da internet no Brasil. São Paulo: Dialética, 2022, p. 77.
[33] LEMOS, Ronaldo. Internet brasileira precisa de marco regulatório civil. UOL, 22 maio 2007. Acesso em: 31 jan. 2024. Disponível em: https://tecnologia.uol.com.br/ultnot/2007/05/22/ult4213u98.jhtm.

aprenda com a regulamentação civil, para, a partir de então, propor medidas criminais que possam alcançar sua efetividade, sem onerar a sociedade como um todo".[34]

O processo de construção do Marco Civil da Internet foi iniciado ainda em 2007 e passou por uma série de fases até a sua recepção pelo Ministério da Justiça para a formação de um anteprojeto de lei que, enfim, foi apresentado ao Congresso Nacional em 2011 por uma iniciativa do Poder Executivo (Projeto de Lei nº 2.126). A lei foi finalmente sancionada em 2014 pela presidente Dilma Rousseff durante a abertura da NETmundial em São Paulo, no dia 23 de abril. O Marco Civil fez parte de um pacote de respostas de seu governo às revelações de Edward Snowden em 2013 a respeito da espionagem praticada pela NSA, incluindo a interceptação de comunicações de autoridades brasileiras.[35]

Um dos eixos estruturantes do Marco Civil é o seu artigo 19, certamente um dos dispositivos mais debatidos da legislação até hoje e que é de especial importância para as discussões propostas pelo presente trabalho. No Brasil, ao contrário dos EUA, não existe nenhuma garantia legal de que os provedores não serão responsabilizados por atos próprios de moderação. Em outras palavras, nosso ordenamento jurídico não incorporou a chamada "cláusula do bom samaritano", abrindo espaço para que as plataformas sejam responsabilizadas, caso cometam excessos ao longo do processo de moderação.[36]

Ainda assim, o Marco Civil, seguindo parcialmente o modelo estadunidense, também protege a esfera de autorregulação dos provedores de aplicações, ainda que se trate de uma esfera relativamente reduzida. Segundo o artigo 19, o provedor de aplicações de Internet no Brasil só poderá ser responsabilizado civilmente por danos causados por conteúdos de terceiros se descumprir ordem judicial prévia e específica que determina a remoção dos conteúdos em questão. Embora a lei não fale expressamente em moderação, é

---

[34] Ibidem.
[35] LEMOS, Ronaldo. Uma breve história da criação do Marco Civil. In: DE LUCCA, Newton et al. (Coord.). Direito e internet III. Tomo II: Marco Civil da Internet (Lei nº 12.965/2014). São Paulo: Quartier Latin, 2015, p. 79.
[36] SOUZA, Carlos Affonso. Brasil não precisa importar nova regra de Trump sobre redes sociais. UOL, 29 maio 2020. Acesso em: 31 jan. 2024. Disponível em: https://bit.ly/3XOe2Wh.

possível deduzir que as plataformas atuam dentro de uma esfera de autorregulação delimitada pela ausência de ordem judicial, criando e aplicando sua próprias regras e princípios para controlar o que seus usuários podem ou não dizer e fazer.[37]

Em linhas gerais, o Brasil segue, ressalvadas algumas diferenças mencionadas acima, o modelo de liberdade condicionada ou de *safe harbor* adotado pelos EUA. Segundo esse modelo — que pode implicar numa maior ou menor esfera de imunidade a depender de como é estruturado —, os provedores são apenas parcialmente responsáveis pelos conteúdos de terceiros e devem cumprir determinados requisitos para garantir a imunidade na prática. No caso do artigo 19 do Marco Civil, isso se reflete no cumprimento de ordens judiciais que determinem a exclusão ou indisponibilização de conteúdos de terceiros.

Ainda, a legislação brasileira também estipula algumas exceções e, assim, define situações nas quais a imunidade garantida pelo artigo 19 não se aplica. É o caso, por exemplo, do compartilhamento sem consentimento de vídeos ou imagens íntimas.[38] Segundo o artigo 22 da lei, o provedor de aplicações de Internet será responsabilizado subsidiariamente caso, após o recebimento de uma notificação por parte da pessoa lesada ou de seu representante legal, não promover a indisponibilização imediata do conteúdo. Ou seja, nesse caso estamos diante de um modelo de "notificação e remoção" (*notice and takedown*), não sendo necessária uma ordem judicial prévia e específica para que o provedor seja responsabilizado pelos danos causados.

2.1.3 Um novo impasse jurídico e a ascensão dos "impérios na nuvem"

Por mais importante que seja a garantia legal da esfera de autorregulação dos provedores de aplicações para a promoção de

---

[37] LEMOS, Ronaldo; ARCHEGAS, João Victor. A constitucionalidade do artigo 19 do Marco Civil da Internet. In: BRITTO, Carlos A. Ayres de Freitas (Coord.). *Supremo 4.0*: Constituição e tecnologia em pauta. São Paulo: Revista dos Tribunais, 2022, p. 109-125.

[38] Sobre o assunto, ver LANA, Alice de Perdigão. *Nudez na internet*: mulheres, corpo e direito. Curitiba: Ioda, 2023.

valores como a liberdade de expressão e a inovação no mercado de novas tecnologias, esse modelo também possui a sua parcela de problemas e distorções. Talvez o principal deles seja a falta de transparência em torno do processo de moderação de conteúdo. A maioria dos dispositivos de *safe harbor*, como é o caso da seção 230 e do artigo 19, foram pensados e aprovados em um momento marcado por diferentes preocupações. Os maiores desafios que enfrentamos hoje em termos de moderação *on-line* só começaram a entrar em foco a partir da segunda metade da década de 2010.

A principal virada de chave para esse debate aconteceu durante as eleições presidenciais nos Estados Unidos em 2016, quando conceitos como desinformação (ou *fake news*)[39] e comportamento inautêntico coordenado entraram de vez no debate público. Os efeitos negativos das plataformas de redes sociais para a democracia e a integridade eleitoral passaram a fazer parte da agenda dos principais líderes e organizações mundiais. Outros eventos também contribuíram com essa mudança de tom, como a proliferação de conteúdos violentos e extremistas na Internet. Um exemplo é a criação do "Chamado de Christchurch" em 2019, após o ataque terrorista na cidade de mesmo nome na Nova Zelândia.[40] Um ano antes também ganhou notoriedade o uso do Facebook e do WhatsApp por autoridades públicas em Mianmar para espalhar discurso de ódio contra a minoria islâmica Rohingya.[41]

Uma nova preocupação surgiu, assim, a respeito de como as principais plataformas digitais estavam moderando conteúdos e comportamentos *on-line* e quais eram os impactos dessa moderação em áreas como a democracia, o processo eleitoral e a proteção dos direitos humanos. A falta de transparência por parte dos provedores só agravou o cenário de desconfiança que havia se estabelecido. Isso se deu em razão de dois principais fatores.

---

[39] Para uma discussão sobre o termo, ver SALGADO, Eneida Desiree; PORTELLA, Luiza Cesar. *Fake news*: compartilhou, viralizou. In: ALMEIDA, André Motta de. (Org.). *Democracia conectada e governança eleitoral*. Campina Grande: Ed. UEPB, 2020, p. 287-296.

[40] O Chamado de Christchurch (*Christchurch Call to Eliminate Terrorist & Violent Extremist Content Online*) pode ser acessado em: https://www.christchurchcall.com/.

[41] MOZUR, Paul. A Genocide Incited on Facebook, With Posts from Myanmar's Military. *The New York Times*, 15 out. 2018. Disponível em: https://www.nytimes.com/2018/10/15/technology/myanmar-facebook-genocide. Acesso em: 19 dez. 2023.

Em primeiro lugar, as maiores plataformas sempre buscaram se distanciar da realidade da moderação, já que não querem ser vistas como "empresas de mídia"[42] ou "árbitras da verdade".[43] É mais vantajoso, assim, manter a moderação oculta, ainda que esse seja um dos elementos estruturantes da experiência personalizada oferecida por essas empresas, a ponto de Tarleton Gillespie argumentar que a moderação é o principal *commodity* das plataformas digitais.[44] Nas suas palavras, as redes sociais se destacam "por oferecerem uma melhor experiência [...] em termos de sociabilidade" justamente ao organizarem, arquivarem e moderarem as informações que circulam em seus serviços.[45]

Em segundo lugar, como visto acima, a lei garante um significativo espaço de autonomia para que essas empresas criem e apliquem suas próprias regras de moderação. Por terem sido formuladas em uma época quando as preocupações eram distintas, essas legislações falharam em estabelecer e direcionar maiores obrigações às plataformas como uma forma de contrapartida pela imunidade concedida, incluindo obrigações de transparência.

A conjunção desses fatores criou, ao longo dos anos, um cenário de opacidade e falta de *accountability*. Enquanto a lei concede uma ampla discricionariedade para a criação e aplicação de regras e princípios de moderação — o que, vale ressaltar, é providencial para a proteção da liberdade de expressão e a promoção da inovação tecnológica —, os provedores buscam ocultar o dia a dia da moderação e são pouco transparentes sobre as decisões que impactam diretamente seus usuários. Essa falta de transparência, ainda que parcialmente corrigida de 2016 para cá, tornou empresas como Meta e Google vulneráveis a especulações e até mesmo teorias da conspiração sobre os motivos e interesses envolvidos na moderação.

---

[42] CASTILLO, Michelle. Zuckerberg tells Congress Facebook is not a media company: 'I consider us to be a technology company'. *CNBC*, 11 abr. 2018. Disponível em: https://cnb.cx/3jPPgEo. Acesso em: 31 jan. 2024.

[43] MCCARTHY, Tom. Zuckerberg says Facebook won't be 'arbiter of truth' after Trump threat. *The Guardian*, 28 maio 2020. Disponível em: https://bit.ly/3nmbz7d. Acesso em: 31 jan. 2024.

[44] GILLESPIE, Tarleton. *Custodians of the Internet: Platforms, content moderation, and the hidden decisions that shape social media*. New Haven: Yale University Press, 2018, p. 13. Tradução livre.

[45] *Ibidem*, p. 13.

De um lado, a direita política acusa as plataformas de censura, supostamente para favorecer uma agenda liberal e "globalista". São vários os exemplos no Brasil, como a repercussão da desmonetização do canal do Monark pelo YouTube, após o influenciador fazer apologia à criação de um partido nazista no país.[46] Por outro lado, a esquerda política acusa as plataformas de conivência com a desinformação e o discurso de ódio, supostamente para favorecer uma agenda conservadora e até mesmo golpista. Veja-se, nesse sentido, a afirmação do presidente Lula em carta à Unesco de que os eventos de 8 de janeiro de 2023 foram gestados nas plataformas digitais e que tais empresas devem fazer mais para evitar ataques ao Estado Democrático de Direito.[47]

A falta de dados e informações precisas sobre o funcionamento do ecossistema de moderação em plataformas torna impossível — ou, no mínimo, mais custosa — a tarefa de determinar se tais acusações procedem ou não. Fato é que a moderação hoje se dá de forma imprevisível, opaca e instável, abrindo espaço para especulações e críticas. Nicolas Suzor afirma que as plataformas governam seus usuários dentro de uma "zona sem lei" e que, pela maneira como o Estado regula seus serviços, elas "não são obrigadas a governar de uma maneira que seja efetivamente responsável".[48]

A tarefa mais urgente hoje, entretanto, não é anular totalmente a esfera de autorregulação dessas empresas para responsabilizá-las civilmente por conteúdos de terceiros, mas sim pensar em como estruturar sistemas e incentivos que sejam capazes de limitar e, principalmente, racionalizar o exercício do poder por parte de grandes empresas de tecnologia. Isso seria essencial para tornar essas plataformas mais transparentes e conscientes do seu papel na promoção e proteção dos direitos de seus usuários. Assim, devemos voltar nossa atenção ao próprio *processo* de moderação

---

[46] TENÓRIO, Augusto. Monark sofre novo revés na Justiça e segue sem monetização do canal. *Metrópoles*, 18 fev. 2023. Disponível em: https://bit.ly/3ZaCouy. Acesso em: 31 jan. 2024.

[47] SCHROEDER, Lucas. Em carta para fórum da Unesco, Lula defende regulação das redes sociais contra desinformação. *CNN*, 22 fev. 2023. Disponível em: https://bit.ly/3IM0W7D. Acesso em: 31 jan. 2024.

[48] SUZOR, Nicolas. *Lawless: The secret rules that govern our digital lives*. Cambridge: Cambridge University Press, 2019, p. 106. Tradução livre.

e não necessariamente ao *conteúdo* das decisões individuais de moderação tomadas pelas plataformas.

Os provedores devem justificar suas decisões de forma clara e direta, prezando pela estabilidade e previsibilidade na aplicação de suas regras. Além disso, devem levar em consideração o impacto de suas decisões sobre a democracia, o Estado de Direito e os direitos humanos e fundamentais de seus usuários, além de oferecer canais de revisão de suas decisões por instâncias efetivamente independentes. Isso envolve, portanto, a notificação dos usuários afetados sempre que uma decisão de moderação é tomada e, ato contínuo, a possibilidade de a decisão ser questionada e revisada à luz da justificativa ofertada pela plataforma.

O que se percebe, portanto, é que o principal problema a ser enfrentado hoje é a concentração de poder na Internet, uma vez que, atualmente, as principais plataformas — também chamadas de *big techs* — agregam três funções em uma: criam e atualizam suas regras, julgam eventuais violações e monitoram seus serviços; tudo isso sem a devida transparência, estabilidade e previsibilidade. Essa "moderação 3 em 1" que se consolidou nas principais plataformas digitais está em desacordo com os preceitos do Estado de Direito, especialmente considerando o papel central que essas empresas assumiram na gestão da esfera pública *on-line* e seu impacto sobre as mais variadas esferas da sociedade contemporânea.

A concentração de poder por parte das plataformas não é um desafio apenas em termos econômicos — quando se fala, por exemplo, no surgimento de monopólios e práticas anticoncorrenciais —, mas também em termos político-jurídicos. Afinal, a atuação dos provedores começa a se sobrepor à esfera de influência do Estado em questões de caráter eminentemente público. Mais do que isso, o acúmulo de poder, uma vez associado às particularidades apresentadas pela Internet na sua relação com o Direito, acaba promovendo o distanciamento de grandes empresas de tecnologia da órbita gravitacional do Estado-nação.

Grandes plataformas digitais, em especial buscadores e redes sociais, não são apenas atores privados que oferecem seus serviços dentro dos limites da teoria econômica clássica. Essas empresas controlam e modificam a esfera pública e o ecossistema de informações na Internet, regulando, na prática, o exercício da liberdade de expressão de bilhões de pessoas ao mesmo tempo. Nenhum país tem igual ou comparável influência sobre o discurso de tantos indivíduos. E essa é apenas uma parcela do fenômeno aqui retratado, tendo em vista que os impactos dessas plataformas estendem-se para outras áreas igualmente sensíveis como consumo, saúde mental, educação, segurança pública, trabalho, etc.

Quando se trata da estipulação de limites para a convivência na esfera pública, a responsabilidade é tradicionalmente atribuída ao Estado e se manifesta, dentro dos limites da teoria política clássica, na forma de uma expectativa de legitimidade democrática a partir de uma relação de representação política. Tal expectativa, entretanto, é enfraquecida quando o poder público extravasa os limites do Estado e passa a ser exercido por atores privados transnacionais como as grandes plataformas digitais. Nas palavras de Suzor, "o poder [que as plataformas] possuem sobre nós é exercido de uma maneira que não se coaduna com os padrões de legitimidade que esperamos dos nossos governos", ainda que, na prática, os efeitos sobre nossos direitos sejam equiparáveis ou, a depender da situação, até mesmo mais profundos.[49] Essa reconfiguração dos limites do poder na arena transnacional vem atraindo a atenção de especialistas e acadêmicos nos últimos anos.[50]

Vili Lehdonvirta, por exemplo, refere-se ao surgimento de "impérios na nuvem" e fala em plataformas digitais "ultrapassando" o estado em algumas de suas funções.[51] Na abertura da sua obra sobre o tema, o autor se questiona como viemos parar aqui: "a Internet iria nos libertar de instituições poderosas [...] e empoderar os indivíduos [...]. Isso foi o que os visionários do Vale do Silício nos prometeram. Mas aí eles entregaram algo diferente — algo que parece muito com um novo governo, exceto que dessa vez não temos direito de votar".[52]

É dizer, "em vez de tornarem o poder estatal obsoleto, [as plataformas] passaram a rivalizá-lo".[53] E essa, vale dizer, está longe de

---

[49] SUZOR, Nicolas. A constitutional moment: How we might reimagine platform governance. *Computer & Security Review*, n. 36, p. 1-4, 2020, p. 1. Tradução livre.
[50] Ver, em geral, BRADFORD, Anu. *Digital Empires: The global struggle to regulate technology*. Oxford: Oxford University Press, 2023.
[51] LEHDONVIRTA, Vili. *Cloud Empires: How Digital Platforms Are Overtaking the State and How We Can Regain Control*. Cambridge: MIT Press, 2022.
[52] *Ibidem*, p. 4. Tradução livre.
[53] *Ibidem*, p. 205. Tradução livre.

ser uma percepção meramente acadêmica. Em 2018, em uma entrevista para a Vox, Mark Zuckerberg afirmou que "o Facebook, de muitas formas, é mais um governo do que uma empresa tradicional".[54] O CEO estava se referindo ao grande número de usuários que a plataforma administra todos os dias e às diferenças culturais e linguísticas que precisam ser levadas em conta ao longo desse processo.

Essa aproximação entre empresas e Estados em termos de influência sobre a organização social, econômica e política não é, vale destacar, necessariamente algo próprio do nosso tempo. Basta lembrar do modelo de colonização adotado pela Coroa Britânica e as corporações coloniais que se transformaram em Estados ou territórios nacionais. É o caso, por exemplo, da *Virginia Company of London*, que se transformou no estado da Virgínia nos Estados Unidos.[55] Ou, ainda, da *British South Africa Company*, comandada por Cecil Rhodes — que hoje dá nome a uma prestigiosa bolsa de estudos em Oxford —, responsável pela fundação do território africano de Rodésia (atualmente parte dos territórios da Zâmbia e do Zimbábue).[56]

O que hoje parece ser diferente é a dimensão e a escala na qual esse fenômeno pode ser observado. Essa é uma discussão, entretanto, extremamente complexa e contenciosa, de forma que basta, para os objetivos do presente trabalho, destacar o acúmulo de poder por partes das principais plataformas digitais e o tensionamento das relações entre grandes empresas e Estados-nação. Um forte indicativo dessa reconfiguração está no fato de que o Direito Internacional dos Direitos Humanos, antes com uma abordagem quase exclusivamente focada no Estado, vem recentemente expandindo seus horizontes para debater o papel das empresas na promoção e proteção de direitos humanos nos planos internacional e transnacional.[57]

---

[54] FARRELL, Henry *et al*. Mark Zuckerberg runs a nation-state, and he's the king. *Vox*, 10 abr. 2018. Disponível em: https://www.vox.com/the-big-idea/2018/4/9/17214752/zuckerberg-facebook-power-regulation-data-privacy-control-political-theory-data-breach-king. Acesso em: 1º fev. 2024.

[55] LEHDONVIRTA, Vili. *Cloud Empires: How Digital Platforms Are Overtaking the State and How We Can Regain Control*. Cambridge: MIT Press, 2022, p. 236.

[56] PARKINSON, Justin. Why is Cecil Rhodes such a controversial figure? *BBC News Magazine*, 1º abr. 2015. Disponível em: https://www.bbc.com/news/magazine-32131829. Acesso em: 13 fev. 2024.

[57] Para uma introdução ao campo, ver: WETTSTEIN, Florian. *Business and Human Rights: Ethical, Legal, and Managerial Perspectives*. Cambridge: Cambridge University Press, 2022.

2.1.3.1 Um emaranhado político-judicial nos EUA

A reconfiguração do poder privado de grandes plataformas digitais vem forçando países como os Estados Unidos e o Brasil a reconsiderarem dispositivos como a seção 230 e o artigo 19 que, até então, pautaram sua relação com provedores de aplicações de Internet. Embora não necessariamente um ponto de *união*, esse é um curioso ponto de *convergência* entre lideranças do Partido Republicano e do Partido Democrata em Washington. Tanto Joe Biden[58] quanto Donald Trump[59] já se pronunciaram sobre a necessidade de reforma ou até mesmo revogação da seção 230, enfraquecendo, assim, a proteção legal concedida a plataformas digitais como Facebook, Instagram, YouTube e Twitter. Em um de seus últimos dias de governo em dezembro de 2020, Trump chegou a vetar uma lei orçamentária de 720 bilhões de dólares para as forças armadas depois de o Congresso falhar em incluir no pacote legislativo um dispositivo que revogasse a seção 230.[60]

Republicanos e Democratas, evidentemente, divergem em suas razões para tal medida: um lado cita atos de censura por parte das plataformas enquanto o outro aponta para medidas insuficientes de combate à desinformação e ao discurso de ódio. Nada obstante, ambos concordam que, para efetivamente pressionar essas empresas como gostariam, seria necessário responsabilizá-las pelo que entendem ser condutas ilegais ou abusivas. A seção 230, assim, é o obstáculo que ambos gostariam de ver removido — embora tenha sido colocado no seu caminho, como visto acima, por motivos legítimos.

Fato é, entretanto, que essas manifestações vêm gerando uma série de reverberações não só na arena política como também jurídica. Um dos principais marcos desse debate é a decisão da Suprema Corte dos Estados Unidos de 2017, em *Packingham v. North*

---

[58] KERN, Rebecca. *White House call to 'remove' Section 230 liability shield*. Politico, 08 set. 2022. Disponível em: https://www.politico.com/news/2022/09/08/white-house-renews-call-to-remove-section-230-liability-shield. Acesso em: 1º fev. 2024.
[59] COX, Kate. Trump vetoes $740B defense bill, citing "failure to terminate" Section 230. *Ars Technica*, 23 dez. 2020. Disponível em: https://arstechnica.com/tech-policy/2020/12/trump-vetoes-bill-to-fund-us-military-demands-section-230-repeal/. Acesso em: 1º fev. 2024.
[60] *Ibidem*.

Carolina. O caso envolvia uma lei estadual da Carolina do Norte que criminalizava o uso de uma série de *sites*, incluindo algumas redes sociais, por pessoas que cometeram crimes sexuais.

Lester Packingham, aos 21 anos de idade, teve uma relação sexual como uma menina de 13 anos e assumiu sua culpa em um acordo com a promotoria do estado. Durante o cumprimento de sua sentença, em razão da referida lei, Packingham não poderia acessar certos domínios na Internet, incluindo o Facebook. Em 2010, entretanto, ao ter uma multa de trânsito suspensa, Packingham decidiu comemorar sua pequena vitória judicial na rede social e foi flagrado por um agente que monitorava o cumprimento de sua pena, gerando um revés na sua execução penal.

A discussão que chegou à Suprema Corte, assim, orbitava em torno da constitucionalidade da legislação estadual, tendo em vista a proporcionalidade da medida e a pertinência da proibição à luz da natureza do crime — Packingham, afinal, não havia cometido o crime na Internet. Curioso notar que a lei do estado da Carolina do Norte tinha um escopo extremamente amplo, englobando na sua lista de *sites* proibidos domínios como washingtonpost.com e amazon.com. A Suprema Corte dos Estados Unidos, então, declarou a legislação inconstitucional, destacando a violação da liberdade de expressão dos sujeitos que eram privados do acesso a essas plataformas.

Escrevendo em nome da Corte, o Justice Kennedy reforçou que o estado estava limitando o acesso "ao que, para muitos, é a principal fonte para se informar sobre as notícias do dia, encontrar vagas de emprego, falar e escutar na praça pública moderna e, de forma geral, explorar o vasto reino do pensamento e conhecimento humano".[61] Ademais, nas suas palavras, "proibir o acesso às redes sociais de forma total é prevenir os usuários de exercerem seus direitos garantidos pela primeira emenda".[62] Esse foi um passo significativo da Suprema Corte no sentido de reconhecer a importância de plataformas digitais para a esfera pública contemporânea e, consequentemente, para o exercício da liberdade

---

[61] ESTADOS UNIDOS. Suprema Corte dos Estados Unidos. *Packingham v. North Carolina.* 582 US (2017), p. 8. Tradução livre.
[62] *Ibidem*, p. 8. Tradução livre.

de expressão. Mais do que isso, salta aos olhos o uso da expressão "praça *pública* moderna" para se referir aos serviços ofertados por empresas *privadas*.

Desde então, entretanto, essa postura de maior deferência por parte da jurisdição constitucional nos Estados Unidos vem sendo paulatinamente abandonada. Um sinal disso está na discussão sobre a possibilidade de Donald Trump, ao longo do exercício do seu mandato presidencial, bloquear usuários em sua conta no Twitter. Como se sabe, Trump é um ávido comunicador digital e, por muitos anos, usou sua conta no Twitter (@realDonaldTrump) como seu principal meio de comunicação com eleitores e apoiadores.

Quando assumiu o cargo em janeiro de 2017, Trump herdou da administração passada o perfil oficial da presidência (@POTUS), mas, seguindo sua estratégia de comunicação digital, continuou usando seu perfil pessoal para se pronunciar sobre sua gestão. O ex-presidente, entretanto, tinha baixa tolerância para críticas e comumente bloqueava jornalistas, ativistas e opositores. Ainda em 2017, então, o *Knight First Amendment Institute* da Universidade de Columbia apresentou uma ação judicial em face de Donald Trump argumentando que seus posts no Twitter são "pronunciamentos oficiais" e, por isso, bloquear usuários seria uma violação direta do direito constitucional de se informar sobre atos de governo.

Em julho de 2019, o caso foi julgado por um painel da Corte de Apelações do Segundo Circuito que decidiu, de forma unânime, que a conta de Donald Trump no Twitter constitui um "fórum público" e, por isso, bloquear usuários é uma violação dos direitos assegurados pela primeira emenda.[63] Os advogados do ex-presidente apelaram para a Suprema Corte que, entretanto, não chegou a analisar o caso antes de janeiro de 2021, quando Joe Biden assumiu a presidência. Naquele ano, então, a Corte rejeitou o *writ of certiorari*, alegando perda do objeto da ação. Ainda assim, o Justice Clarence Thomas, de forma surpreendente, aproveitou a oportunidade para se manifestar sobre o caso em uma opinião concordante (*concurring opinion*) — algo que, vale destacar, é raro em uma decisão de rejeição do *writ* por perda de objeto.

---

[63] ESTADOS UNIDOS. Corte de Apelações do Segundo Circuito. *Knight First Amendment Institute v. Trump*. 928 F.3d 226, 2019.

Nessa manifestação, Thomas demonstrou seu desconforto com o grande poder acumulado por plataformas digitais sobre a liberdade de expressão de seus usuários e sugeriu que a imunidade da seção 230 foi construída de uma forma demasiadamente ampla. Nas suas palavras, é incompatível que o Poder Judiciário considere a conta de Donald Trump no Twitter como um "fórum público" quando, na prática, a empresa retém o poder unilateral de moderá-la e até mesmo suspendê-la — como de fato ocorreu depois dos eventos de 6 de janeiro de 2021.

O que se tem, assim, é um ator privado administrando um fórum público de interesse nacional com o poder de trancar a porta e jogar a chave fora sem maiores explicações. Thomas, então, argumenta que os legisladores deveriam regular plataformas de redes sociais como se fossem "transportadoras comuns" (*common carriers*) ou "acomodações públicas" (*public accommodations*), figuras que se sujeitam a limites legais no ordenamento jurídico estadunidense para garantir que seus clientes sejam tratados sem discriminação.

Seguindo a proposição de Thomas, os principais desafios à seção 230 começaram a surgir em estados governados por republicanos. Foi o caso da Flórida, comandada por Ron DeSantis, que proibiu a exclusão ou suspensão de contas de candidatos ou "organizações jornalísticas" em redes sociais sob pena de multa de até 250 mil dólares.[64] Já o estado do Texas, comandado por Greg Abbott, seguiu a recomendação de Thomas à risca e classificou redes sociais como "transportadoras comuns", proibindo-as de moderar o conteúdo de seus usuários em razão de suas visões e opiniões.[65]

Em setembro de 2023, a Suprema Corte concordou em analisar dois casos envolvendo a aplicação dessas leis estaduais e deve se manifestar sobre até que medida é constitucional que os estados limitem ou regulem a forma como plataformas de redes sociais

---

[64] McCabe, David. *Florida, in a First, Will Fine Social Media Companies that Bar Candidates*. New York Times, 24 maio 2021. Disponível em: https://www.nytimes.com/2021/05/24/technology/florida-twitter-facebook-ban-politicians.html. Acesso em: 02 fev. 2024.

[65] KENDALL, Brent. *Appeals Court Upholds Texas Law Regulating Social-Media Platforms*. The Wall Street Journal, 15 set. 2022. Disponível em: https://www.wsj.com/articles/appeals-court-upholds-texas-law-regulating-social-media-platforms-11663377877. Acesso em: 02 fev. 2024.

moderam contas e conteúdos na Internet.⁶⁶ O posicionamento da Corte poderá redefinir os contornos da imunidade concedida pela seção 230, tendo em vista que ambas as legislações abrem espaço para que redes sociais sejam responsabilizadas por atos de moderação. Isso é ainda mais significativo, considerando que a Suprema Corte evitou se manifestar sobre a constitucionalidade da seção 230, em dois casos julgados na metade de 2023 que versavam, respectivamente, sobre a responsabilidade do Twitter e Google por hospedarem e recomendarem conteúdos terroristas aos seus usuários.⁶⁷

2.1.3.2 A (in)constitucionalidade do artigo 19 no Brasil

Um movimento semelhante vem acontecendo também no Brasil. O artigo 19 passou a ser alvo de inúmeros questionamentos não apenas na arena política como também judicial. A discussão sobre os limites da responsabilidade civil de provedores na Internet, como era de se esperar, existe no país muito antes do surgimento do Marco Civil da Internet. Exemplo disso é o Agravo em Recurso Extraordinário nº 660.861/MG de relatoria do ministro Luiz Fux. Segundo o relator, o recurso foi apresentado "contra acórdão que manteve [...] sentença de mérito de procedência da ação originária, para condenar a Google ao pagamento de indenização por danos morais sofridos pela Recorrida, em virtude da criação, por terceiros, de conteúdo considerado ofensivo no [...] Orkut".⁶⁸ O caso envolve uma professora de Minas Gerais que, em 2009, tomou conhecimento de uma comunidade no Orkut chamada "Eu odeio a Aliandra" — muito provavelmente criada por algum de seus alunos na época.⁶⁹

---

[66] HOWE, Amy. Justices take major Florida and Texas social media cases. *SCOTUS Blog*, 29 set. 2023. Acesso em: 02 fev. 2023. Disponível em: https://www.scotusblog.com/2023/09/justices-take-major-florida-and-texas-social-media-cases/.

[67] ESTADOS UNIDOS. Suprema Corte dos Estados Unidos. *Twitter, Inc. v. Taamneh*. 598 U.S. 471 (2023). ESTADOS UNIDOS. Suprema Corte dos Estados Unidos. *Gonzalez v. Google LLC*. 598 U.S. 617 (2023).

[68] BRASIL. Supremo Tribunal Federal. Repercussão Geral no Recurso Extraordinário com Agravo nº 660.861/MG. Relator Min. Luiz Fux. Julgado em: 22.03.2012. Publicado no *Dje*, 07 nov. 2012, p. 3.

[69] SANTIAGO, Abinoan. 'Eu merecia respeito': a luta da professora com o Google que chegou ao STF. *Tilt UOL*, 28 mar. 2023. Disponível em: https://www.uol.com.br/tilt/noticias/redacao/2023/03/28/google-x-aliandra-audiencia-stf.htm. Acesso em: 03 fev. 2024.

Esse caso informou o primeira tema de repercussão geral sobre responsabilidade de provedores no STF em 2012 (Tema nº 533), com a seguinte redação: "Dever da empresa hospedeira de sítio na internet de fiscalizar o conteúdo publicado e de retirá-lo do ar quando considerado ofensivo, sem intervenção do Judiciário".

A aprovação do Marco Civil em 2014, entretanto, alterou completamente os contornos dessa discussão. O artigo 19, afinal, exige explicitamente a intervenção do Judiciário antes que seja possível falar em responsabilização do provedor pela não remoção de um conteúdo de terceiro. Naquele mesmo ano, entretanto, uma nova disputa se formou, dessa vez envolvendo as práticas de moderação do Facebook (Recurso Extraordinário nº 1.037.396/SP). O caso diz respeito a uma moradora de São Paulo que, ao acessar a rede social, descobriu que um usuário não identificado havia criado um perfil falso, usando, sem autorização, o seu nome e foto.

A usuária brasileira, então, apresentou uma ação em face da empresa, pedindo a remoção do perfil falso, a identificação do infrator e a condenação do Facebook ao pagamento de danos morais. Ao tomar conhecimento da ação, a plataforma imediatamente removeu o perfil contestado. Veja-se, assim, que o terceiro pedido não poderia prosperar à luz do artigo 19, tendo em vista que a empresa não havia descumprido qualquer ordem judicial de remoção de conteúdo. Esse foi justamente o entendimento que informou a sentença em primeira instância. Nada obstante, em sede de apelação, a Turma Recursal reformou a sentença para condenar o Facebook à indenização por danos morais com base na declaração incidental de inconstitucionalidade do artigo 19.

Foram dois os argumentos adotados pelo acórdão para fundamentar a decisão. Em primeiro lugar, o artigo 19 do Marco Civil violaria o artigo 5º, inciso X da Constituição Federal que resguarda os direitos da personalidade — em especial a honra e a imagem — e "assegura o direito a indenização pelo dano material ou moral". Em segundo lugar, o artigo 19 também seria incompatível com o artigo 5º, inciso XXXII da Constituição Federal que estabelece que "o Estado promoverá, na forma da lei, a defesa do consumidor". Isso porque, na visão da Turma Recursal, a disciplina de defesa do consumidor no Brasil já prevê uma forma específica de responsabilização civil, qual seja, a responsabilidade objetiva do artigo 14 do Código de

Defesa do Consumidor (CDC). Esse é, entretanto, um argumento no mínimo curioso, tendo em vista que o CDC e o Marco Civil são leis ordinárias e, por isso, deve prevalecer o princípio da especificidade, já que o artigo 19 trata da responsabilidade civil em um contexto próprio, qual seja, o da atuação dos provedores de aplicações de Internet em relação aos conteúdos de seus usuários.[70]

O caso, então, chegou ao Supremo Tribunal Federal em sede de recurso extraordinário e foi distribuído para a relatoria do ministro Dias Toffoli em 2017. Um ano depois, em decisão tomada no plenário virtual, o Tribunal entendeu pela existência de repercussão geral, tendo o relator ressaltado que "aquilo que se decidir no ARE nº 660.861/MG aplicar-se-á, em tese, apenas aos casos ocorridos antes do início da vigência do Marco Civil da Internet", sendo, ainda, "imperioso que esta Corte se manifeste novamente sobre o assunto, desta feita, sob a perspectiva do normativo vigente desde 2014".[71] Esse segundo caso informou um novo tema de repercussão geral (Tema nº 987), dessa vez com a seguinte redação: "Discussão sobre a constitucionalidade do artigo 19, que determina a necessidade de prévia e específica ordem judicial de exclusão de conteúdo para a responsabilização civil de provedores [...] por danos decorrentes de atos ilícitos praticados por terceiros".

Os dois temas mencionados acima aguardam julgamento final de mérito no Supremo Tribunal Federal. Em março de 2023, foi realizada audiência pública com a participação de membros do governo, representantes da sociedade civil e acadêmicos para subsidiar o processo de tomada de decisão do Tribunal nos dois casos. Vale destacar que a audiência ocorreu em meio a um momento de grande pressão por uma nova e ampla regulação de plataformas digitais no Brasil, em especial diante dos eventos de 8 de janeiro de 2023 em Brasília e da onda de ataques terroristas em escolas

---

[70] Para uma análise crítica dessa discussão e um posicionamento a favor da constitucionalidade do artigo 19 do Marco Civil, ver: LEMOS, Ronaldo; ARCHEGAS, João Victor. A constitucionalidade do artigo 19 do Marco Civil da Internet. In: BRITTO, Carlos A. Ayres de Freitas (Coord.). *Supremo 4.0*: Constituição e tecnologia em pauta. São Paulo: Revista dos Tribunais, 2022, p. 109-125.

[71] BRASIL. Supremo Tribunal Federal. Repercussão Geral no Recurso Extraordinário nº 1.037.396/SP. Relator Min. Dias Toffoli. Julgado em 1º.03.2018. Publicado no Dje, 04 abr. 2018, p. 10.

brasileiras no primeiro trimestre do mesmo ano. Ainda assim, segundo levantamento realizado pelo Instituto de Tecnologia e Sociedade do Rio, apenas 8 representantes se posicionaram a favor da inconstitucionalidade do artigo 19 durante a audiência, ao passo que 22 defenderam sua constitucionalidade e 17 permaneceram neutros ou sugeriram que o Tribunal deve proceder com sua interpretação conforme a Constituição.[72]

2.2 Um novo contexto regulatório

Enquanto as autoridade judiciais nos Estados Unidos e no Brasil não chegam a uma posição final sobre a constitucionalidade de dispositivos como a seção 230 e o artigo 19, um novo contexto regulatório está emergindo ao redor do globo. Esse cenário é informado por novas iniciativas legislativas que buscam revisar as bases normativas que pautaram a relação entre Direito e Internet até agora, em especial quando o assunto é o funcionamento das grandes plataformas digitais de busca e redes sociais.

Nesse tópico, então, serão apresentados alguns dos contornos dessa discussão, passando pelas três fases que marcaram a governança de plataformas digitais ao longo dos anos, as diferenças entre técnicas de regulação e corregulação de plataformas e algumas das principais iniciativas regulatórias contemporâneas. O objetivo é apontar para alguns dos impactos mais relevantes gerados por esse novo contexto regulatório, informando, assim, a discussão que será feita nos capítulos seguintes sobre o conceito de constitucionalismo digital e suas possíveis aplicações práticas.

2.2.1 As três fases da governança de plataformas digitais

Em seu estudo sobre moderação de conteúdo na "era da desinformação", John Bowers e Jonathan Zittrain organizaram a

---

[72] Para um mapeamento detalhado do posicionamento de todos que participaram da audiência pública nos dias 28 e 29 de março de 2023, ver https://somos.itsrio.org/vozes-da-regulacao-placar-interativo.

governança de plataformas digitais em três eras do início da década de 1990 até hoje.[73] O primeiro capítulo dessa história, nomeado pelos autores de "era dos direitos", estende-se desde os primeiros dias da Internet comercial nos anos 90 até aproximadamente o início da década de 2010. Esse período foi marcado pelo surgimento e consolidação de dispositivos legais de *safe harbor* (como a seção 230 do CDA), que garantiram às plataformas digitais uma ampla imunidade contra a responsabilização civil por conteúdos de terceiros em nome da proteção do discurso de seus usuários.

Ao longo da "era dos direitos", as discussões sobre governança do espaço digital "focaram quase exclusivamente na proteção da esfera de discurso *on-line*, ainda em amadurecimento, contra [atos de] coerção externa, sejam corporativos ou governamentais".[74] Ou seja, o objetivo primordial era ajustar os incentivos criados pela interferência do Estado no ciberespaço para evitar que o risco de responsabilização se refletisse em uma indesejável redução da esfera de proteção da liberdade de expressão *on-line* e, ao mesmo tempo, em menos inovação no mercado de novas tecnologias digitais.

A "era dos direitos", entretanto, gerou uma série de distorções conforme o mercado digital e a esfera de discurso *on-line* foram amadurecendo, e, ato contínuo, grandes corporações passaram a concentrar ainda mais poder econômico e político, graças à popularização de suas aplicações de Internet. Como visto acima, isso gerou uma série de consequências negativas, em especial uma falta crônica de transparência e *accountability* no ecossistema de governança de conteúdo digital. A tempestade perfeita, por sua vez, formou-se a partir da segunda metade dos anos 2010, quando, diante de eventos como as eleições presidenciais nos Estados Unidos em 2016 e no Brasil em 2018, os impactos desse modelo não poderiam mais ser ignorados.

Esse momento de epifania coletiva causou uma espécie de *backlash* contra os marcos legais da primeira era e a forma como a governança de plataformas estava estruturada, o que alguns

---

[73] BOWERS, John. ZITTRAIN, Jonathan. Answering impossible questions: Content governance in an age of disinformation. *Harvard Kennedy School Misinformation Review*, v. 1, n. 1, 2020, p. 1-8.
[74] *Ibidem*, p. 2. Tradução livre.

comentadores passaram a chamar de *techlash*. Segundo o Dicionário de Cambridge, *techlash* pode ser definido como "um forte sentimento negativo entre um grupo de pessoas em reação ao desenvolvimento da tecnologia moderna e o comportamento de grandes empresas de tecnologia".[75] Pavimentava-se, assim, o caminho para um novo paradigma de governança de plataformas digitais.

É dizer, "enquanto a moldura de responsabilidade de intermediários [...] permaneceu fixa, a visão do público sobre como plataformas devem ser responsabilizadas mudou de forma tectônica".[76] Isso levou, na visão de Bowers e Zittrain, ao surgimento de uma segunda era de governança, chamada pelos autores de "era da saúde pública". Esse novo período fez com que os interesses da era anterior — como proteção do discurso *on-line* e promoção da inovação no mercado digital — fossem confrontados com as "preocupações [do público] a respeito dos danos concretos e mensuráveis suportados por indivíduos e instituições".[77]

Dentro desse contexto, é natural que dispositivos como a seção 230 e o artigo 19 tenham atraído boa parte das críticas. Entretanto, como argumenta Daphne Keller, dispositivos de *safe harbor* ainda desempenham um importante papel na salvaguarda de direitos constitucionais na era digital e sua revogação traria mais malefícios do que benefícios para a Internet.[78] É preciso, assim, discutir como novas soluções de governança podem ser arquitetadas e implementadas de forma a corrigir as principais distorções identificadas na "era da saúde pública" sem, entretanto, sacrificar dispositivos de *safe harbor* ao longo do caminho — o que não significa, vale dizer, que eles não possam ser revisados e reformulados à luz dos novos desafios que se apresentam.

De forma a resolver a tensão entre as duas primeiras eras, Bowers e Zittrain apostam na promoção de um terceiro capítulo dessa história, a chamada "era do processo". Na visão dos autores,

---

[75] Verbete disponível em https://dictionary.cambridge.org/pt/dicionario/ingles/techlash. Tradução livre.
[76] *Ibidem*, p. 2. Tradução livre.
[77] *Ibidem*, p. 2. Tradução livre.
[78] KELLER, Daphne. *Toward a Clearer Conversation about Platform Liability*. Knight First Amendment Institute, 06 abr. 2018. Disponível em: https://knightcolumbia.org/content/toward-clearer-conversation-about-platform-liability. Acesso em: 04 fev. 2024.

é preciso aprimorar "a credibilidade dos meios pelos quais decisões de governança de conteúdo são tomadas [...], garantindo um firme processo de tomada de decisão mesmo diante de inevitáveis controvérsias sobre a substância [do que é decidido]".[79] Isso envolve tanto a imposição de novos deveres e obrigações às plataformas, como a publicação de relatórios de transparência, quanto a delegação de certas atividades de moderação para agentes externos e independentes, trazendo maior legitimidade ao ecossistema de moderação com base em mecanismos de freios e contrapesos.[80]

Como bem pontuam Bowers e Zittrain, "legitimidade não se confunde com atingir a resposta substantivamente 'correta'", sendo possível encontrar legitimidade na forma como o processo de tomada de decisão é estruturado mesmo diante da falta de amplo consenso público sobre qual é a resposta correta".[81] Ainda mais importante, vale destacar, é o fato de que as principais reformas propostas a partir da "era do processo" podem ser concluídas sem a necessidade de maiores alterações no atual panorama de responsabilidade de intermediários. Ou seja, é uma interessante (e necessária) proposta de síntese entre as considerações feitas pelas duas eras anteriores.

2.2.2 Autorregulação, regulação e corregulação

Antes de analisar como esse debate vem se desenvolvendo na prática à luz de novas iniciativas regulatórias, o presente tópico é dedicado às diferenças entre os modelos de autorregulação, regulação e corregulação de plataformas digitais. Como se verá ao longo do presente trabalho, esse novo contexto regulatório parte do pressuposto de que o paradigma de autorregulação de plataformas digitais precisa ser revisto. Entretanto, a maneira como essa revisão será operacionalizada terá consequências diretas e profundas sobre o panorama da responsabilização de intermediários apresentado acima.

---

[79] BOWERS, John. ZITTRAIN, Jonathan. Answering impossible questions: Content governance in an age of disinformation. *Harvard Kennedy School Misinformation Review*, v. 1, n. 1, 2020, p. 2. Tradução livre.
[80] *Ibidem*, p. 5.
[81] *Ibidem*, p. 5. Tradução livre.

Como bem argumenta Jack Balkin, a regulação de plataformas digitais, em especial as redes sociais, deve ter como principal objetivo a formulação dos incentivos corretos para que essas empresas se tornem "instituições responsáveis" dentro da esfera pública, além de "garantir a existência [...] de diferentes tipos de redes sociais, com variados recursos, sistemas de valores e inovações".[82] Isso é importante tendo em vista que, como ensina Balkin, redes sociais hoje desempenham três funções centrais: elas facilitam a participação pública em discussões políticas e culturais, organizam o debate público e moderam a opinião pública a partir de suas próprias regras e princípios.[83]

O Estado, entretanto, deve resistir à tentação de regular diretamente as práticas e os parâmetros de moderação dessas empresas.[84] O ponto de chegada da regulação não deve ser a consolidação de uma "ilusória neutralidade na moderação de conteúdo em redes sociais" — como parece ser a finalidade de leis como a do estado do Texas —, mas sim um melhor alinhamento dessas empresas em relação aos diversos interesses públicos em jogo.[85] As plataformas, assim, devem ser incentivadas "a se profissionalizar [em assuntos de moderação] e assumir para si parte da responsabilidade pela saúde da esfera pública".[86]

Sobre a responsabilidade de provedores de aplicações na Internet, Balkin sugere que, em vez de revogar a imunidade das plataformas, a melhor estratégia à disposição do Estado é se valer dos dispositivos de *safe harbor* para criar os incentivos corretos.[87] Por exemplo, para garantir sua imunidade na prática, as plataformas poderiam ser obrigadas a incorporar medidas de devido processo e de transparência, além de se sujeitar a auditorias externas e independentes.[88] Ou seja, o que Balkin está propondo é justamente a criação de contrapartidas pela imunidade concedida

---

[82] BALKIN, Jack M. How to Regulate (and Not Regulate) Social Media. *Journal of Free Speech Law*, v. 1, n. 74, 2021, p. 71. Tradução livre.
[83] *Ibidem*, p. 75.
[84] *Ibidem*, p. 89.
[85] *Ibidem*, p. 90. Tradução livre.
[86] *Ibidem*, p. 90. Tradução livre,
[87] *Ibidem*, p. 93-96.
[88] *Ibidem*, p. 93-94.

por dispositivos como a seção 230 e o artigo 19, reestruturando esse arranjo normativo à luz das novas preocupações levantadas pelo funcionamento de grandes plataformas digitais.

Em uma das principais obras sobre governança da Internet e regulação estatal, Christopher Marsden argumenta que a forma mais eficiente de se corrigir as distorções geradas pela autorregulação de provedores — que foi, vale lembrar, promovida pelo próprio Estado entre as décadas de 1990 e 2010 — é apostar no modelo de corregulação.[89] A corregulação tem a vantagem de ser responsiva tanto às exigências e especificidades do mercado de novas tecnologias quanto aos valores e interesses públicos (e constitucionais).[90]

Vale mencionar aqui algumas das principais diferenças entre os modelos regulatórios existentes.[91] Em primeiro lugar, a regulação direta ou clássica é marcada pela estruturação de uma agência ou órgão estatal responsável por desenvolver regulamentações para um setor específico e implementá-las na prática. Em segundo lugar, a autorregulação é marcada pela atuação independente dos membros de determinado setor, os quais têm liberdade para criar e aplicar suas próprias regras sem interferência estatal. Por fim, em terceiro lugar, a corregulação surge como uma via alternativa que combina elementos dos dois modelos anteriores. Em geral, isso significa que um órgão estatal oferece direcionamentos aos membros de determinado setor no estabelecimento de suas regras e princípios, retendo a prerrogativa de intervir quando necessário. Ou seja, é um modelo regulatório dialógico, uma vez que cria pontes de transição entre dois sistemas relativamente autônomos e independentes entre si.[92]

Como se argumenta no próximo capítulo, a corregulação é a solução mais adequada à luz do conceito de constitucionalismo digital adotado por este trabalho. Isso se deve a dois principais motivos. Primeiro, o distanciamento das plataformas digitais da órbita gravitacional do Estado-nação na arena transnacional limita —

---

[89] Ver, de forma geral, MARSDEN, Christopher T. *Internet Co-Regulation: European Law, Regulatory Governance and Legitimacy in Cyberspace*. Cambridge: Cambridge University Press, 2011.
[90] *Ibidem*, p. 46.
[91] *Ibidem*, p. 54.
[92] Uma discussão mais detalhada sobre essa relação entre sistemas relativamente autônomos e independentes será feita a seguir, no Capítulo 3.

embora, como visto acima, não impossibilite — as iniciativas regulatórias estatais. Assim, é preciso pensar em um novo modelo regulatório que reconheça a esfera de autonomia desses atores privados sem abrir mão do estabelecimento de incentivos aptos a proteger direitos fundamentais e outros valores constitucionais, como o Estado Democrático de Direito.

Segundo, "iniciativas de corregulação tendem a ser mais bem-sucedidas, já que aqueles que são regulados têm o espaço necessário para usar a sua experiência na formulação e implementação das suas próprias soluções [de governança]".[93] Isso é especialmente relevante no contexto digital, uma vez que o mercado de novas tecnologias traz consigo nuanças e especificidades que revolucionam os contornos de garantias constitucionais, como a proteção da liberdade de expressão.[94] Medidas regulatórias clássicas que buscam a responsabilização de plataformas digitais, por exemplo, colocam em risco, em vez de promover a liberdade de expressão na Internet.

2.2.3 Novas iniciativas regulatórias e os limites da regulação estatal

O que pode se concluir até aqui é que há um risco real de que os Estados, ao não calibrarem suas iniciativas regulatórias à luz das considerações tecidas no presente capítulo, causem mais distorções do que correções no mercado de novas tecnologias, em especial no que diz respeito ao impacto de grandes plataformas digitais na esfera pública contemporânea. Um alerta nesse sentido vem da experiência da Austrália com regulação de plataformas digitais em 2021. Como se sabe, um dos temas mais debatidos nessa área é o enfraquecimento do jornalismo profissional e independente em razão da ascensão de plataformas de redes sociais e de busca.

Essas empresas dominaram o mercado publicitário nas últimas décadas e, com isso, geraram um impacto financeiro extremamente

---

[93] *Ibidem*, p. 59. Tradução livre.
[94] Para uma discussão aprofundada dos contornos da liberdade de expressão na era digital, ver BARROSO, Luna Van Brussel. *Liberdade de expressão e democracia na era digital*: o impacto das mídias sociais no mundo contemporâneo. Belo Horizonte: Fórum, 2022, p. 91-119.

negativo para jornais impressos, revistas, canais de TV e estações de rádio que dependiam sobremaneira do dinheiro de anunciantes. Afinal, como é notório, plataformas digitais lucram ao vender espaços publicitários que, em razão do processamento massivo de dados pessoais e comportamentais de seus usuários, são mais eficientes em segmentar o público-alvo e direcionar conteúdos a essas pessoas. Para um anunciante, portanto, é mais atrativo investir em publicidade na Internet do que na mídia tradicional.[95]

Entretanto, como argumenta Martha Minow, plataformas digitais se beneficiam do conteúdo produzido pelo jornalismo profissional que circula em seus domínios na Internet.[96] Isso gera engajamento entre os usuários. Como o engajamento em redes sociais é sinônimo de mais dados pessoais e comportamentais coletados, esse ciclo acaba agregando valor aos serviços que são oferecidos pelas plataformas aos anunciantes. Entretanto, nenhuma parte desse valor é repassado ao jornalismo profissional. Assim, diversos especialistas e legisladores passaram a defender a ideia de uma regulação que obrigasse empresas como Google e Meta a repassar parte dos seus lucros com publicidade à mídia tradicional.

Em 2021, o parlamento australiano foi o primeiro a aprovar uma lei nesse sentido, conhecida como *News Media and Digital Platforms Mandatory Bargaining Code*. A legislação estabelecia que "plataformas como Google e Facebook deveriam fechar acordos comerciais com jornais e canais [de TV] para fixar o valor da remuneração pelo uso [de conteúdos jornalísticos]" e que o próprio governo australiano iria mediar uma arbitragem compulsória para estabelecer o valor da remuneração.[97] As plataformas impactadas, entretanto, alegaram não lucrar diretamente com o compartilhamento de notícias e acusaram a legislação de ser extremamente restritiva, em especial ao tratar o repasse desses valores como "remuneração" — quando, na prática, não há nenhum serviço prestado de forma direta — e

---

[95] Ver, de forma geral, MINOW, Martha. *Saving the News: Why the Constitution Calls for Government Action to Preserve Freedom of Speech*. Oxford: Oxford University Press, 2021.
[96] *Ibidem*, p. 10-36.
[97] ARCHEGAS, João Victor. *Trouble Down Under*: O Facebook coloca seu poder de barganha à prova na Austrália. *ITS Rio*, 26 fev. 2021. Disponível em: https://feed.itsrio.org/trouble-down-under-o-facebook-coloca-seu-poder-de-barganha-a-prova-na-australia. Acesso em: 08 fev. 2024.

impor a realização de uma arbitragem compulsória antes de testar mecanismos alternativos.[98]

A Meta, no entanto, foi mais longe que as demais plataformas e resolveu colocar o seu poder à prova. A empresa decidiu remover todos os *links* de notícias que circulavam no Facebook e Instagram para, assim, evitar a incidência da nova lei. Seus usuários, por sua vez, foram impedidos de compartilhar novos *links* para reportagens ou notícias. Uma das consequências foi o bloqueio de uma página do Departamento de Combate a Incêndios na Austrália, justamente na época do ano em que o país tende a ver um crescimento desse tipo de desastre ambiental.[99] Após alguns dias, o governo australiano voltou atrás e aprovou algumas emendas legislativas apoiadas pela empresa. Em resposta, a Meta reverteu o bloqueio que havia imposto em suas plataformas.[100] Esse caso, portanto, ilustra bem os limites enfrentados por iniciativas regulatórias estatais diante do acúmulo de poder por empresas de tecnologia na era digital.

Isso, entretanto, não significa que os Estados devem abandonar qualquer pretensão de regulação dessas empresas ou se curvar às suas demandas em qualquer situação. O único ponto a ser destacado aqui é que *big techs* e Estados estão cada vez mais "em pé de igualdade" na arena transnacional — ao menos no que diz respeito à sua influência sobre a esfera pública *on-line* — e essa constatação, embora desconfortável para muitos, tem impactos diretos e profundos para o desenvolvimento da agenda regulatória contemporânea de novas tecnologias.

Nesse sentido, a tendência hoje é que os Estados apostem cada vez mais em mecanismos de corregulação, buscando, assim, maximizar suas chances de sucesso. Trata-de, na prática, de uma concessão estratégica. Como se verá abaixo, o Projeto de Lei nº 2.630, de 2020, foi apresentado inicialmente no Senado a partir de uma perspectiva de regulação clássica e, com o tempo, foi substancialmente transformado pela adição de elementos de corregulação. Isso

---

[98] *Ibidem.*
[99] *Ibidem.*
[100] MEADE, Amanda *et al. Facebook reverses Australia news ban after government makes media code amendments.* The Guardian, 23 fev. 2021. Disponível em: https://www.theguardian.com/media/2021/feb/23/facebook-reverses-australia-news-ban-after-government-makes-media-code-amendments. Acesso em: 08 fev. 2024.

se deve, em parte, à influência exercida pela regulação europeia de plataformas digitais, o *Digital Services Act*, de 2022. Isso não significa, entretanto, que as duas regulações se encaixem perfeitamente no modelo de corregulação, mas tão somente que esse tem sido o direcionamento dado pelos reguladores tanto no Brasil quanto na União Europeia.

Por exemplo, essas duas iniciativas não buscam regular de forma específica a moderação de conteúdo em plataformas digitais ou responsabilizá-las pelos danos causados pelos conteúdos de terceiros. Ao contrário, ambas focam na estruturação de novos mecanismos de transparência, exigindo a publicação de certos dados sobre o dia a dia da moderação para melhor subsidiar a atividade regulatória do Estado. Ainda, exigem a realização de análises de riscos sistêmicos para identificar eventuais externalidades negativas causadas pelos seus serviços e determinam a formulação de códigos de condutas pelas plataformas, sempre a partir de parâmetros estipulados por uma autoridade estatal.

Isso não significa, entretanto, que o Projeto de Lei nº 2.630 não tenha a sua parcela de problemas. Veja-se, nesse sentido, a falta de qualquer consenso mínimo em relação ao seu texto no Congresso Nacional, o que vem minando suas chances de aprovação. Ao final deste trabalho haverá espaço para uma reflexão mais aprofundada sobre os mecanismos regulatórios que estão sendo debatidos no Brasil e como o PL nº 2.630 ou projetos futuros podem ser aprimorados à luz da discussão a seguir sobre constitucionalismo digital. Esse será justamente o foco do próximo capítulo: analisar o desenvolvimento do conceito de constitucionalismo digital na literatura, enfrentar os posicionamentos e argumentos dos seus críticos e, por fim, explorar como esse conceito relaciona-se tanto com o debate sobre responsabilidade de provedores quanto com a regulação de plataformas digitais.

3. CONSTITUCIONALISMO DIGITAL

A discussão apresentada no capítulo anterior demonstra a complexidade da relação entre Direito e Internet, especialmente a partir da ascensão de grandes empresas de tecnologia ao *status* de "impérios na nuvem". Essas empresas criam e implementam suas próprias regras e princípios de governança dentro de uma esfera de autorregulação delimitada por dispositivos como a seção 230 nos Estados Unidos e o artigo 19 no Brasil. Hoje, entretanto, novas iniciativas regulatórias estão surgindo com a promessa de atualizar esse cenário normativo à luz dos desafios apresentados pela concentração de poder pelas *big techs*, em especial as distorções causadas por suas ações de moderação na esfera pública digital e os consequentes impactos sobre os direitos fundamentais e humanos de seus usuários. O presente capítulo, por sua vez, é dedicado à análise do constitucionalismo digital e como essa corrente teórica se relaciona com o panorama apresentado até aqui.

Em seu ensaio sobre o passado e o futuro do Estado de Direito, Luigi Ferrajoli afirma que sua versão moderna, o Estado Constitucional de Direito, entrou em crise em razão da globalização.[101] O monopólio do Estado-nação sobre a produção jurídico-normativa está em xeque e, por isso, é cada vez mais comum se observar uma "sobreposição de ordenamentos que é própria do Direito pré-moderno".[102] O ordenamento jurídico estatal sobrevive e, em muitos aspectos, ainda é central, mas passa a conviver com outros sistemas para além dos seus limites territoriais. A solução para a crise, segundo o autor, seria a construção de um "constitucionalismo sem Estado", apto a limitar poderes e garantir direitos nos planos internacional, supranacional e transnacional. Para Ferrajoli, então, o fundamento de legitimidade do constitucionalismo é a igualdade de direitos e liberdades fundamentais entre sujeitos e

---

[101] FERRAJOLI, Luigi. Pasado y futuro del estado de derecho. *Revista Internacional de Filosofía Política*, n. 17, 2001.
[102] *Ibidem*, p. 36.

não necessariamente a vontade política de uma maioria inserida num determinado território nacional.[103]

Alguns autores, como se verá abaixo, emolduraram esse debate a partir do conceito de "constitucionalismo societal". Como explica Dieter Grimm, trata-se de uma corrente que defende que diferentes subsistemas da sociedade global aumentam suas "racionalidades internas" com o tempo e passam a protagonizar processos de criação de normas que independem da autoridade do Estado.[104] É o que ocorre, assim, quando grandes empresas de tecnologia que atuam no plano global criam regras privadas que definem os contornos da liberdade de expressão e de tantos outros direitos e liberdades fundamentais na era digital.

Ademais, para além da globalização, é preciso pensar em como a teoria constitucional relaciona-se com outros dois movimentos de escala mundial: a digitalização e a expansão do poder privado sobre áreas antes associadas exclusivamente com o poder público.[105] Ou seja, atores privados passam a exercer funções usualmente associadas ao poder público. É justamente nesse contexto que, como se argumenta a seguir, é possível falar em constitucionalismo digital. Nota-se que o argumento feito pela maioria dos autores que serão trabalhados no presente capítulo é, antes de tudo, pragmático. Em razão do processo de digitalização, globalização e expansão do poder privado na arena transnacional, algumas áreas da sociedade contemporânea não podem mais ser atingidas pelos mecanismos tradicionais titularizados pelo Estado-nação — e, consequentemente, pelo constitucionalismo moderno como o conhecemos.

Assim, é preciso pensar em uma nova abordagem para garantir a proteção de direitos e liberdades também em subsistemas da sociedade global que estão atingindo um elevado grau de autonomia a partir do aumento de suas respectivas racionalidades internas. Apresentado nesses termos, o constitucionalismo digital toma como pressuposto o exercício de atribuições antes associadas

---

[103] *Ibidem*, p. 40-41.
[104] GRIMM, Dieter. *Constitutionalism: Past, Present, and Future*. Oxford: Oxford University Press, 2016, p. 340-42.
[105] TEUBNER, Gunther. Horizontal Effects of Constitutional Rights in the Internet: A Legal Case on the Digital Constitution. *The Italian Law Journal*, v. 3, n. 1, 2017, p. 196.

ao poder público agora por parte de grandes empresas de tecnologia. Ainda, com o intuito de garantir a proteção de valores constitucionais na era digital, objetiva estabelecer limites constitucionais também nesta nova fronteira do poder — limites que, vale ressaltar desde já, são inspirados pelo constitucionalismo estatal, de forma que o Estado continua sendo um indispensável ponto de referência para nossa investigação.

Dito isso, o presente capítulo é estruturado em três tópicos. No primeiro são apresentadas as principais correntes que defendem a existência de um constitucionalismo além do Estado, seja em contextos internacionais, supranacionais ou transnacionais. No segundo é feito um mapeamento detalhado da literatura sobre constitucionalismo digital, dando destaque tanto aos autores que defendem o conceito quanto aos argumentos dos seus críticos mais vocais. Por fim, no terceiro e último tópico, são oferecidas algumas respostas para as críticas direcionadas ao termo e, em uma busca de uma síntese, é proposta uma nova agenda para o constitucionalismo digital com base em elementos de *design* constitucional. É essa agenda, por sua vez, que informará a análise sobre a aplicabilidade prática do conceito no capítulo seguinte.

3.1 Constitucionalismo para além do Estado

O conceito de constitucionalismo sofreu várias transformações ao longo dos anos e caracteriza-se por uma série de elementos essencialmente contingenciais e históricos. Ainda, é importante considerar que as discussões sobre o constitucionalismo precedem a ideia de Constituição em seu sentido moderno, com a qual a maior parte da literatura — e também este trabalho — preocupa-se.[106] Martin Loughlin, por exemplo, indica a existência de uma espécie de "constitucionalismo medieval" que, por sua vez, era associado ao funcionamento de "governos mistos" (*mixed government*).[107] Ou seja, diferentes interesses sociais se misturavam no exercício das

---
[106] LOUGHLIN, Martin. *Against Constitutionalism*. Cambridge: Harvard University Press, 2022, p. 27.
[107] *Ibidem*, p. 28.

funções governamentais para garantir que nenhum deles impusesse suas vontades aos demais.

Nada obstante, foi Montesquieu quem, em 1748, pavimentou o caminho para a transição de uma acepção medieval para outra moderna de Estado Constitucional. Buscando uma moldura político-institucional capaz de equilibrar "ordem" e "liberdade" dentro do Estado — ou, em outras palavras, uma forma ideal de governo constitucional —, o autor escreve, em *O Espírito das Leis*, que, para evitar o abuso do poder, "é preciso que, pela disposição das coisas, o poder freie o poder" e, assim, uma constituição deve ser construída "de tal modo que ninguém será constrangido a fazer coisas que a lei não obriga e a não fazer as que a lei permite".[108] Essa "disposição das coisas" que Montesquieu identifica como sendo essencial para, por meio da ordem, proteger e promover a liberdade se traduz na sua clássica ideia de separação dos poderes em três espécies: legislativo, executivo e judiciário — este último chamado pelo autor de "executivo das coisas que dependem do direito civil".[109]

Para Loughlin, Montesquieu é o responsável por "converter as práticas medievais de uma Constituição mista em uma moldura institucional moderna baseada na separação dos poderes".[110] Assim, a concepção de Constituição enquanto um documento escrito que estabelece os limites do exercício do poder político dentro de um Estado é, por excelência, uma construção do século XVIII que teve na constituição estadunidense de 1787 o seu principal marco histórico. É nesse contexto, também, que a Constituição ganha *status* de "lei fundamental" com ascendência e precedência em relação aos demais diplomas legais em um dado ordenamento jurídico. Mais do que isso, a Constituição passa a ser vista como o produto de uma decisão do povo que, por meio do exercício do poder constituinte, determina as regras pelas quais será governado.[111]

No continente americano, é inegável a importância (e influência) da filosofia política de James Madison para o constitucionalismo

---

[108] MONTESQUIEU. *Do espírito das leis*. São Paulo: Nova Cultural, 2005, p. 200.

[109] *Ibidem*, p. 201-202.

[110] LOUGHLIN, Martin. *Against Constitutionalism*. Cambridge: Harvard University Press, 2022, p. 32. Tradução livre.

[111] *Ibidem*, p. 32-35.

moderno.[112] No artigo nº 51 dos *Federalist Papers*, Madison, ecoando as palavras de Montesquieu, escreve que "a ambição deve servir de contraponto para a ambição"[113] — ou seja, prevendo a concentração de poder no Estado, a sua proposta é que os poderes instituídos devem contar com mecanismos de controle recíproco. Naquele ensaio, Madison propõe, então, a atualização da moldura da separação dos poderes e advoga pelo que hoje conhecemos como "modelo de freios e contrapesos" (*checks and balances*) — embora, vale dizer, nunca tenha usado essa exata terminologia em seus escritos. Para ele, "primeiro você deve habilitar o governo a controlar os 'governados'; e, na sequência, obrigá-lo a controlar a si mesmo".[114] Ou seja, para garantir a liberdade em um Estado Constitucional e evitar a concentração tirânica de poder, Madison sugere que apenas a separação institucional entre os três poderes é insuficiente, sendo necessário um arranjo complexo de interferências mútuas capaz de promover um equilíbrio dinâmico e não meramente estático.

Próximo do final da sua vida, depois de concluir seu mandato como o quarto presidente dos Estados Unidos, Madison dirigiu-se à convenção do estado da Virgínia em 1829 e proferiu uma de suas frases mais célebres: "A essência do governo é o poder; e o poder, inevitavelmente alojado em mãos humanas, sempre será passível de abuso".[115] A partir da visão de Madison, é importante notar que, embora os instrumentos institucionais que dão forma à constituição tenham sido atualizados ao longo dos anos, a essência do constitucionalismo permanece sendo a busca pela restrição do poder arbitrário e/ou puramente discricionário por conta de um governo constitucional com poderes limitados.

Em um dos textos mais influentes sobre o conceito de constitucionalismo, Giovanni Sartori argumenta que a Constituição

---

[112] Para uma análise aprofundada da importância histórica de James Madison antes, durante e após a ratificação da Constituição de 1787, ver FELDMAN, Noah. *The Three Lives of James Madison*. Nova Iorque: Random House, 2017. Tradução livre.
[113] MADISON, James. *The Federalist No. 51*. In: HAMILTON, Alexander et al. *The Federalist*. Indianapolis: Liberty Fund, 2001, p. 268.
[114] *Ibidem*, p. 269.
[115] A transcrição completa de seu discurso está disponível no repositório *Founders Early Access* providenciado pela *The University of Virginia Press* e pode ser acessado em https://rotunda.upress.virginia.edu/founders/default.xqy?keys=FOEA-print-02-02-02-1924. Acesso em: 06 out. 2023. Tradução livre.

enquanto documento escrito e lei fundamental é apenas um meio, um instrumento; o que mais importa em termos de teoria constitucional, na verdade, é o *telos* do constitucionalismo.[116] Em suas palavras, essa finalidade aponta para um conjunto de princípios que, associado a uma moldura institucional, é capaz de "restringir o poder arbitrário e garantir um 'governo limitado'".[117]

Sartori, então, aponta para uma importante distinção entre Constituição no sentido "garantista" (*garantiste*), alinhado ao *telos* do constitucionalismo, e Constituição no sentido estritamente formal, que muitas vezes se apropria da percepção de legitimidade trazida pelo termo e passa a associá-lo com qualquer tipo de conteúdo.[118] Para o autor, a definição de constituição que carrega consigo uma adequada densidade histórica, social e política é aquela que informa a missão de construção de um governo limitado onde cidadãos possam ser governados sem opressão e sejam, portanto, amparados por um sistema robusto de proteção de direitos e liberdades fundamentais.[119]

Veja-se, ainda, que, embora os exemplos analisados por Sartori tenham em comum o processo constitucional dentro de diferentes Estados-nação — afinal, trata-se de um estudo publicado no início da década de 60 —, o autor nunca afirma que essa é uma condição *sine qua non* do constitucionalismo. Pelo contrário, a Constituição estatal é uma manifestação formal, entre outras possíveis, do *telos* do constitucionalismo. O fato de uma das mais importantes manifestações formais se dar no contexto do Estado-nação, assim, não esgota todas as diferentes possibilidades de aplicação e construção do conceito em outros contextos, especialmente para além do Estado.[120]

---

[116] SARTORI, Giovanni. Constitutionalism: A preliminary discussion. *The American Political Science Review*, v. 56, n. 4, 1962, p. 853-864.

[117] *Ibidem*, p. 855. Tradução livre.

[118] *Ibidem*, p. 855-856. No mesmo sentido, Martin Loughlin argumenta que constitucionalismo é uma filosofia de governo baseada em dois pilares. O primeiro relaciona-se ao governo representativo, no sentido de que o povo é tido como autor e fonte de legitimidade da Constituição. O segundo diz respeito ao quadro de mecanismos institucionais que buscam limitar, dividir e balancear os poderes de governo. É dizer, o constitucionalismo relaciona-se com um "*ethos* específico de governo", buscando restringir o poder político e resguardar a liberdade individual. LOUGHLIN, Martin. *Against Constitutionalism*. Cambridge: Harvard University Press, 2022, p. 2-3.

[119] *Ibidem*, p. 858.

[120] Giovanni Sartori chega a conectar o conceito de constituição especificamente ao exercício do controle do poder estatal, mas nunca ao conceito de constitucionalismo em si. Nas suas

Outro trabalho influente sobre a construção histórica do constitucionalismo e comumente citado em escritos sobre o tema é a transcrição das *Messenger Lectures* de 1938 e 1939 na Universidade de Cornell, ministradas na ocasião por Charles Howard McIlwain.[121] Seu principal objetivo era identificar os elementos constitutivos do constitucionalismo moderno e "antigo" (*ancient*) para melhor mapear os contornos do conceito. Ao final de sua palestra, McIlwain deixa clara a conclusão da sua investigação: "[o elemento] mais antigo e persistente entre os elementos essenciais do verdadeiro constitucionalismo continua sendo o mesmo desde o início, qual seja, a limitação do governo pela lei. 'Limitações constitucionais', se não a parte mais importante do constitucionalismo, certamente configuram seu elemento mais antigo".[122]

O constitucionalismo, na visão do autor, é um projeto de construção de mecanismos de limitação do poder político que conta com dois eixos estruturantes.[123] Em primeiro lugar, a delimitação de contornos legais que, uma vez implementados por um ecossistema institucional, servem de limite ao exercício do poder, evitando que este se torne essencialmente arbitrário. Em segundo lugar, a instituição de um regime de "responsabilidade política" do governo em relação aos governados. Afinal, o constitucionalismo representa por excelência um regime de proteção dos cidadãos em relação ao exercício de poder pelo Estado.

É curioso notar que autores como Sartori e McIlwain, portanto, nunca chegam a oferecer uma definição exata de constitucionalismo, limitando-se — às vezes conscientemente[124] — a identificar elementos ou características a partir de suas investigações históricas. Isso

---

palavras, "constituição significa uma moldura da sociedade política, organizada através e pela lei, para o propósito de limitar o poder arbitrário" (tradução livre). SARTORI, Giovanni. Constitutionalism: A preliminary discussion. *The American Political Science Review*, v. 56, n. 4, 1962, p. 860.

[121] MCILWAIN, Charles Howard. *Constitutionalism: Ancient and Modern*. edição revisada. Ithaca: Cornell University Press, 1947.

[122] *Ibidem*, p. 14. Tradução livre.

[123] *Ibidem*, p. 76.

[124] McIlwain, por exemplo, é franco ao dizer em sua última palestra que não se sente suficientemente "qualificado para deduzir uma definição estrita de constitucionalismo", sendo mais importante, na sua visão, "fazer algumas observações gerais de caráter mais modesto" (tradução livre). Ver MCILWAIN, Charles Howard. *Constitutionalism: Ancient and Modern*. edição revisada. Ithaca: Cornell University Press, 1947, p. 71.

apenas reforça o que foi dito acima sobre o *telos* do constitucionalismo comportar diferentes manifestações formais, seja no sentido "garantista" (*garantiste*) identificado por Sartori ou no sentido de "limitações constitucionais" nas palavras de McIlwain.

A ausência de uma definição conceitual estrita não deve ser vista como uma falta grave do constitucionalismo, supostamente diminuindo o seu valor epistêmico. Pelo contrário, uma vez identificado um *telos* e, consequentemente, um conjunto mínimo de elementos estruturantes, podemos compreender o constitucionalismo como uma questão de "mais ou menos", em vez de "tudo ou nada", permitindo sua generalização e reespecificação em outros contextos sociais para além do Estado, como se aborda adiante.

Para fins ilustrativos, podemos citar o conceito de constitucionalismo oferecido pela influente Enciclopédia de Filosofia de Stanford: "constitucionalismo é a ideia [...] de que o governo pode e deve ser legalmente limitado em seus poderes ou que sua legitimidade depende da observância destes limites".[125] Como se vê, esse conceito está alinhado ao pensamento de Charles Howard McIlwain, uma vez que identifica dois elementos associados ao constitucionalismo, mas não oferece, na prática, uma definição estrita sobre sua forma. O mesmo pode ser dito a respeito do verbete sobre constitucionalismo da Enciclopédia Britannica assinado por Richard Bellamy.[126] Conhecido no campo do direito constitucional pelos seus escritos sobre "constitucionalismo político",[127] Bellamy afirma que, de um ponto de vista geral, "constitucionalismo refere-se a esforços para prevenir um governo arbitrário".[128]

Entretanto, Bellamy vai além ao separar o constitucionalismo em duas tradições históricas.[129] Uma primeira, que ele chama de constitucionalismo político, trata "governo arbitrário" como

---

[125] WALUCHOW, Wil. KYRITSIS, Dimitrios. *Constitutionalism*. In: ZALTA, Edward N. NODELMAN, Uri (Eds.). *The Stanford Encyclopedia of Philosophy. Summer 2023 Edition*. Disponível em: https://plato.stanford.edu/entries/constitutionalism/. Acesso em: 09 out. 2023. Tradução livre.
[126] BELLAMY, Richard. *Constitutionalism*. Encyclopaedia Britannica, 2016. Disponível em: https://www.britannica.com/topic/constitutionalism#ref321662. Acesso em: 09 out. 2023.
[127] Ver BELLAMY, Richard. *Political Constitutionalism: A republican defense of the constitutionality of democracy*. Cambridge: Cambridge University Press, 2007.
[128] *Ibidem*. Tradução livre.
[129] *Ibidem*.

sinônimo de "dominação dos governados por seus governadores", buscando um maior equilíbrio entre os interesses políticos de diferentes grupos dentro de determinado regime. Já a segunda tradição, por ele denominada de "constitucionalismo legal", trata "governo arbitrário" como sinônimo de "interferência em direitos individuais". Dentro dessa segunda tradição, o constitucionalismo almeja a proteção de direitos por meio de uma moldura de separação de poderes que é inaugurada por uma Constituição tida como lei ou norma superior dentro do Estado. Veja-se, entretanto, que mais uma vez é possível retornar ao *telos* do constitucionalismo no sentido de restrição do poder arbitrário, ainda que o formato dessas restrições tenha sofrido importantes modificações e atualizações, principalmente quando da passagem de tradição clássica para uma tradição moderna.[130]

Interessante notar que é justamente a partir da segunda tradição identificada por Bellamy que o conceito de constitucionalismo passa a ser associado com elementos que estão mais intimamente conectados ao Estado-nação. O autor, nesse sentido, indica quatro desenvolvimentos teóricos que marcaram a transição do constitucionalismo político para o constitucionalismo legal.[131] Primeiro, a ascensão da ideia de separação de poderes. Segundo, a consolidação do "povo" enquanto ente unitário e soberano, sendo a Constituição o produto imediato do exercício do seu poder constituinte dentro do Estado. Terceiro, a visão segundo a qual as constituições modernas são uma forma superior de norma jurídica dentro de um determinado território. Por fim, a garantia e promoção de direitos individuais enquanto eixos estruturantes do constitucionalismo moderno.

Ou seja, é inegável que o constitucionalismo tem uma longa tradição estatal e, em razão disso, muitas vezes se sobrepõe enquanto conceito às suas manifestações formais dentro do Estado-nação, mas há pouca razão para crer que é impossível (ou incoerente) falar em constitucionalismo para além do Estado. É dizer, ao reconhecer a

---

[130] SARTORI, Giovanni. Constitutionalism: A preliminary discussion. *The American Political Science Review*, v. 56, n. 4, 1962.
[131] BELLAMY, Richard. *Political Constitutionalism: A republican defense of the constitutionality of democracy.* Cambridge: Cambridge University Press, 2007.

importância do constitucionalismo no contexto do Estado-nação, não estamos excluindo a possibilidade de realização do *telos* do constitucionalismo também para além dele. Um dos argumentos mais fortes nesse sentido foi feito por Neil Walker, em seu influente artigo sobre os limites e a possibilidade do constitucionalismo.[132] A concepção moderna de que o constitucionalismo associa-se de forma exclusiva ou preferencial ao Estado-nação e, por isso, justifica-se a partir de elementos encontrados apenas nesse contexto sociopolítico específico é desafiada em duas frentes.

Em primeiro lugar, é cada vez mais comum que entidades e organizações para além do Estado, em contextos internacionais e transnacionais, passem a contar com "certos níveis de capacidade de tomada de decisão que são normalmente associados a uma demanda por governança constitucional".[133] Em segundo lugar, há, hoje, uma crescente tendência de se usar a linguagem e a teoria do constitucionalismo para explicar a consolidação de tais capacidades — que antes eram identificadas primordialmente no contexto estatal — também para além do Estado.[134] É, portanto, a constatação de que vivemos em um mundo cada vez mais globalizado que leva diferentes pensadores a considerar o uso do ferramental constitucionalista em contextos internacionais e até mesmo transnacionais.

Há, ainda, grande resistência por parte de alguns teóricos que acreditam que o uso do termo "constitucionalismo" em tais contextos seria inapropriado, inconcebível, improvável e ilegítimo.[135] *Inapropriado* porque os instrumentos do constitucionalismo foram desenvolvidos no e para o Estado, sendo inviável, nessa perspectiva, sua implementação em outros contextos. Para usar a expressão de Roberto Gargarella, seria o mesmo que retirar a "casa de máquinas da Constituição"[136] para instalá-la em um sistema tecnicamente incompatível. *Inconcebível* porque o constitucionalismo possui um

---

[132] WALKER, Neil. Taking Constitutionalism beyond the State. *Political Studies*, v. 56, n. 03, 2008, p. 519-543.
[133] *Ibidem*, p. 519. Tradução livre.
[134] *Ibidem*, p. 519-20.
[135] *Ibidem*, p. 520-22.
[136] GARGARELLA, Roberto. *Latin American Constitutionalism, 1810-2010: The Engine Room of the Constitution*. Oxford: Oxford University Press, 2013.

horizonte epistêmico próprio que engloba elementos como soberania, povo e *demos*, sendo, portanto, um erro categórico generalizar suas bases teóricas com o intuito de desconectá-lo de tais elementos fáticos. *Improvável* porque o constitucionalismo refere-se a uma forma específica de organização do poder político, qual seja, a ordem dos Estados soberanos que convivem uns com os outros no plano internacional; assim, ainda que algumas experiências constitucionais extrapolem os limites territoriais do Estado, elas só se justificam pela delegação de autoridade por parte de determinado governo nacional. Por fim, *ilegítimo* porque seu objetivo é, muitas vezes, transferir o valor simbólico do termo de um contexto para o outro, aproveitando-se, de certa forma, da sua alta carga ideológica e atribuindo a qualidade de "ser constitucional" a certas experiências desconectadas do Estado-nação.

Walker, entretanto, oferece algumas respostas para tais objeções.[137] Em primeiro lugar, a semelhança entre instrumentos regulatórios encontrados no Estado e para além dele indica que "algumas técnicas [...] de *design* associadas com o constitucionalismo estatal são relevantes para outros arranjos políticos" e que o constitucionalismo talvez possa se realizar em diferentes graus.[138] Em segundo lugar, ainda que algumas manifestações formais do constitucionalismo aconteçam no Estado, aproximando o termo de um horizonte epistêmico específico, isso não exclui a possibilidade de existir um significado mais amplo e, portanto, generalizável do mesmo conceito. As investigações históricas mencionadas acima reforçam esse ponto. Em terceiro lugar, ainda que o constitucionalismo estatal seja a forma predominante a partir de uma perspectiva histórica, diversos fatores apontam para o desenvolvimento de elementos constitucionais em contextos internacionais e transnacionais. Por fim, em quarto lugar, é de se questionar por qual motivo o uso do termo em outros contextos seria necessariamente ilegítimo e não, na verdade, um reforço da empreitada constitucional que se beneficia da "característica autônoma e de textura aberta" do constitucionalismo.[139]

---

[137] WALKER, Neil. Taking Constitutionalism beyond the State. *Political Studies*, v. 56, n. 3, 2008, p. 522-523.
[138] *Ibidem*, p. 522.
[139] *Ibidem*, p. 523.

Em linhas gerais, o fato de o constitucionalismo ter uma história pré-moderna é um forte indicativo de que o Estado não pode ser encarado como o monopolista do projeto constitucional (seja no passado ou no futuro). Na visão de Walker, o constitucionalismo deve ser encarado como um projeto que se implementa em blocos, sendo possível, assim, separá-lo em diferentes dimensões e reconhecer sua realização parcial em determinados contextos não estatais. Isso, entretanto, não significa que o argumento holístico resta enfraquecido, pelo contrário. A combinação de todos esses elementos confere robustez e solidez ao constitucionalismo moderno enquanto manifestação formal no Estado, mas não é suficiente para refutar a possibilidade de seu desenvolvimento e implementação para além dele. Esse é o argumento central do autor, no sentido de que o constitucionalismo pode ser compreendido em termos incrementais (*more-or-less*), em vez de exclusivamente holísticos (*all-or-nothing*). Assim temos a possibilidade de "compreendê-lo como uma questão de grau e realização parcial sem, por outro lado, negar a importância do padrão de combinação dessas [diferentes] dimensões e, portanto, a potencial força do argumento holístico".[140]

É a partir dessa constatação que Walker sugere uma concepção de constitucionalismo estruturada a partir de molduras que se reforçam mutuamente (*series of reinforcing frames*): a moldura jurídica, a moldura político-institucional, a moldura autorreferente, a moldura social e, por fim, a moldura discursiva.[141] Essas molduras encontraram no Estado-nação uma trajetória histórica de reforço mútuo, que concede, ao longo dos anos, uma maior densidade histórico-social ao constitucionalismo moderno. Esse acúmulo de experiência, portanto, tem um valor inegável e não pode ser desconsiderado, servindo de ponto de referência para teóricos

---

[140] *Ibidem*, p. 524. Tradução livre.
[141] *Ibidem*, p. 526. A moldura jurídica refere-se a uma ordem legal e normativa como sinônimo de ordem constitucional. A moldura político-institucional relaciona-se a órgãos governamentais que devem ter suas funções equilibradas a partir de um sistema de separação de poderes e/ou freios e contrapesos. A moldura autorreferente reputa-se ao exercício de um poder constituinte capaz de atribuir legitimidade ao projeto constitucional. A moldura social está conectada a uma comunidade que, a partir de mecanismos de integração social, está inserida em um contexto constitucional. Por fim, a moldura discursiva encara o constitucionalismo enquanto um embate ideológico que busca rotular certos fenômenos a partir da lógica binária constitucional/inconstitucional.

que buscam generalizar e reespecificar os valores e princípios do constitucionalismo em novos contextos sociais, como é o caso da sociedade em rede ou algorítmica. Em outras palavras, ainda que seja possível falar em constitucionalismo para além do Estado a partir de uma estrutura baseada em molduras, isso não serve de argumento para se desconsiderar a força normativa e epistêmica do constitucionalismo estatal que continuará, pelo futuro próximo, influenciando os debates na área.

O constitucionalismo, portanto, tem no Estado a sua manifestação formal mais completa e robusta até hoje. Nas palavras de Walker, ainda que o "constitucionalismo ofereça um caminho para um novo quadro de autoridade legal para além do Estado, ele deve, necessariamente, continuar a lidar com um intenso tráfego vindo da direção do Estado".[142] A partir dessa constatação, abaixo são apresentadas em mais detalhes algumas teorias que buscam justificar a aplicação do constitucionalismo em contextos internacionais, supranacionais e transnacionais. Vale destacar, desde já, que elas devem ser lidas como tentativas de reforçar (e não enfraquecer) o *telos* do constitucionalismo. Mais do que isso, elas não desconsideram a importância — para não dizer, em alguns casos, a centralidade — do constitucionalismo estatal, buscando compatibilizar essas diferentes visões em um quadro teórico único, ainda que estruturado em diferentes níveis ou até mesmo de forma fragmentada ou plural.

3.1.1 Constitucionalismo multinível e constitucionalismo global

O presente tópico é dedicado à apresentação dos contornos gerais do que a literatura convencionou chamar de constitucionalismo multinível e constitucionalismo global. O propósito é organizar essas diferentes correntes ou escolas teóricas à luz do debate mais abrangente a respeito da aplicabilidade e viabilidade do constitucionalismo para além do Estado. Com isso será possível, em primeiro lugar, distinguir as correntes internacionais (constitucionalismo

---

[142] *Ibidem*, p. 540. Tradução livre.

global) e supranacionais (constitucionalismo multinível) das correntes transnacionais que serão abordadas na sequência. Ainda, em segundo lugar, as bases teóricas apresentadas neste e nos próximos dois tópicos serão retomadas para aprofundar a discussão sobre o constitucionalismo digital que se dará adiante.

Vale destacar, nesse sentido, que a maioria dos autores que escrevem sobre constitucionalismo digital ancoram suas discussões em uma ou mais das correntes aqui apresentadas. Entretanto, como se argumentará ao final do capítulo, este trabalho segue a perspectiva do constitucionalismo societal e acredita que as bases oferecidas por autores como Gunther Teubner e Anna Beckers são as mais adequadas para sustentar o desenvolvimento do constitucionalismo digital enquanto discurso acadêmico e científico.

Escrevendo em 1998 sobre a relação entre a Constituição alemã (*Grundgesetz*) de 1949 e a integração regional dos países europeus, Ingolf Pernice cunhou pela primeira vez o termo "constitucionalismo multinível"[143] — do alemão *Verfassungsverbund*, que pode ser traduzido literalmente como "composto de constituições" — para descrever a ascensão da União Europeia em termos constitucionais.[144] Três pontos são centrais para o desenvolvimento do seu argumento.[145] Em primeiro lugar, Pernice notou uma tendência, que se acelerou nos anos subsequentes, de constituições nacionais que buscavam contribuir com a construção e legitimação de instituições supranacionais — inclusive por meio de dispositivos que tornavam a integração regional e supranacional um dever ou propósito do Estado. Em segundo lugar, no contexto alemão, o Poder Judiciário articulou pela primeira vez o argumento de que a integração do país ao projeto supranacional europeu causou modificações substanciais

---

[143] O constitucionalismo multinível hoje se refere a contextos político-normativos que vão além da União Europeia. Nesse sentido, partindo do estágio atual de desenvolvimento dos direitos humanos, Melina Fachin fala em "diversas ordens sem hierarquia, integradas numa coexistência de reforço mútuo formando um ordenamento plural e múltiplo". Ainda, essas ordens organizam-se em forma "de uma rede, de vários planos, localizados em diversos níveis, que se alimentam e limitam reciprocamente". FACHIN, Melina. Constitucionalismo multinível: diálogos e(m) direitos humanos. *Revista Ibérica do Direito*, v. 1, n. 1, p. 56-57, 2020.

[144] PERNICE, Ingolf. Constitutional Law Implications for a State Participating in a Process of Regional Integration: German Constitution and "Multilevel Constitutionalism". *German Reports on Public Law*, jul./ago. 1998, 40-66.

[145] *Ibidem*, p. 41-43.

em sua própria Constituição sem uma necessária mudança de texto, o que alguns especialistas passaram a chamar de mutação constitucional. Por fim, em terceiro lugar, Pernice identificou o surgimento de um único sistema constitucional de duas camadas (uma supranacional e outra nacional), que obtém sua legitimidade a partir da ação política organizada dos cidadãos europeus. Assim, os tratados que constituem a União Europeia podem ser interpretados como um novo contrato social entre toda a população europeia, e não apenas um acordo multilateral entre Estados soberanos.[146]

Isso não significa que a União Europeia tem uma única Constituição — essa proposta, inclusive, foi derrotada em 2006 quando da discussão de um tratado que estabeleceria uma "Constituição europeia".[147] Pelo contrário, o argumento de Pernice é no sentido de que diferentes tratados e instituições formam uma espécie de Direito Constitucional europeu que se posiciona ao lado das constituições nacionais dentro de um sistema único de Direito que é, por sua vez, orientado por princípios de distribuição de poderes (entre a União e os Estados-membro), de solução de conflitos normativos (entre a lei da União Europeia e a lei dos Estados-membro) e, por fim, de garantias constitucionais específicas, a exemplo da proteção de direitos fundamentais nos dois níveis do sistema.[148]

Como o próprio autor indica, sua perspectiva é, portanto, de um constitucionalismo para além do Estado baseado numa perspectiva de cidadania regional que, por isso, segue intimamente conectado ao constitucionalismo estatal — o qual, vale mencionar, relaciona-se com o constitucionalismo supranacional europeu e é modificado por ele.[149] Nas suas palavras, portanto, "a União Europeia pode ser entendida — em termos legais — como um sistema constitucional composto fundado na vontade dos cidadãos em sua capacidade e *status* como, ao mesmo tempo, cidadãos de seus respectivos Estados-membro e cidadãos da União".[150]

---

[146] *Ibidem*, p. 47.
[147] MORAVCSIK, Andrew. What Can We Learn from the Collapse of the European Constitutional Project? *Politische Vierteljahresschrift*, v. 47, n. 2, 2006.
[148] PERNICE, Ingolf. Multilevel Constitutionalism and the Crisis of Democracy in Europe. *European Constitutional Law Review*, v. 11, 2015, p. 541-562.
[149] *Ibidem*, p. 547.
[150] *Ibidem*, p. 545-46. Tradução livre.

De outra sorte, o constitucionalismo global preocupa-se com a fragmentação do Direito Internacional e discute a aplicação de princípios e valores constitucionais em contextos de governança global, em especial aqueles relacionados ao Direito Público. Diversos autores contribuíram, ao logo dos anos, com o desenvolvimento dessa corrente teórica, com destaque para Martti Koskenniemi,[151] Matthias Kumm[152] e Anne Peters.[153] Em linhas gerais, o constitucionalismo global é uma agenda que defende a aplicação de certos princípios constitucionais — como direitos fundamentais, freios e contrapesos e *rule of law* — na ordem legal internacional e, assim, "refere-se ao processo contínuo, ainda que não linear, de emergência gradual e criação deliberada de elementos constitucionais na ordem legal internacional por atores políticos e judiciais".[154]

Isso não significa, entretanto, que o conceito de constitucionalismo é usado de forma acrítica como um mero simulacro para conferir legitimidade ao Direito Internacional. Pelo contrário, o constitucionalismo não oferece soluções prontas para os problemas enfrentados pela governança global (e nem poderia), mas sim uma perspectiva epistêmica específica que pode contribuir com a construção de novas alternativas a partir da experiência acumulada pelo constitucionalismo estatal ao longo de sua trajetória moderna.[155] Trajetória essa que, vale sempre lembrar, é predominantemente ocidental e marcada por desigualdades estruturais. Assim, deve sempre ser (re)interpretada à luz das mais variadas teorias críticas.[156]

---

[151] KOSKENNIEMI, Martti. *From Apology to Utopia: The Structure of International Legal Argument*. Cambridge: Cambridge University Press, 1989. KOSKENNIEMI, Martti. *Constitutionalism as a mindset: reflections on Kantian themes about international law and globalization*. Theoretical Inquiries in Law, v. 08, n. 1, p. 9-36, 2006.

[152] KUMM, Mattias. Global Constitutionalism: History, Theory and Contemporary Challenges. *Revista Direito e Práxis*, v. 13, n. 4, p. 2732-2773, 2022.

[153] PETERS, Anne. The Merits of Global Constitutionalism. *Indiana Journal of Global Legal Studies*, v. 16, n. 2, p. 397-411, 2009.

[154] *Ibidem*, p. 397-98. Tradução livre.

[155] *Ibidem*, p. 400.

[156] Ver, a título de exemplo, as discussões sobre o constitucionalismo feminista e a hermenêutica jurídica negra. BARBOZA, Estefânia Maria de Queiroz; DEMETRIO, André. Quando o gênero bate à porta do STF: a busca por um constitucionalismo feminista. *Revista de Direito GV*, v. 15, n. 3, 2019. MOREIRA, Adilson José. *Pensando como um negro*: ensaio de hermenêutica jurídica. Belo Horizonte: Contracorrente, 2019.

Na visão de Kumm, o constitucionalismo global pode ser compreendido pela junção das dimensões global, cosmopolita e universal.[157] Em primeiro lugar, refletindo a dimensão global, é argumentado que princípios constitucionais como a proteção de direitos fundamentais e o Estado de Direito são elementos centrais não apenas para o constitucionalismo estatal, mas também para o Direito Internacional. Em segundo lugar, refletindo a dimensão cosmopolita, é afirmado que o direito doméstico e internacional convivem lado a lado em um quadro de "pluralismo constitucional", o que significa que o primeiro deve se abrir ao segundo para que "os Estados se engajem com a comunidade internacional e o Direito Internacional de forma construtiva"[158] (tradução livre).

Por fim, refletindo a dimensão universal e marcando de forma específica essa corrente teórica, os constitucionalistas globais estão alinhados a uma perspectiva universalista, segundo a qual tanto o direito doméstico quanto o direito internacional devem se alinhar à missão de resguardar direitos humanos universais. Para Kumm, isso não significa criar uma "Constituição global" ou fundar uma ordem global única. Pelo contrário, o constitucionalismo global parte do pressuposto fático de que o Estado-nação, dentro da nossa nova realidade social, já não dá mais conta de certos desafios na seara internacional — agora povoada por instituições de governança global — e se posiciona por uma releitura das bases do Direito Internacional a partir de uma visão eminentemente constitucionalista. O que não significa, vale reforçar, que se trata de uma releitura neutra.[159]

3.1.2 Constitucionalismo societal e transconstitucionalismo

Na literatura sobre a formação do constitucionalismo, especialmente em livros e artigos estrangeiros, é comum encontrar

---

[157] KUMM, Mattias. Global Constitutionalism: History, Theory and Contemporary Challenges. *Revista Direito e Práxis*, v. 13, n. 4, p. 2734-2738, 2022.
[158] *Ibidem*, p. 2735.
[159] Para uma discussão sobre o constitucionalismo global a partir de uma perspectiva feminista, ver HOUGHTON, Ruth. O'DONOGHUE, Aoife. *'Ourworld': A feminist approach to global constitutionalism*. Global Constitutionalism, v. 9, n. 1, 2019.

menções ao mito de Ulisses[160] e as sereias, que remete ao clássico livro *Odisseia*. Segundo a mitologia grega, logo após sua heroica vitória na Guerra de Tróia, o general Ulisses iniciou uma longa e perigosa viagem de volta ao reino de Ítaca para se reencontrar com sua família. Para concluir a jornada, o herói, assim como aqueles que o acompanhavam na sua embarcação, precisaria passar por uma ilha habitada por sereias. Ulisses já havia sido alertado pela feiticeira Circe de que o canto das sereias é irresistível e mortal. Se sua embarcação se aproximasse da ilha sem qualquer precaução, o naufrágio seria certo. Ainda assim, o general queria ter a experiência de ouvi-las cantar sem correr o risco de levar sua tripulação — e ele mesmo — à morte. Foi então que seguiu a sugestão da feiticeira de colocar cera nos ouvidos de seus companheiros e se amarrar ao mastro do navio. Ulisses poderia, assim, ouvir as sereias, suplicar o quanto quisesse para que o desamarrassem e passar incólume pela ilha.[161]

Esse mito é usado como uma ilustração para descrever a dinâmica do constitucionalismo moderno e, em especial, a "dificuldade contramajoritária" que surge a partir de sua aplicação prática em determinado país a partir da instrumentalização do controle de constitucionalidade.[162] A Constituição, aqui entendida como um diploma legal com superioridade normativa em um dado ordenamento jurídico, estabelece uma série de compromissos que servem de amarras ao poder constituído. Uma vez limitado, com as costas contra o mastro da Constituição, o poder constituído poderia resistir às tentações representadas pela maioria política. Em outras palavras, ainda que se forme uma maioria pela abolição de certas estruturas, garantias ou direitos constitucionais, os mecanismos contramajoritários do constitucionalismo moderno atuariam como um necessário

---

[160] Ulisses é a tradução em latim do nome grego Ὀδυσσεύς (também chamado, em algumas obras, de Odisseu).

[161] HOMERO. *Odisseia*. São Paulo: Penguin-Companhia, 2011.

[162] Nas palavras de Alexander Bickel, em seu célebre trabalho sobre o tema, o sistema constitucional estadunidense (que, por sua vez, influenciou a concepção de tantos outros ao redor do mundo) dá causa a uma tensão inafastável entre constitucionalismo e democracia. Na sua visão, "o controle de constitucionalidade é uma força contramajoritária" que desafia o princípio majoritário comumente associado ao sistema democrático. BICKEL, Alexander M. *The Least Dangerous Branch: The Supreme Court at the Bar of Politics*. New Haven: Yale University Press, 1962, p. 16.

contrapeso em defesa de tais elementos. O encontro de Ulisses com as sereias serve, portanto, para ilustrar (ainda que parcialmente) o mito fundacional do Estado Constitucional moderno.

Resgatando essa analogia, Gunther Teubner e Anna Beckers destacam que "a mensagem constitucional de Ulisses é a liberdade garantida pela autocontenção [ou autodomínio]".[163] Ou seja, uma das principais lições do encontro de Ulisses com as sereias é que o poder é mais bem protegido contra as suas inclinações ou tentações tirânicas ou totalitárias não pela imposição de amarras externas, mas sim por uma escolha consciente pela autocontenção. As constituições estatais seguem essa lógica ao apostar em uma série de soluções de *design* constitucional, por exemplo, o sistema de freios e contrapesos, o controle de constitucionalidade e as cláusulas pétreas (*eternity clauses* ou *Ewigkeitsklausel*).[164]

Entretanto, Teubner e Becker notam que, assim como no conto de Homero, os perigos constitucionais são múltiplos. Diversas sereias e não apenas uma tentaram, segundo a mitologia grega retratada por Homero, atrair Ulisses e sua tripulação para a ilha. Em uma sociedade global, é um erro estratégico reduzir o debate sobre como contornar esses múltiplos perigos apenas ao contexto do Estado-nação. Novas questões constitucionais surgem para além do Estado, como empresas multinacionais que violam direitos fundamentais, e intermediários na Internet que ameaçam a liberdade de expressão de seus usuários.[165]

É com base nessa mesma constatação que Teubner sugere a construção de um novo constitucionalismo, por ele chamado de constitucionalismo societal[166] e que, na sua visão, relaciona-se

---

[163] TEUBNER, Gunther. BECKERS, Anna. Expanding Constitutionalism. *Indiana Journal of Global Legal Studies*, v. 20, n. 2, p. 523-550, 2013. Tradução livre.
[164] *Ibidem*, p. 524.
[165] *Ibidem*, p. 524-525.
[166] O presente trabalho opta por traduzir *societal constitutionalism* para "constitucionalismo societal" para evitar qualquer sobreposição com a corrente teórica que se refere ao constitucionalismo social, principalmente no Brasil e na América Latina. Ademais, cumpre ressaltar que o termo "constitucionalismo societal" em si foi usado pela primeira vez não por Gunther Teubner, mas sim pelo sociólogo estadunidense David Sciulli, em 1992. Sciulli usa o termo para destacar a existência de certos espaços sociais de autonomia que existem dentro de instituições privadas e que são protegidos pelo ordenamento jurídico estatal. Nada obstante, foi Teubner que, em 2012, transformou o conceito em uma nova teoria constitucional transnacional. É a visão de Teubner, portanto, que informa as

à constitucionalização de sistemas parciais da sociedade global situados no plano transnacional. Veja-se, portanto, que essa é uma das principais diferenças entre o constitucionalismo societal, global e multinível, uma vez que os últimos dois continuam, de uma forma ou outra, intimamente conectados à autoridade constitucional do Estado, ainda que agora em um plano internacional ou supranacional e não mais estritamente nacional. Em outras palavras, Teubner dá um passo além de autores como Pernice, Kumm, Koskenniemi e Peters, argumentando que é possível falar em constitucionalismo em um contexto transnacional, dentro de sistemas parciais autônomos e independentes em relação ao Estado. O que o autor está propondo, portanto, é uma nova teoria sociológica do constitucionalismo que "não postula a questão constitucional apenas em relação à política e ao Direito, mas também a todos os âmbitos da sociedade [global]".[167]

A partir da teoria dos sistemas de Niklas Luhmann, caracterizada especialmente por sua abordagem teórica diferencial — para quem, portanto, "o sistema é diferença", qual seja, "a diferença entre sistema e ambiente"[168] —, Teubner afirma que a relação entre a Constituição e âmbitos sociais não estatais sofreu uma significativa mudança em razão da "força irradiante da política transnacional" e de fatores como a "fragmentação da sociedade mundial".[169] Nas palavras do autor, ecoando os ensinamentos de Luhmann, essa relação agora "está atrelada à diferenciação funcional da sociedade, que, com a transnacionalização, estendeu-se por todo o mundo".[170] A questão que se coloca diante desse novo contexto deixa de ser a mera possibilidade de se usar o termo "constitucionalismo" em contextos não estatais — na visão de Teubner, isso é superado a

---

discussões neste e nos seguintes tópicos do trabalho. Ver SCIULLI, David. *Theory of Societal Constitutionalism*: Foundations of a non-marxist critical theory. Cambridge: Cambridge University Press, 1992. GRIMM, Dieter. *Constitutionalism: Past, Present, and Future*. Oxford: Oxford University Press, 2016, p. 338-40. TEUBNER, Gunther. *Constitutional Fragments: Societal Constitutionalism and Globalization*. Oxford: Oxford University Press, 2012.

[167] TEUBNER, Gunther. *Fragmentos constitucionais*: constitucionalismo social na globalização. São Paulo: Saraiva Educação, 2020, p. 45.

[168] LUHMANN, Niklas. *Introduction to Systems Theory*. Cambridge: Polity Press, 2013, p. 43-44. Tradução livre.

[169] TEUBNER, Gunther. *Fragmentos constitucionais*: constitucionalismo social na globalização. São Paulo: Saraiva Educação, 2020, p. 50-52.

[170] *Ibidem*, p. 52.

partir da constatação de certos elementos fáticos na globalidade que validam tal perspectiva de forma quase irrefutável. A preocupação central na verdade é refletir sobre como as "experiências" do constitucionalismo estatal devem informar o enfrentamento de questões constitucionais em um contexto transnacional, refletindo sobre suas possibilidades e também limitações.

A partir do método sociológico de *generalização* e subsequente *reespecificação* dos elementos e valores constitucionais, Teubner faz a seguinte pergunta: "É possível identificar, em âmbitos transnacionais parciais, um *equivalente* às constituições dos Estados Nacionais, no que diz respeito às suas funções, arenas, processos e estruturas?".[171] A escolha do autor pelo termo "equivalente" deve ser avaliada com mais atenção. Teubner não está falando de Constituição em um sentido estritamente normativo — ou seja, enquanto diploma legal com superioridade normativa dentro de dado território —, mas sim a partir de questões equivalentes e análogas que são identificadas no contexto transnacional, dentro, portanto, de sistemas parciais autônomos da sociedade global.

Tais questões, por sua vez, podem ser avaliadas à luz do constitucionalismo estatal justamente em razão da sua experiência acumulada no enfrentamento de desafios constitucionais variados, a exemplo da estruturação de um sistema de freios e contrapesos ou então da proteção de direitos e liberdades fundamentais. Essas experiências passam, então, pelos filtros da generalização e reespecificação dentro de uma perspectiva sociológica para que seja possível refletir, criticamente, sobre sua aplicabilidade em um contexto no qual o Estado-nação, embora atuante, não é mais necessariamente monopolista do projeto constitucional moderno.

Voltando-se para a literatura sobre o tema, Teubner rejeita expressamente duas possíveis alternativas. Primeiro, considera a teoria da eficácia horizontal dos direitos fundamentais promissora, mas insuficiente.[172] Isso porque permanece centrada no Estado e desconsidera a complexa relação entre agentes privados e direitos fundamentais na arena transnacional. É dizer, focar apenas na

---

[171] *Ibidem*, p. 57. Destacou-se.
[172] *Ibidem*, p. 60-61.

eficácia horizontal é perder a oportunidade de pensar em meios ainda mais eficientes de proteção de direitos na globalidade, visto que o alcance do Estado é, necessariamente, limitado. Além disso, como explica Giovanni De Gregorio, mesmo que a eficácia horizontal apresente algumas soluções iniciais para a proteção de direitos no contexto transnacional, "ela não fornece uma solução sistemática dado sua estrutura caso a caso".[173]

Segundo, a constitucionalização do direito internacional como uma estratégia para superar a diferenciação funcional da sociedade global, o que leva alguns teóricos a defenderem a criação de uma "Constituição global" ou então de uma "ordem global cosmopolita", é insustentável.[174] Essa visão unitarista do constitucionalismo é incompatível com a teoria sociológica de Teubner que parte do pressuposto de que sistemas parciais autônomos estão em processo acelerado de diferenciação funcional. Na sua visão, "um direito constitucional dotado de amplo alcance apenas pode funcionar, quando muito, como direito constitucional de colisões, e não como direito unificado".[175] Ou seja, as constituições parciais dos diferentes "fragmentos globais" (ou "fragmentos constitucionais") não são aptas a formar uma única "Constituição mundial", justamente porque os pressupostos que garantem tal unidade constitucional no Estado não podem ser facilmente identificados em espaços transnacionais. O que surge, ao contrário, é uma constelação de fragmentos constitucionais que se relacionam entre si a partir de colisões normativas (*Verfassungskollisionsrecht*).

Ao longo dos anos, Teubner nota que o constitucionalismo estatal foi sendo expandido sob o pretexto de englobar novos sistemas sociais a exemplo da economia, do meio ambiente e dos próprios meios de comunicação em massa que ganharam novos contornos com a ascensão de grandes plataformas digitais.[176] Isso, entretanto, é um erro estratégico, segundo a visão do autor.

---

[173] DE GREGORIO, Giovanni. *Digital Constitutionalism in Europe: Reframing Rights and Powers in the Algorithmic Society*. Cambridge: Cambridge University Press, 2022, p. 30. Tradução livre.

[174] TEUBNER, Gunther. *Fragmentos constitucionais*: constitucionalismo social na globalização. São Paulo: Saraiva Educação, 2020, p. 62-64.

[175] *Ibidem*, p. 63.

[176] *Ibidem*, p. 82-83.

É superestimar o alcance do constitucionalismo estatal imaginar que ele pode acompanhar, lado a lado, a "obstinação evolutiva da diferenciação social", sob pena de torná-lo cada vez mais ineficaz a partir de uma "autossobrecarga do Estado [constitucional]".[177]

Ademais, essa perspectiva acaba deixando em segundo plano perguntas mais urgentes e produtivas sobre como deve se dar a relação entre diferentes sistemas sociais e o Estado, garantindo sua autonomia e também evitando que eventuais tendências expansivas ou centrífugas possam minar a integração social no plano transnacional, promovendo, assim, a proteção de valores e estruturas associadas ao constitucionalismo moderno. Isso não significa, entretanto, que o Estado deve meramente se abster e ausentar. O processo de diferenciação funcional é gradual e complexo, sendo responsável pela construção da identidade de sistemas sociais a partir do que Teubner chama de "semântica de autoatribuição de sentido". Sendo assim, nas suas palavras, "a política constitucional pode, no máximo, acoplar-se a tais desenvolvimentos e, em certa medida, interferir de maneira corretiva, mas não pode normalizá-los de forma específica".[178]

Onde há sociedade não há apenas Direito (*ubi societas, ibi ius*), mas também Constituição (*ubi societas, ibi constitutio*).[179] Em vez de buscar sempre a vinculação unilateral de tais sistemas constitucionais autônomos ao constitucionalismo estatal, o que o Estado deve fazer é promover uma espécie de "constitucionalismo multilateral" a partir de uma perspectiva de coordenação e cooperação. Como se argumenta adiante, isso aponta para uma perspectiva de corregulação de plataformas digitais, justamente para que seja institucionalizada essa ideia de cooperação e coordenação entre sistemas autônomos e independentes entre si no plano transnacional.

Em outras palavras, a globalidade é marcada, a partir da perspectiva do constitucionalismo societal, por sistemas sociais constituídos na forma de ordens não estatais autônomas.[180] Esse fenômeno, pelo qual tais sistemas sociais passam a criar e aplicar

---

[177] *Ibidem*, p. 83.
[178] *Ibidem*, p. 88.
[179] *Ibidem*, p. 100.
[180] *Ibidem*, p. 125.

suas próprias normas constitucionais, é um fato constatado por estudos empíricos que encontram, em tais ordens, normas superiores que definem questões, como a atribuição de competências decisórias, o que deve ser feito em caso de violação das normas, quais são seus mecanismos de autolimitação, etc. Para Teubner, então, a "constituição é [...] um processo vivo de autoidentificação de um sistema social, processo esse que se serve do auxílio do direito".[181]

Vale destacar, desde já, que o constitucionalismo societal não desconsidera eventuais distorções que podem ser causadas pelo processo descrito acima. Teubner refere-se, por exemplo, a "normas constitucionais corruptas" que podem emergir de sistemas sociais sequestrados por atores cuja única preocupação é avançar uma agenda baseada em seus interesses particulares, sejam eles políticos ou econômicos.[182] Essa questão é central quando os sistemas sociais sob análise são empresas multinacionais. Como o próprio autor argumenta, diversas empresas optam pela construção e aplicação de "códigos corporativos" — a exemplo dos padrões da comunidade do Facebook — que garantem sua emancipação "do consenso de seus fundadores".[183]

Tais códigos são, em geral, produtos de uma longa e tortuosa série de conflitos com outros sistemas, forçando essas empresas a reconsiderar suas práticas de governança interna de forma a resguardar princípios e valores do constitucionalismo moderno. É justamente por isso que o constitucionalismo estatal não pode ser desconsiderado e permanece central, mesmo em um cenário transnacional. Ou seja, são as experiências constitucionais do Estado-nação que servirão de base para a generalização e reespecificação de elementos constitucionais dentro de sistemas sociais parciais da globalidade. Nas palavras de Teubner, "a rica história das constituições dos Estados-nação tem muitas lições a dar".[184]

Retomando a metáfora de Ulisses apresentada no início deste tópico, é possível concluir que a pressão externa, em geral exercida

---

[181] *Ibidem*, p. 157.
[182] *Ibidem*, p. 128.
[183] *Ibidem*, p. 130.
[184] *Ibidem*, p. 139.

pelo Estado, é essencial ao longo do processo de amadurecimento dos fragmentos constitucionais na sociedade global. Apostar na criação de normas constitucionais de autolimitação de forma completamente voluntária por uma empresa multinacional, por exemplo, é um erro ingênuo. O constitucionalismo societal reconhece isso e indica que a pressão externa é indispensável para iniciar o processo de autorreflexão que culminaria na implementação de normas constitucionais em um determinado sistema social. Isso, entretanto, não encerra o debate.

É preciso também pensar em mecanismos de estabilização externa do sistema após a finalização do processo de autorreflexão. É o que Teubner e Beckers chamam de "dupla externalização combinada com autorreflexão interna".[185] Essa, segundo os autores, é justamente a principal lição de Ulisses: "A autoridade mágica de Circe criou pressões externas de aprendizado que levaram Ulisses a se autolimitar [autorreflexão] e, quando delegou a vinculação de sua promessa aos tripulantes [estabilização externa], ele bloqueou seus próprios impulsos de se desvincular de seu compromisso prévio".[186] Essa mesma lógica deve ser aplicada para avaliar a adequação da constitucionalização de sistemas sociais e oferece um caminho para a relação destes com o Estado-nação.

No contexto do constitucionalismo digital, é de especial importância a dinâmica de dupla externalização combinada com autorreflexão interna no contexto de grandes empresas de novas tecnologias, a exemplo da Meta e Google. Em primeiro lugar, é possível identificar múltiplas fontes de pressão externa: o ativismo de organizações da sociedade civil, as reclamações por parte dos usuários de plataformas digitais, os imperativos econômicos advindos da escolha por determinado modelo de negócios, as investigações publicadas pelo jornalismo profissional e, como não poderia ser diferente, a pressão política por maior responsabilização e regulação pelo Estado.[187] Ou seja, é um equívoco rotular o

---

[185] TEUBNER, Gunther. BECKERS, Anna. Expanding Constitutionalism. *Indiana Journal of Global Legal Studies*, v. 20, n. 2, 2013, p. 526.
[186] *Ibidem*, p. 526. Tradução livre.
[187] *Ibidem*, p. 527-30. Essas diferentes fontes de pressão externa também podem ser avaliadas a partir da perspectiva de Lawrence Lessig em seu trabalho seminal de 1999 sobre o tema. Para o autor, existem pelo menos quatro principais forças regulatórias atuando sobre

constitucionalismo societal como uma teoria excessivamente ingênua ou esperançosa por advogar — ainda que parcialmente, como se viu acima — pela autorregulação dos sistemas sociais. Pelo contrário, tal processo só será bem-sucedido, caso seja "iniciado por um grau suficientemente grande de pressão advinda da sociedade civil, da mídia, da política e do direito".[188]

Em segundo lugar, ainda que a pressão externa seja indispensável para o sucesso do processo de constitucionalização, não se pode desconsiderar o papel central da autorreflexão interna por parte da própria empresa ou plataforma. Medidas de autolimitação, autocontenção ou autodomínio só serão eficientes e adequadas se desenvolvidas e aplicadas por aqueles que possuem a *expertise* e a experiência necessárias a respeito do funcionamento daquele sistema social específico.[189] No contexto de uma plataforma digital, por exemplo, é a própria empresa que deve refletir sobre como transformar a pressão externa em mudanças internas significativas e eficientes de um ponto de vista técnico. Por fim, em terceiro lugar, não basta que a plataforma desenvolva e adote medidas de autolimitação — como no caso de códigos corporativos —, é preciso também pensar em instrumentos de estabilização externa. Alguns dos elementos destacados pelo presente trabalho no contexto de regulação de plataformas digitais encaixam-se aqui como iniciativas multissetoriais de fiscalização, publicação de relatórios de transparência e implementação de um dever de cuidado associado à análise de riscos sistêmicos.[190]

Marcelo Neves, de outra sorte, critica o que, na sua visão, seria um "uso inflacionário do termo" e oferece uma perspectiva alternativa à de Teubner, por ele batizada de transconstitucionalismo.[191] Neves reconhece que questões relacionadas a direitos humanos e direitos

---

os provedores de aplicações na Internet: o código (ou arquitetura do espaço digital), as normas sociais, os imperativos econômicos e o próprio direito. Ver LESSIG, Lawrence. The Law of the Horse: What Cyberlaw Might Teach. *Harvard Law Review*, v. 113, n. 2, p. 501-549, 1999.

[188] *Ibidem*, p. 533. Tradução livre.
[189] *Ibidem*, p. 533.
[190] *Ibidem*, p. 537-39.
[191] NEVES, Marcelo. (Não)Solucionando problemas constitucionais: transconstitucionalismo além de colisões. *Lua Nova*, n. 93, p. 201-232, 2014.

fundamentais são relevantes também para ordens jurídicas não estatais e que "o direito constitucional [...], embora tenha a sua base originária no Estado, dele se emancipa".[192] Neves, entretanto, discorda de Teubner, ao afirmar que essa emancipação não se deve à emergência de diversos fragmentos constitucionais na globalidade, mas sim ao fato de que "outras ordens jurídicas estão envolvidas diretamente na solução dos problemas constitucionais básicos, prevalecendo, em muitos casos, contra a orientação das respectivas ordens estatais".[193]

Ao invés de um direito constitucional de colisões, Neves se refere a "pontes de transição" entre ordens jurídicas estatais, transnacionais, internacionais e supranacionais. Com isso, rejeita a imagem de fragmentação evocada por Teubner e defende que problemas constitucionais sejam resolvidos a partir do entrelaçamento de diferentes ordens jurídicas que devem "buscar formas transversais de articulação [...], cada uma delas observando a outra, para compreender os seus próprios limites e possibilidades".[194] A crítica de Neves, entretanto, não deve ser lida como uma rejeição do constitucionalismo para além do Estado em geral, mas sim como uma reconfiguração do debate. Importa destacar, ainda, que Teubner incorporou — ainda que muitas vezes de forma silenciosa e implícita — algumas das suas críticas e passou a compreender o constitucionalismo societal mais como uma rede interdependente de ordens jurídicas do que sistemas parciais fragmentados,[195] embora nunca tenha descartado a ideia de que os sistemas sociais são autônomos e independentes ao menos em relação aos seus processos específicos de constitucionalização na sociedade global.

---

[192] *Ibidem*, p. 206.
[193] *Ibidem*, p. 206.
[194] *Ibidem*, p. 226-27.
[195] Veja-se, como prova disso, os argumentos que desenvolveu ao lado de Anna Beckers no sentido de compreender esse processo de constitucionalização não apenas como um evento autorreferente, mas sim sujeito à pressão e estabilização externa. TEUBNER, Gunther. BECKERS, Anna. Expanding Constitutionalism. *Indiana Journal of Global Legal Studies*, v. 20, n. 2, 2013, p. 526. No mesmo sentido, Teubner argumenta que os regimes transnacionais são compostos por três coletivos, entre eles atores externos que, em vez de atuar na fundação do regime, buscam sua contestação. TEUBNER, Gunther. Quod omnes tangit: Transnational Constitutions without Democracy?. *Journal of Law and Society*, v. 45, n. S1, 2018, S5-S29.

3.1.3 Constitucionalismo cosmopolita e a crítica de Martin Loughlin

As diferentes correntes aqui classificadas sob o guarda-chuva teórico do "constitucionalismo para além do Estado" não são imunes a críticas. Ademais, algumas dessas críticas são mais recorrentes (para não dizer potentes) e, por isso, merecem especial atenção. É o caso dos argumentos de Martin Loughlin em sua obra sobre a história e a desnaturação do constitucionalismo.[196] Loughlin acredita que as duas principais bases de sustentação do constitucionalismo moderno são o governo representativo — que atribui a autoria e a fonte de legitimidade da constituição ao povo — e os mecanismos institucionais que buscam "limitar, dividir e balancear os poderes de governo".[197]

Nada obstante, o autor nota a ascensão de uma narrativa, por ele classificada como "constitucionalismo cosmopolita" (ou *ordo-constitutionalism*), que busca emprestar valores constitucionais a qualquer instituição pública ou privada, nacional ou internacional que esteja desempenhando poderes governamentais que possam impactar direitos e liberdades individuais.[198] O seu desconforto, portanto, é com o fato de o constitucionalismo estar deixando de lado uma de suas principais bases, o governo representativo, para se resumir ao exercício do poder em uma esfera que está fora do alcance do cidadão, podendo ser instrumentalizado, assim, para legitimar uma agenda neoliberal a favor de uma "cidadania sacrificial".[199]

Esse contraponto, que é baseado essencialmente em uma desconfiança em relação aos interesses neoliberais na globalidade, é comumente usado também pelos críticos do constitucionalismo digital. O surgimento de instituições com poder de governança no estrato internacional e transnacional levou diversos autores, como Kumm e Teubner, a argumentar que há um vácuo de legitimidade

---

[196] LOUGHLIN, Martin. *Against Constitutionalism*. Cambridge: Harvard University Press, 2022.

[197] *Ibidem*, p. 2-3. Tradução livre.

[198] *Ibidem*, p. 21-22.

[199] Sobre a relação entre o exercício de poder em esferas cada vez mais remotas e a ascensão de uma "cidadania sacrificial" na era do neoliberalismo, ver BROWN, Wendy. *Cidadania sacrificial*: neoliberalismo, capital humano e políticas de austeridade. Rio de Janeiro: Zazie Edições, 2018.

no exercício de tal poder e que o Direito Constitucional pode servir de ponto de partida para uma reconfiguração dessas instituições à luz dos valores do constitucionalismo estatal. Entretanto, Loughlin acredita que esse vácuo de legitimidade não é um defeito, mas sim um atributo consciente da agenda neoliberal que busca deslocar o centro de tomada de decisões para além do alcance dos cidadãos que se organizam de forma coletiva dentro do Estado-nação, criando, assim, uma ordem econômica global imune à interferência política.[200]

Ou seja, ao se ancorar no constitucionalismo para dar conta desse vácuo de legitimidade, os teóricos mencionados acima estariam apenas promovendo, muitas vezes de forma acrítica, um atributo da agenda neoliberal e dificultando a construção de alternativas democráticas. Isso porque, para Loughlin, o constitucionalismo confere uma forte legitimidade discursiva que, nesse caso, não é acompanhada da cristalização de uma democracia constitucional em si pela falta do elemento representativo. É isso que o autor chama de constitucionalismo enquanto "discurso autônomo de legitimação" (*autonomous discourse of legitimation*).[201] É dizer, o constitucionalismo deixa de ser uma filosofia de governo limitado e passa a ser uma ideologia que serve de legitimação discursiva para os mais variados interesses econômicos neoliberais.

A crítica de Loughlin não pode ser desconsiderada. Os princípios e valores constitucionais só ganham significado real a partir da dinâmica de representação política e o Estado, nesse contexto, deve permanecer central no projeto de desenvolvimento do constitucionalismo, mesmo em um momento de acelerada globalização.[202] Considerando a perspectiva adotada por este trabalho — que será mais bem desenvolvida adiante —, a crítica do autor deve ser encarada como um importante alerta, mas não como um indicativo da necessária desconstrução do constitucionalismo em contextos não estatais, como alguns críticos parecem argumentar. Loughlin tem razão no sentido de que a transformação do constitucionalismo em "discurso autônomo de legitimação" é, em geral, negativa e

---

[200] LOUGHLIN, Martin. *Against Constitutionalism*. Cambridge: Harvard University Press, 2022, p. 181-186.
[201] *Ibidem*, p. 188.
[202] *Ibidem*, p. 200-201.

preocupante, indicando a desnaturação de um conceito que deve ser avaliado à luz de suas bases históricas. Isso significa que novas correntes teóricas que buscam levar o constitucionalismo para esferas supranacionais e, especialmente, transnacionais devem se atentar para o papel que o Estado-nação continua a desempenhar em termos de legitimação constitucional e democrática. Essas correntes, entretanto, não precisam ser abandonadas, mas sim recalibradas.

3.2 Construção ou confusão conceitual?

É justamente a partir da importante crítica apresentada por Loughlin que os dois argumentos centrais deste trabalho são construídos. Em primeiro lugar, o constitucionalismo digital deve focar na promoção de um quadro de corregulação entre Estados-nação e plataformas digitais. Em segundo lugar, o constitucionalismo digital não deve privilegiar *valores constitucionais* em si — que, como argumenta Loughlin, são produtos de um projeto nacional sujeito ao controle popular a partir do governo representativo —, mas sim aspectos de *design constitucional* que são generalizados e reespecificados diante das especificidades da era digital e da atuação de plataformas digitais na arena transnacional.

A seguir, então, serão apresentadas algumas das perspectivas mais influentes sobre o tema. Os autores mencionados abaixo contribuíram, em maior ou menor medida, com a formação das bases teóricas que sustentam esse novo conceito. Entretanto, não se trata de um conceito consensual, de forma que o presente tópico também contará como uma discussão sobre as principais críticas direcionadas ao constitucionalismo digital pela literatura especializada. Diversos críticos destacam, por exemplo, o que consideram ser inconsistências conceituais ou até mesmo a instrumentalização do constitucionalismo digital para legitimar uma agenda neoliberal que afasta decisões políticas sensíveis da esfera de influência da soberania popular.

3.2.1 A perspectiva de Fitzgerald

Uma das primeiras e, ao mesmo tempo, mais influentes menções ao conceito de constitucionalismo no contexto digital foi feita por Brian Fitzgerald em 1999.[203] Da mesma forma que Ulrich Preuss[204] — para quem a constituição é um instrumento de autodeterminação informado por uma visão predominantemente social e, portanto, não exclusivamente estatal —, Fitzgerald acredita que a ascensão de um nova organização social, qual seja, a sociedade da informação ou sociedade em rede,[205] levará ao desenvolvimento de um novo constitucionalismo.[206] Em razão da natureza descentralizada e internacional dessa sociedade emergente, o autor argumenta que novas estruturas de governança serão necessariamente híbridas, combinando elementos públicos e privados.

Ademais, na sua visão, o elemento central passa a ser o *software* e seu aspecto técnico-digital que, por sua vez, deve ser compreendido em termos discursivos e tornar-se-á cada dia mais essencial para nossa "arquitetura comunicativa".[207] A informação desponta como o principal ativo econômico em um mundo em acelerada digitalização. Hoje falamos, por exemplo, em processamento de dados pessoais em massa para treinar modelos computacionais que, por sua vez, são capazes de prever e direcionar comportamentos humanos.[208] Ou, como demonstra o filósofo chinês Yuk Hui, é possível afirmar que não vivemos mais no mundo fenomenológico que Heidegger e outros descreveram nos séculos passados, mas sim em um mundo "capturado e reconstruído por sensores e dispositivos móveis" que contribuem com a (re)construção de uma sociedade baseada em dados que podem ser "acumulados, analisados e moldados".[209]

---

[203] FITZGERALD, Brian. Software as Discourse: A Constitutionalism for Information Society. *Alternative Law Journal*, v. 24, n. 3, p. 144-149, 1999.

[204] PREUSS, Ulrich K. *Disconnecting Constitution from Statehood: Is Global Constitutionalism a Viable Concept?* In: DOBNER, Petra. LOUGHLIN, Martin (Orgs.). *The Twilight of Constitutionalism?*. Oxford: Oxford University Press, 2010, p. 23-47.

[205] Para uma análise sociológica desta nova organização social, ver CASTELLS, Manuel. *A sociedade em rede*. São Paulo: Paz & Terra, 2013.

[206] FITZGERALD, Brian. Software as Discourse: A Constitutionalism for Information Society. *Alternative Law Journal*, v. 24, n. 3, 1999, p. 144.

[207] *Ibidem*, p. 145. Nas suas palavras, em tradução livre, "*software* na sociedade da informação é discurso. Não é simplesmente texto literário (uma categorização do direito de propriedade intelectual); é fundamental para a arquitetura comunicativa".

[208] Ver, nesse sentido, as reflexões de Shoshana Zuboff sobre o funcionamento da economia global baseada em dados e o enfraquecimento da proteção conferida ao nosso "direito ao futuro", corolário da autodeterminação informativa na era digital. ZUBOFF, Shoshana. *A era do capitalismo de vigilância*. São Paulo: Intrínseca, 2021.

[209] HUI, Yuk. On the Limit of Artificial Intelligence. *Philosophy Today*, v. 65, n. 2, 2021, p. 347. Tradução livre.

Essa nova economia está inexoravelmente conectada à infraestrutura global da Internet. Ou seja, estamos falando de um novo momento econômico-social que, por definição, desafia conceitos clássicos de territorialização e centralização do poder político no Estado-nação. Mais do que isso, estamos deslocando as estruturas que sustentam a nossa vivência social e econômica "de uma base física para uma base intangível [e digital]".[210] O Estado continua desempenhando um papel fundamental nessa nova fronteira transnacional, mas as lentes antes usadas para identificar estruturas institucionais de governança precisam ser atualizadas. Embora instituições públicas tradicionais continuem exercendo sua influência sobre os componentes de uma sociedade em rede, fato é que novas organizações privadas e transnacionais também emergem como importantes atores de governança.[211]

Nas palavras de Fitzgerald, "o que irá surgir como um componente-chave do constitucionalismo informacional será uma estrutura institucional integradora capaz de agregar esses mecanismos de governança multinível".[212] Precisamos, ademais, reconhecer a indispensabilidade de normais estatais que incidem na relação entre indivíduos na esfera privada. Escrevendo em 1999, o autor dá especial enfoque para leis que regulam *softwares* (propriedade intelectual, contratos, direito concorrencial, etc.) e que, portanto, terão um impacto significativo no discurso que serve de base para uma sociedade em rede. Nada obstante, hoje já podemos expandir essa mesma análise para outras questões digitais igualmente importantes, em especial o funcionamento de plataformas como Google, Facebook e Amazon, que reconfiguram, respectivamente, a forma como acessamos informações, relacionamo-nos e consumimos.

3.2.2 A perspectiva de Suzor

Embora seja possível encontrar na literatura diversos trabalhos sobre a relação entre constitucionalismo e novas tecnologias

---

[210] FITZGERALD, Brian. Software as Discourse: A Constitutionalism for Information Society. *Alternative Law Journal*, v. 24, n. 3, 1999, p. 145. Tradução livre.
[211] *Ibidem*, p. 146.
[212] *Ibidem*, p. 146. Tradução livre.

digitais — a exemplo de autores influentes no campo como Stefano Rodotà[213] e Lawrence Lessig[214] —, foi Nicolas Suzor o responsável por atualizar esse importante debate para um novo contexto de plataformas digitais em sua tese de doutorado defendida na Queensland University of Technology, em 2010. Sob orientação de Brian Fitzgerald, Suzor propõe um conjunto de limites baseado no Estado de Direito (*rule of law*) para o exercício do poder privado na era digital que, de um lado, promova inovação e proteja a esfera de autonomia de atores privados como plataformas digitais e, do outro, busque salvaguardar os direitos e interesses de seus usuários.[215]

É para descrever justamente esse esforço acadêmico que Suzor cunha o termo "constitucionalismo digital" a partir de dois conceitos predecessores que o influenciaram: o "constitucionalismo informacional" de seu orientador, como visto acima, e o "constitucionalismo constitutivo" de Paul Schiff Berman.[216] Para Berman, há "benefícios culturais significativos" em se usar normas constitucionais como régua para certas atividades no ciberespaço que moldam regulações privadas — ou, em outras palavras, a autorregulação de provedores de aplicações de Internet.[217] É possível adicionar, entretanto, que os benefícios não são apenas culturais, mas também normativos, levando em consideração a experiência acumulada pelo constitucionalismo estatal.

Em especial, Suzor está preocupado com o ecossistema de governança digital e as implicações das decisões tomadas por plataformas digitais aos direitos fundamentais de seus usuários. Veja-se, por exemplo, as centenas de milhares de decisões de moderação de conteúdo tomadas por redes sociais como Instagram e TikTok todos os dias e seu impacto sobre o exercício da liberdade de expressão. Empresas de tecnologia, assim, emergem como as

---

[213] RODOTÀ, Stefano. Una Costituzione per Internet?. *Politica del Diritto*, ano XLI, n. 3, p. 337-351, 2010.
[214] LESSIG, Lawrence. *Code and other Laws of Cyberspace*. Nova Iorque: Basic Books, 1999.
[215] SUZOR, Nicolas. *Digital constitutionalism and the role of the rule of law in the governance of virtual communities*. Tese de Doutorado, Queensland University of Technology, 2010.
[216] BERMAN, Paul Schiff. Cyberspace and the State Action Debate: The Cultural Value of Applying Constitutional Norms to "Private" Regulation. *University of Colorado Law Review*, v. 71, p. 1263-1310, 2000.
[217] *Ibidem*, p. 1269.

"novas governadoras"[218] de uma esfera de discussão pública cada vez mais digitalizada, ecoando as palavras do Justice Kennedy que, escrevendo em nome da Suprema Corte dos EUA em *Packingham v. North Carolina*, afirmou que as redes sociais são as novas praças públicas da era digital.[219]

Os desafios apresentados pela governança do espaço digital são, para Suzor, problemas constitucionais, uma vez que as regras desenvolvidas e aplicadas por tais plataformas acabam por moldar a nossa experiência social e, por isso, influenciam diretamente diversos aspectos das nossas vidas.[220] Assim, uma nova forma de constitucionalismo torna-se necessária para impor limites ao poder discricionário exercido por empresas de tecnologia, contribuindo com a criação de um ecossistema normativo *on-line* mais justo, racional, transparente e previsível.[221] Para o autor, portanto, compete primordialmente às plataformas a tarefa de desenvolver suas próprias proteções constitucionais para, então, garantir e salvaguardar direitos e liberdades fundamentais na Internet.

Quando o assunto é moderação de conteúdo, é notório que plataformas digitais não são suficientemente transparentes na maneira como formulam e aplicam suas regras. Em geral, essas empresas buscam, de forma deliberada, invisibilizar tais decisões em razão da sua natureza controvertida, dificultando ainda mais a estruturação de mecanismos de controle e *accountability* pelo público externo (incluindo, aqui, os próprios usuários que são impactados diretamente pela moderação). Quando Suzor fala em constitucionalismo digital, portanto, ele não está se referindo a quais *valores e princípios* específicos devem informar a governança digital — em geral, essa escolha é protegida pela esfera de autorregulação das plataformas digitais —, mas sim ao *design* de mecanismos de governança que devem limitar o exercício do poder discricionário pelas empresas de tecnologia, trazendo mais racionalidade,

---

[218] KLONICK, Kate. The New Governors: The People, Rules, and Processes Governing Online Speech. *Harvard Law Review*, v. 131, 1598-1670.

[219] ESTADOS UNIDOS. Suprema Corte dos Estados Unidos. *Packingham v. North Carolina*. 528 U.S. (2017).

[220] SUZOR, Nicolas P. *Lawless: The Secret Rules that Govern our Digital Lives*. Cambridge: Cambridge University Press, 2019, p. 8-9.

[221] *Ibidem*, p. 9.

previsibilidade e estabilidade às decisões de moderação de conteúdo.[222] É dizer, seu foco é o processo em si, que deve ser estruturado a partir de uma perspectiva constitucional, garantindo, de um lado, um maior controle por parte do usuário e, por outro, limitando de forma significativa (e não apenas simbólica) o poder exercido pelas plataformas.

A falta de transparência e previsibilidade é incompatível com os preceitos do Estado de Direito (no sentido de *rule of law*), seja dentro ou fora da Internet. A teoria constitucional moderna se contrapõe ao exercício de um poder discricionário, arbitrário e sem qualquer possibilidade de questionamento por parte daqueles afetados por decisões que, como visto, impactam direta e profundamente seus direitos e garantias fundamentais. Aqueles que exercem o poder e tomam decisões dessa natureza devem agir de forma fundamentada, pública e responsiva, sempre prestando contas aos cidadãos. Ainda, tais decisões são passíveis de revisão, sempre de forma independente, a partir da contestação legítima daqueles que foram por elas impactados e dentro dos limites do devido processo legal. Essa relação, por sua vez, é estruturada por meio de regras preestabelecidas que racionalizam o exercício do poder e trazem estabilidade para qualquer sistema de governo ou governança, exigindo, inclusive, a estruturação de um processo específico para que sejam alteradas ou atualizadas. Entretanto, a partir da análise de Suzor, é possível concluir que a maneira como plataformas governam seus usuários é incompatível com tais valores constitucionais.

Em síntese, como citado anteriormente, "empresas de tecnologias desempenham um papel central na governança de nossas ações, mas os seus poderes são exercidos de uma maneira que não se coaduna com os padrões de legitimidade que nos acostumamos a esperar de nossos governos".[223] Essa é a constatação que serve de ponto de partida para o constitucionalismo digital. Não se trata mais de uma mera relação de consumo entre plataformas e seus usuários que pode ser endereçada apenas (ou mesmo primordialmente) pelo

---

[222] *Ibidem*, p. 23.
[223] *Ibidem*, p. 106. Tradução livre.

Direito Privado, mas sim de uma verdadeira relação de governança na qual decisões tomadas por atores transnacionais influenciam a forma como cidadãos exercem seus direitos fundamentais, da liberdade de expressão à liberdade econômica, passando pelo acesso à informação até trabalho e educação.[224]

Enquanto a humanidade continuar, de forma cada vez mais acelerada, no caminho rumo à digitalização de suas distintas esferas de convívio, mais direitos e garantias terão seus destinos amarrados à infraestrutura digital global — que, por definição, extrapola os limites do Estado-nação. O constitucionalismo digital nasce dessa constatação factual, indicando que estamos diante de uma questão público-política e não meramente de um desafio privado-contratual.[225] O constitucionalismo moderno ganhou forma durante um momento histórico cuja maior ameaça à liberdade e aos direitos fundamentais era a tendência de concentração tirânica do poder político por governos nacionais. Hoje, atores privados transnacionais, incluindo empresas de tecnologia, representam uma ameaça tão aguda ou até mesmo mais grave à liberdade e aos direitos fundamentais a depender de como seu ecossistema de governança está estruturado.

Embora não necessariamente paradoxal, estamos diante de um ecossistema constitucional eminentemente híbrido. As relações entre usuários e plataformas seguem a moldura normativa estipulada pelos chamados "termos de serviço" (*terms of service*). Trata-se, em essência, de um contrato privado que gera efeitos também na arena pública, como se argumentou acima. Nas palavras de Suzor, "assim como documentos constitucionais, os termos de serviço estabelecem e delegam poderes, mas, diferente de constituições, raramente limitam tais poderes ou regulam a forma como são exercidos" (tradução livre).[226]

Trata-se, em termos análogos, de mais um exemplo de "constituição sem constitucionalismo", um fenômeno já catalogado há algumas décadas pela literatura de direito constitucional

---

[224] *Ibidem*, p. 107.
[225] *Ibidem*, p. 109.
[226] *Ibidem*, p. 109.

comparado. Escrevendo em 1993[227] sobre o panorama político-institucional em alguns países africanos, Okoth-Ogendo demonstra que diversas constituições no continente resumem-se a "mapas de poder", delegando poder político sem, entretanto, limitar ou regular o seu exercício pelo Executivo que, consequentemente, transforma-se em uma instituição imperial sem reais restrições constitucionais.[228] Assim, é possível chegar à conclusão de que a governança exercida por plataformas digitais em relação aos seus usuários carece de legitimidade, já que tais intermediários tomam decisões com ampla (para não dizer absoluta) discricionariedade sem o amparo de uma estrutura constitucional que imponha reais limites e restrições, colocando a proteção de direitos na Internet em risco. Ou, para usar os argumentos de Suzor, "precisamos de uma nova forma de pensar sobre como limitar, regular e legitimar o exercício discricionário de poder sobre nós. Precisamos de um novo constitucionalismo".[229]

Nada obstante, segue em aberto uma questão fundamental: como isso será feito considerando a atuação de plataformas digitais enquanto atores transnacionais que, em regra, escapam da órbita gravitacional do Estado-nação? A partir da análise de Suzor, é possível extrair pelo menos duas dimensões distintas que influenciam esse debate. Em primeiro lugar, há uma dimensão interna do constitucionalismo digital que se traduz na criação e implementação de mecanismos de limitação de poder dentro das próprias plataformas que, por sua vez, podem ser compreendidas como subsistemas autônomos da sociedade global. Em segundo lugar, há também uma dimensão externa do constitucionalismo digital representada, especialmente, pela pressão regulatória exercida pelo Estado e por tentativas de diferentes grupos, como

---

[227] Imperioso ressaltar que a análise em questão não necessariamente reflete o cenário atual do constitucionalismo africano, embora tal dinâmica ainda persista em alguns países do continente. Para uma visão contemporânea do assunto, ver GEBEYE, Brihun Adugna. *A Theory of African Constitutionalism*. Oxford: Oxford University Press, 2021.

[228] OKOTH-OGENDO, H.W.O. *Constitutions without Constitutionalism: Reflections on an African Political Paradox*. In: GREENBERG, Douglas et al. (Eds.). *Constitutionalism and Democracy: Transitions in the Contemporary World*. Oxford: Oxford University Press, 1993, p. 65-80.

[229] SUZOR, Nicolas P. *Lawless: The Secret Rules that Govern our Digital Lives*. Cambridge: Cambridge University Press, 2019, p. 112. Tradução livre.

organizações da sociedade civil, de promulgarem "declarações de direitos" (*bills of rights*) para a Internet, como os Princípios de Manila e os Princípios de Santa Clara.

Entretanto, sem descartar instrumentos de corregulação, Suzor encara a primeira dimensão como a mais promissora. Na sua visão, para superar os impasses criados pela falta de legitimidade em sua governança interna, não há solução mais eficiente do que as próprias plataformas desenvolverem seus "sistemas constitucionais" ajustados aos interesses de seus usuários, evitando, assim, regulações mais incisivas (e ineficientes) por parte do Estado.[230] Em outras palavras, "como esses sistemas contam como um grau considerável de autonomia, para que os limites sejam eficientes, eles devem ser suportados reflexivamente de dentro para fora".[231]

Para o autor, esse processo de "constitucionalização" de intermediários na Internet passa pela instauração de dois tipos de limitação ao exercício do poder na esfera digital.[232] Primeiro, limites procedimentais a respeito de como as regras das plataformas são feitas e implementadas na prática, em especial durante o processo de moderação de conteúdo e comportamento dos seus usuários. Segundo, limites substanciais relacionados à proteção de liberdades, garantias e direitos fundamentais de forma ampla diante do funcionamento da governança interna de plataformas.

O presente trabalho, como se verá adiante, considera que há uma terceira limitação que deve ser encarada como prioritária e adicionada à moldura proposta por Suzor, qual seja, a construção de estruturas constitucionais a partir da metodologia da teoria dos sistemas (generalização e reespecificação) e dos aportes da literatura sobre *design* constitucional. Independente disso, é preciso reconhecer que a proteção de direitos na era digital passa, necessariamente, por uma mudança de postura por parte das próprias empresas de tecnologia. É possível tomar como indicativo a própria mudança de mentalidade no campo do Direito internacional dos Direitos

---

[230] *Ibidem*, p. 114.
[231] *Ibidem*, p. 120. Tradução livre.
[232] *Ibidem*, p. 115.

Humanos, que, de uma abordagem focada quase exclusivamente em Estados, passou a se preocupar de forma metódica com o impacto de empresas em seu ecossistema normativo.[233]

Mais uma vez, considerando que esse é um tema recorrente nas críticas direcionadas ao constitucionalismo digital, Suzor, assim como Teubner, indica que seu argumento não deve ser interpretado como uma esperança cega em ações voluntárias por parte das plataformas. É dizer, o processo de criação de limites ao poder exercido por essas empresas exige um alto grau de comprometimento por parte das plataformas e é improvável (embora não impossível) que isso ocorra de forma completamente autônoma. Ou, para retomar os argumentos de Teubner e Beckers, são as pressões ou incentivos externos que levam à autorreflexão interna de determinado subsistema e que, por sua vez, depende de uma posterior estabilização externa para ser eficiente e não apenas simbólica.[234]

Considerando a teoria dos sistemas e os fundamentos do constitucionalismo societal, o processo de constitucionalização deve ser entendido necessariamente em termos relacionais. Essa também parece ser a perspectiva de Suzor, que associa o sucesso do constitucionalismo digital a "pressões sociais coordenadas" (*coordinated social pressure*) capazes de forçar uma efetiva autorreflexão interna, o que tende a ocorrer após sérios incidentes públicos envolvendo plataformas digitais (como campanhas de discurso de ódio, desinformação durante o período eleitoral, vazamento em massa de dados pessoais, violação da privacidade dos usuários, etc.).[235]

---

[233] Veja-se, nesse sentido, os *Guiding Principles on Business and Human Rights* adotados pelo Conselho de Direitos Humanos das Nações Unidas em sua Resolução nº 17/4 de 2011. Como se verá no próximo capítulo, tais princípios são usados como base para a construção das decisões do *Oversight Board* da Meta, uma instituição fortemente influenciada pela teoria do constitucionalismo digital. Ademais, o mesmo Conselho de Direitos Humanos adotou, em 2014, a Resolução nº 26/9 que determinou a criação de um grupo intergovernamental para discutir a elaboração de um tratado internacional sobre empresas e direitos humanos. O Escritório do Alto Comissário das Nações Unidas vem trabalhando desde então com esse assunto e já apresentou ao menos três rascunhos do texto de um possível tratado entre 2019 e 2021.

[234] TEUBNER, Gunther. BECKERS, Anna. Expanding Constitutionalism. *Indiana Journal of Global Legal Studies*, v. 20, n. 2, 2013, p. 526.

[235] SUZOR, Nicolas P. *Lawless: The Secret Rules that Govern our Digital Lives*. Cambridge: Cambridge University Press, 2019, p. 122.

Em especial, deve ser destacado o papel dos direitos humanos que, embora não vinculem empresas de tecnologia diretamente, oferecem um ponto focal sobre o qual diferentes atores podem exercer suas "pressões sociais coordenadas" e cobrar medidas concretas de mitigação de externalidades negativas por parte das plataformas.[236] Essa, inclusive, tem sido a tônica de diferentes propostas de regulação de plataformas digitais. Tais regulações apostam em transparência — fazendo com que ações de governança sejam conhecidas e, por isso, sujeitas ao escrutínio público — e na estruturação de análises sistêmicas de risco, o que também envolve, mesmo que indiretamente, a avaliação de impactos na proteção de direitos humanos na seara digital.

Além disso tudo, é interessante notar que o foco em direitos humanos pode servir aos interesses privados das próprias plataformas, que muitas vezes querem se distanciar de certas decisões politicamente ou culturalmente sensíveis — embora não seja possível, nem desejável, uma completa dissociação na prática. Como aponta Suzor, os "direitos humanos podem oferecer mecanismos para que as plataformas de fato transfiram parte da responsabilidade (e culpa) pelas suas decisões a terceiros" e "este talvez seja o único caminho para empresas de tecnologia aumentarem a confiança [depositada nela pelos seus usuários]".[237]

3.2.3 A perspectiva de Redeker, Gill e Gasser

Em que pese estar mais alinhada com a visão adotada pelo presente trabalho, a perspectiva de Suzor divide espaço na literatura sobre o tema com outras abordagens igualmente influentes. Uma perspectiva que merece destaque foi proposta por Lex Gill, Dennis Redeker e Urs Gasser em um artigo disponibilizado inicialmente em 2015, ainda em forma de rascunho, pelo Berkman Klein Center.[238] Os autores usam o termo "constitucionalismo digital" para se

---

[236] *Ibidem*, p. 125.
[237] *Ibidem*, p. 149. Tradução livre.
[238] GILL, Lex *et al*. Towards Digital Constitutionalism? Mapping Attempts to Craft an Internet Bill of Rights. *Berkman Klein Center Research Publication* No. 2015-15, 2015.

referir a um conjunto de iniciativas, tanto no plano nacional quanto internacional, que "buscam articular uma série de direitos políticos, normas de governança e limitações ao exercício do poder na Internet".[239] Ou seja, eles focam na emergência de "cartas de direitos" (*bills of rights*), cuja preocupação primordial são as interações entre cidadãos na esfera digital, tanto de uma perspectiva social quanto política, e os impactos gerados por novas tecnologias para o exercício de seus direitos fundamentais.

Trata-se da primeira análise sistemática de tais documentos na literatura, abrangendo desde a *People's Communication Charter* de 1999, uma iniciativa internacional e multissetorial envolvendo organizações da sociedade civil dos EUA, Canadá e Holanda, até as discussões no parlamento italiano para a criação da *Declaration of Internet Rights* em 2015, incluindo, naturalmente, o Marco Civil da Internet de 2014. Na versão final do estudo, publicada em 2018, os autores incluem documentos escritos até 2016, a exemplo da *Charter of Digital Fundamental Rights of the European Union*, uma iniciativa da sociedade civil na União Europeia pela proteção de direitos fundamentais na Internet.[240]

O estudo chega a algumas conclusões que valem ser mencionadas, incluindo o fato de que mais de dois terços das iniciativas mapeadas (ou seja, vinte e duas de um total de trinta e duas) são globais ou internacionais em escopo, incluindo quatro iniciativas regionais, como é o caso da *African Declaration on Internet Rights and Freedoms*.[241] Isso reforça a compreensão de que a governança do espaço digital e os desafios hoje enfrentados em termos de proteção de direitos na Internet transcendem as fronteiras do Estado-nação, exigindo coordenação de esforços para além dos limites de jurisdições nacionais. Nada obstante, os autores destacam uma tendência de crescimento no número de iniciativas nacionais, como é o caso do Marco Civil da Internet no Brasil.[242]

---

[239] *Ibidem*, p. 2. Tradução livre.
[240] REDEKER, Dennis *et al*. Towards Digital Constitutionalism? Mapping attempts to craft an Internet Bill of Rights. *International Communication Gazette*, v. 80, n. 4, p. 302-319, 2018.
[241] *Ibidem*, p. 313-15. A *African Declaration on Internet Rights and Freedoms* é uma iniciativa da sociedade civil na África e pode ser acessada em: https://africaninternetrights.org/index.php/en/declaration.
[242] *Ibidem*, p. 314.

Essa tendência, entretanto, não deve ser analisada isoladamente e ainda está associada a um número expressivamente superior de iniciativas gestadas no plano internacional, transnacional e supranacional, como os próprios dados coletados pelos autores comprovam. Em outra frente, os autores indicam que os três direitos mais mencionados pelos documentos analisados são liberdade de expressão, privacidade, proteção de dados e acesso à Internet.[243] Esses continuam sendo temas essenciais quando o assunto é governança da Internet e representam as bases de sustentação de regulações que estão sendo debatidas e construídas hoje, como é o caso do Projeto de Lei nº 2.630, de 2020, no Brasil, e o *Digital Services Act*, na União Europeia.

Tais iniciativas estão cada vez mais preocupadas com a ascensão e consolidação de poderes privados na esfera digital, em especial plataformas digitais de redes sociais. Ou, nas palavras dos autores, é possível afirmar que "esses documentos identificam empresas como o centro de poder [*on-line*] e os usuários [...] como titulares primários de direitos [na Internet]".[244] Embora os autores reconheçam que essa perspectiva acaba por reforçar as ideias defendidas por Suzor — para quem o processo de constitucionalização de plataformas digitais deve ocorrer primordialmente por iniciativa das próprias empresas, havendo um especial papel a ser desempenhado por pressões externas, sejam elas governamentais ou não —, também há de se reconhecer que a definição de constitucionalismo digital de Gill, Redeker e Gasser é consideravelmente mais ampla e, consequentemente, menos densa, divergindo de forma significativa do conceito apresentado no tópico acima.

Embora seja possível argumentar que cartas de direitos e princípios para a Internet se enquadram no que Suzor chama de "pressões sociais coordenadas" (*coordinated social pressure*) — as quais, por sua vez, são capazes de forçar uma efetiva autorreflexão interna pelas plataformas digitais —, elas não são necessárias e nem mesmo centrais para a concretização do seu conceito de constitucionalismo digital e, portanto, divergem do foco do presente

---

[243] *Ibidem*, p. 307.
[244] *Ibidem*, p. 314. Tradução livre.

trabalho. Suzor está, assim, mais preocupado com a forma como as próprias plataformas desenvolvem e implementam suas regras e, partindo desse pressuposto, propõe uma agenda de investigação sobre como limitar o poder exercido por essas empresas de tecnologia sobre seus usuários. Em outras palavras, é dado um maior enfoque à estruturação de mecanismos de governança privada. Isso não significa que as iniciativas mapeadas por Gill e seus coautores (e tantas outras que surgiram desde a publicação do estudo final em 2018) são descartáveis ou não devam ser consideradas. Pelo contrário, tais documentos oferecem valiosos substratos tanto para o processo de autorreflexão interna de plataformas digitais quanto para a garantia de estabilização externa que, por sua vez, é essencial para um sistema constitucional eficiente e robusto.

Nada obstante, parece incompatível com a perspectiva de Suzor — e, aqui, podemos incluir também a vertente do constitucionalismo societal de Teubner — propor uma equivalência direta entre constitucionalismo digital e a "constelação de iniciativas" que se referem a direitos, normas de governança e limitações à atuação de entes privados na Internet. É dizer, tais iniciativas podem sim ser compreendidas como mecanismos que auxiliam a concretização dos objetivos postos pelo constitucionalismo digital, mas, enquanto conjunto, esses documentos não podem ser confundidos com o conceito de constitucionalismo digital em si. Argumentar o contrário seria dissociar o constitucionalismo digital da base teórico-normativa que lhe dá sustento e que, como visto acima, está intimamente conectada às discussões sobre o constitucionalismo para além do Estado. Esse esvaziamento conceitual é indesejável e deve ser rejeitado, ainda que muitas vezes feito de forma não intencional por trabalhos que adotam a definição oferecida por Gill e seus coautores.

Parece ser o caso, por exemplo, da visão compartilhada por Luiz Fernando Moncau e Diego Werneck Arguelhes a respeito das inovações trazidas pelo Marco Civil da Internet no Brasil.[245] Em seu artigo sobre o tema, os autores destacam a incerteza legal

---

[245] MONCAU, Luiz Fernando M. ARGUELHES, Diego Werneck. *The* Marco Civil da Internet *and Digital Constitutionalism*. In: FROSIO, Giancarlo (Ed.). *The Oxford Handbook of Online Intermediary Liability*. Oxford: Oxford University Press, 2020, 190-213.

que existia no país antes do Marco Civil, em especial a respeito da responsabilidade civil de intermediários na Internet, e mencionam decisões judiciais que responsabilizavam plataformas digitais pela concretização de quaisquer riscos envolvidos em atividades ilegais desempenhadas por terceiros.[246] Após sua entrada em vigor, o Marco Civil trouxe consigo regras mais específicas e claras ao ordenamento jurídico brasileiro sobre responsabilidade de intermediários, a exemplo do já mencionado artigo 19, além de consolidar outros importantes direitos e princípios para a era digital, como a neutralidade de rede, privacidade e proteção de dados, acesso à Internet, entre outros.[247] Nesse sentido, Moncau e Arguelhes emprestam a mesma definição de constitucionalismo digital oferecida por Redeker *et al.* e, ato contínuo, afirmam que o Marco Civil "se destaca como uma [...] intensa manifestação" desse conceito.[248]

Embora, ao menos a partir da perspectiva adotada pelo presente trabalho, seja um equívoco conceitual afirmar que o Marco Civil da Internet é, por si só, uma manifestação própria do constitucionalismo digital — e não apenas um potencial mecanismo de pressão externa que pode facilitar o seu desenvolvimento dentro de subsistema social específico da sociedade global —, os autores se aproximam da perspectiva de Suzor ao afirmar, por exemplo, que um ponto-chave desse debate é a tradução de alguns elementos do constitucionalismo, como proteção de direitos e limitação do poder, para uma Internet controlada por atores privados e transnacionais.[249] Ou seja, falta para a abordagem de Moncau e Arguelhes uma melhor sistematização do constitucionalismo digital a partir dos aportes oferecidos pela literatura do constitucionalismo para além do Estado, em especial a visão de Teubner.

Assim, o constitucionalismo digital está associado à dinâmica da "dupla externalização combinada com autorreflexão interna"[250]

---

[246] *Ibidem*, p. 192-195.
[247] *Ibidem*, p. 198-199.
[248] *Ibidem*, p. 207. Tradução livre.
[249] *Ibidem*, p. 208-209.
[250] TEUBNER, Gunther. BECKERS, Anna. Expanding Constitutionalism. *Indiana Journal of Global Legal Studies*, v. 20, n. 2, 2013, p. 526.

que foi apresentada acima. Para os fins deste trabalho, é indesejável focar apenas na emergência de iniciativas como o Marco Civil ou nas declarações de direitos e princípios para a Internet sem considerar justamente a dimensão da autorreflexão interna — que, por sua vez, relaciona-se com a governança privada de plataformas digitais. Esse é, afinal, o aspecto mais promissor do debate sobre o constitucionalismo digital, como demonstra Suzor. Em suas palavras, "a essência do constitucionalismo digital não são esses limites [impostos pelo Estado] — ou seja, as situações excepcionais quando governos precisam intervir com leis e mecanismos legais ordinários — mas sim o exercício diário e rotineiro de poder [pelas plataformas]".[251] Embora, mais uma vez, seja possível afirmar que tais iniciativas podem ser enquadradas como uma forma de pressão externa que, ao seu turno, contribuem para colocar em movimento o processo de constitucionalização de plataformas digitais, elas não se confundem com o conceito de constitucionalismo digital.

Veja-se, no mesmo sentido, outro estudo influente sobre o tema no Brasil de autoria de Gilmar Mendes e Victor Fernandes.[252] Os autores afirmam que novas leis, a exemplo do Marco Civil, representam uma espécie de resgate (ainda que parcial) da soberania do Estado-nação em relação ao espaço digital, ou, então, uma forma de "re-territorialização" da Internet.[253] Embora não sejam instrumentos constitucionais de um ponto de vista estritamente formal, esses mecanismos normativos são, na visão de Mendes e Fernandes, "proto-constitucionais" em conteúdo, favorecendo uma incipiente transposição de valores e princípios constitucionais de origem estatal para o ciberespaço.[254] A partir disso, os autores assumem a posição de que o constitucionalismo digital carrega consigo "a marca de uma verdadeira ideologia constitucional que se estrutura em um quadro normativo de proteção dos direitos fundamentais e de reequilíbrio de poderes na governança

---

[251] SUZOR, Nicolas P. *Lawless: The Secret Rules that Govern our Digital Lives*. Cambridge: Cambridge University Press, 2019, p. 165. Tradução livre.
[252] MENDES, Gilmar Ferreira; FERNANDES, Victor Oliveira. Constitucionalismo digital e jurisdição constitucional: uma agenda de pesquisa para o caso brasileiro. *Revista Brasileira de Direito*, v. 16, n. 1, p. 1-33, 2020.
[253] *Ibidem*, p. 22.
[254] *Ibidem*, p. 8.

do ambiente digital".[255] As duas dimensões primordiais do constitucionalismo digital seriam, assim, a salvaguarda de direitos fundamentais na Internet e a limitação do poder privado exercido por plataformas digitais.

Nada obstante, Mendes e Fernandes dão uma importância desproporcional ao papel do Estado no desenvolvimento do constitucionalismo digital. Os autores entendem que essas novas leis, no Brasil e em outros países, podem ser encaradas como um sinal de que o Estado e, consequentemente, a jurisdição constitucional são cada vez mais centrais para o desenvolvimento das duas dimensões do constitucionalismo digital mencionadas acima.[256] Ou, em outras palavras, conforme Cortes Constitucionais passam a enfrentar questões que envolvem a aplicação de novas tecnologias e seus impactos para a sociedade e o Estado de Direito, a jurisdição constitucional transformar-se-ia em uma esteira para transportar os princípios e valores constitucionais do Estado-nação para dentro das plataformas digitais. Os autores, então, afirmam que a jurisdição constitucional "pode emprestar vinculação normativa" à resolução dessas novas questões enfrentadas pelo constitucionalismo digital.[257]

Embora reconheçam que o constitucionalismo digital não se resume a iniciativas como o Marco Civil e que seus objetivos estão intimamente conectados à maneira como se estrutura a governança privada de entes transnacionais na Internet, Mendes e Fernandes acabam por limitar sobremaneira o desenvolvimento do conceito ao conectá-lo primordialmente ao exercício da jurisdição constitucional. Mais uma vez, isso seria o mesmo que dissociar o constitucionalismo digital da base teórico-normativa que lhe dá sustento, em especial ao considerarmos a obra de Suzor sobre o tema e os aportes oferecidos por Teubner a respeito do constitucionalismo societal. Isso não significa que não é possível realinhar as ideias defendidas pelos autores à luz da perspectiva oferecida pelo presente trabalho, mas para isso seria necessário reconsiderar o argumento de retomada da centralidade do Estado, assumindo que o foco deve estar no

---

[255] *Ibidem*, p. 5.
[256] *Ibidem*, p. 10-11.
[257] *Ibidem*, p. 11.

processo de autorreflexão interna que leva à constitucionalização da governança privada de plataformas digitais e não na atividade estatal, seja ela legislativa ou jurisdicional.

É fato que os elementos normativos clássicos associados ao Estado importam e devem compor os diferentes quadros de análise do constitucionalismo digital. Isso, entretanto, não pode ser feito sob a falsa promessa de que o Estado irá promover uma "re-territorialização" da Internet, sob pena de perdermos de foco o que realmente é sensível e essencial: o exercício de poder por entes privados que há muito já se afastam da órbita gravitacional do Estado-nação. Em geral, a crítica que pode ser feita a respeito de todas as perspectivas apresentadas neste subtópico é que elas invertem a lógica do debate proposto pelo constitucionalismo digital. Declarações de direitos para a Internet e o exercício da jurisdição constitucional estatal podem configurar importantes elementos de pressão externa que contribuem com a constitucionalização da governança privada de plataformas digitais, mas não devem ser encaradas como o ponto de partida ou chegada do debate sobre constitucionalismo digital. É dizer, seguindo a perspectiva de Suzor, precisamos compreender esse fenômeno como algo que se desenvolve a partir das próprias plataformas, dentro de um contexto essencialmente transnacional. Por mais interessantes e necessárias que sejam as agendas de pesquisa propostas pelos autores acima, é um erro conceitual assumir que elas incorporam, por si só, a definição de constitucionalismo digital.

3.2.4 Isso não é uma revolução: a perspectiva de Celeste e De Gregorio

Nos últimos anos, uma nova geração de autores vem se destacando no campo do constitucionalismo digital e trazendo novas perspectivas para esse debate, em especial à luz dos recentes desdobramentos regulatórios na União Europeia. Para um deles, Edoardo Celeste, o constitucionalismo digital dá lugar a um conjunto de "oposições normativas" (*normative counteractions*) para o enfrentamento dos desafios apresentados por novas tecnologias digitais, como o direito à informação digital, o devido processo *on-line*, o direito de acesso à Internet e a própria disciplina legal de privacidade e proteção de dados.[258] Veja-se, entretanto, que essas "oposições normativas" não surgiram, na visão do autor, como instrumentos constitucionais formais, sendo, na maioria dos casos, articulados para além do Estado-nação na arena transnacional.[259] Trata-se, portanto, de uma abordagem funcionalista que busca identificar "padrões constitucionais" em outras dimensões da esfera pública que não a estritamente estatal.[260]

Embora a missão do constitucionalismo permaneça a mesma, incluindo a limitação do exercício do poder político e a proteção de direitos fundamentais, é indispensável que se reconheça que a produção de normas constitucionais não é um fenômeno exclusivo do Estado.[261] Como afirma Celeste, em uma sociedade digital, "as normas constitucionais não são produzidas apenas pelo Estado mas também por atores privados".[262] O autor afirma, então, que manter uma perspectiva constitucionalista cujo foco continua sendo única e exclusivamente a função estatal significa negligenciar o fato de que o constitucionalismo, inserido nesse novo contexto global e digital, tornou-se "necessariamente mais híbrido" e, por isso, nossa atenção deve se voltar às normas que buscam enfrentar problemas constitucionais também para além do Estado.[263] No mesmo sentido, Emilio Peluso Meyer afirma que o constitucionalismo digital relaciona-se com "normas que regulam a proteção de direitos e o equilíbrio de poderes no contexto digital", seja de um ponto de vista de regulação da autoridade pública ou privada.[264]

Na perspectiva de Celeste, um dos pontos centrais do constitucionalismo digital é o processo de construção de normas e princípios pelos próprios atores privados que oferecem serviços de aplicações de Internet, o que alguns especialistas passaram a

---

[258] CELESTE, Edoardo. *Digital Constitutionalism: The Role of Internet Bills of Rights*. Nova Iorque: Routledge, 2023.
[259] *Ibidem*, p. 37.
[260] *Ibidem*, p. 38.
[261] *Ibidem*, p. 39.
[262] *Ibidem*, p. 38. Tradução livre.
[263] *Ibidem*, p. 39.
[264] MEYER, Emilio Peluso Neder. *Constitutional Erosion in Brazil*. Oxford: Hart Publishing, 2021, p. 181. Tradução livre.

chamar conjuntamente de *lex digitalis* ou *lex informatica*.[265] Nada obstante, como o próprio autor reconhece, esse fenômeno talvez seja mais bem entendido de uma forma fragmentada, a partir de uma análise especializada da *"lex Facebook"* (ou agora *"lex Meta"*), *"lex Google"* e assim sucessivamente.[266] Em razão de uma questão de posicionamento — que é resultado direto de um processo gradual de trasnacionalização e globalização —, é inevitável que as regras e os princípios construídos e aplicados por essas empresas assumam uma posição de proeminência no estudo do Direito moderno. A grande questão que se coloca, entretanto, é o grau de legitimidade de tal fenômeno e os seus potenciais impactos para o exercício de direitos fundamentais na era digital. Celeste, por sua vez, afirma que, ao autodelimitar sua atuação por meio de instrumentos inseridos no conceito de *lex digitalis*, as empresas de tecnologia estão necessariamente restringindo o poder que elas exercem nessa nova fronteira da sociedade global, mesmo que de forma imperfeita e insuficiente.[267] A questão primordial, assim como defendido por Suzor, é garantir que essa autodelimitação seja feita à luz dos valores e princípios do constitucionalismo moderno.[268]

É importante notar, ainda, que a *lex digitalis* diferencia-se substancialmente de outros conjuntos normativos transnacionais como a *lex mercatoria* ou a *lex sportiva*. Essa distinção está relacionada a uma segunda camada normativa que, por sua vez, advém da infraestrutura técnica de plataformas digitais como Google e Facebook. Como afirma Celeste, essas empresas de novas tecnologias podem limitar e direcionar o comportamento de seus usuários sem necessariamente enunciar normas dentro de seus termos de uso ou padrões da comunidade.[269] O próprio *design* das plataformas associado à implementação de algoritmos

---

[265] CELESTE, Edoardo. *Digital Constitutionalism: The Role of Internet Bills of Rights*. Nova Iorque: Routledge, 2023, p. 50.
[266] Ver, a esse respeito, a discussão sobre transconstitucionalismo e a consolidação de uma *"lex Meta"* em NEGÓCIO, Ramon. Dos Problemas Constitucionais Diluídos na Rede à Construção de uma *Lex Meta*. *Revista Direito Mackenzie*, v. 17, n. 1, 1-22, 2022.
[267] CELESTE, Edoardo. *Digital Constitutionalism: The Role of Internet Bills of Rights*. Nova Iorque: Routledge, 2023, p. 51.
[268] *Ibidem*, p. 51.
[269] *Ibidem*, p. 54.

e protocolos de automatização acaba por estabelecer limites ao comportamento dos usuários de uma forma nebulosa ou até mesmo invisível.

Veja-se, nesse sentido, a incompreensão de alguns usuários de redes sociais sobre as medidas de moderação adotadas por certas plataformas e a crescente percepção de que são alvos de *shadowbanning*, ou seja, do uso de algoritmos para diminuir a distribuição de seus conteúdos ainda que mantenham acesso aos seus respectivos perfis.[270] O fato de a própria infraestrutura técnica das plataformas limitar a ação dos usuários contribui para o surgimento de uma espécie de "folclore algorítmico" — um conjunto de narrativas e crenças sobre como a moderação acontece na prática —, o que só é reforçado pela falta de transparência por parte dos próprios atores privados responsáveis pela administração das plataformas num primeiro momento.[271] Isso se relaciona com a máxima de Lawrence Lessig de que *"code is law"*, no sentido de que, na Internet, o código é uma entre outras forças regulatórias que precisam ser levadas em consideração na análise dos impactos da tecnologia sobre o comportamento humano.[272]

Na visão de Celeste, assim, as oposições normativas que buscam proteger direitos fundamentais na Internet e limitar o poder exercido por plataformas digitais são essencialmente fragmentadas e policêntricas, dando lugar a um cenário de pluralismo constitucional.[273] Isso se deve, primordialmente, ao fenômeno da globalização, que contribui com o surgimento de questões constitucionais na arena transnacional. Esse não é um tema novo nos estudos da história do Direito. É como se posicionam, por exemplo, Luigi Ferrajoli e António Manuel Hespanha, para quem que a globalização é uma força de fragmentação das fontes jurídicas, quebrando o monopólio de produção normativa do Estado

---

[270] WEST, Sarah Myers. Censored, suspended, shadowbanned: User interpretations of content moderation on social media platforms. *New Media & Society*, v. 20, n. 1, 2018.
[271] SAVOLAINEN, Laura. The shadow banning controversy: perceived governance and algorithmic folklore. *Media, Culture & Society*, v. 44, n. 6, 1091-1109, 2022.
[272] LESSIG, Lawrence. The Law of the Horse: What Cyberlaw Might Teach. *Harvard Law Review*, v. 113, n. 2, p. 501-549, 1999.
[273] CELESTE, Edoardo. *Digital Constitutionalism: The Role of Internet Bills of Rights*. Nova Iorque: Routledge, 2023, p. 62-63.

e criando uma espécie de sobreposição histórica que remonta ao Direito pré-moderno.[274]

Para explicar esse novo ecossistema constitucional fragmentado e policêntrico, Celeste usa a analogia de dois vasos comunicantes: "quando o vaso do Direito Constitucional doméstico chega ao seu ponto de saturação devido à materialização de desafios globais para além do seu alcance, o líquido no seu interior passa a fluir para o recipiente do Direito Constitucional Internacional".[275] Veja-se, portanto, que a perspectiva do autor está alinhada ao pensamento de outros mencionados acima, em especial a ideia do constitucionalismo societal de Teubner e do constitucionalismo multinível de Pernice. Celeste acredita, assim como esses outros autores, que o Estado-nação não detém mais o monopólio sobre o poder público (se é que um dia isso foi verdade) e deve, invariavelmente, coordenar esforços com atores transnacionais em busca da proteção de valores e princípios constitucionais.[276]

Partindo, então, da teoria dos sistemas e da constatação de que a diferenciação funcional leva à "dispersão de poder" na arena transnacional, Celeste propõe que a constitucionalização da sociedade digital é marcada por três características principais.[277] Primeiro, pluralidade e fragmentação. Ao contrário do constitucionalismo estatal, que tende a ser homogêneo e centralizado, o constitucionalismo digital está inserido em um quadro de pluralidade de fontes normativas e fragmentação do poder entre uma verdadeira constelação de atores nacionais, supranacionais e transnacionais que buscam construir diferentes oposições normativas aos desafios apresentados pela sociedade digital. Segundo, tradução progressiva. Seguindo o método da generalização sucedida de reespecificação oferecido pela teoria dos sistemas, o constitucionalismo digital passa a ser pautado

---

[274] FERRAJOLI, Luigi. Pasado y futuro del estado de derecho. *Revista Internacional de Filosofía Política*, n. 17, p. 31-45, 2001. HESPANHA, António Manuel. *O direito democrático numa era pós-estatal*: a questão política das fontes de direito. Publicação Independente (Amazon), 2018.
[275] CELESTE, Edoardo. *Digital Constitutionalism: The Role of Internet Bills of Rights*. Nova Iorque: Routledge, 2023, p. 65. Tradução livre.
[276] *Ibidem*, p. 71.
[277] *Ibidem*, p. 73-75.

por uma progressiva e gradual tradução dos princípios e valores constitucionais, levando em consideração as nuanças e complexidades do contexto que irá recebê-los e implementá-los. No mesmo sentido, em um artigo de 2019, Celeste chegou a afirmar que o constitucionalismo digital é "a ideologia que adapta os valores do constitucionalismo contemporâneo para a sociedade digital".[278] Por fim, em terceiro lugar, contribuição social. Por estar associado ao fenômeno do constitucionalismo societal, o constitucionalismo digital surge a partir da sociedade em si e depende da atuação de agentes sociais que contribuem com a formação de variadas oposições normativas. Isso envolve também o exercício de pressões externas capazes de iniciar um processo de autorreflexão, como visto acima e que será mais bem ilustrado abaixo no caso do *Oversight Board*.

Ou seja, do ponto de vista da teoria constitucional, o constitucionalismo digital não se confunde com o constitucionalismo moderno e nem pode ser visto como algo completamente novo. O constitucionalismo digital é, por definição, o produto de um novo processo de constitucionalização que ocorre na esfera digital e que leva em conta as especificidades da sociedade digital para promover uma tradução progressiva de valores e princípios constitucionais.[279] Como argumentado por Celeste, a palavra "digital" em "constitucionalismo digital" é um adjunto adnominal que se refere ao modo como (e ao lugar onde) se dá a tradução de valores basilares do constitucionalismo, levando em conta o contexto específico e as nuanças da sociedade digital.[280] Nas palavras do autor, "o adjetivo 'digital' não qualifica diretamente o substantivo 'constitucionalismo'. Não é da mesma forma que se dá em expressões como 'constitucionalismo democrático' ou 'constitucionalismo liberal', nas quais, respectivamente, democracia e liberalismo caracterizam uma nova orientação da teoria constitucional".[281]

---

[278] CELESTE, Edoardo. Digital constitutionalism: a new systematic theorization. *International Review of Law, Computers & Technology*, v. 33, n. 1, p. 76-99, 2019.

[279] CELESTE, Edoardo. *Digital Constitutionalism: The Role of Internet Bills of Rights*. Nova Iorque: Routledge, 2023, p. 78.

[280] *Ibidem*, p. 82.

[281] *Ibidem*, p. 82. Tradução livre.

Os argumentos de Celeste são essenciais para retirar um pouco do estresse teórico (e também ideológico) que hoje sobrecarrega parte do debate a respeito do constitucionalismo digital, como se verá abaixo. Não se trata, na sua concepção, de uma revolução doutrinária ou teórica como alguns críticos levam a crer. Os seus defensores, como Celeste e Suzor, não sugerem em momento algum que a teoria que sustenta o constitucionalismo digital deve ser escrita em um quadro em branco ou, então, que o constitucionalismo digital representa (ou busca representar) a substituição do constitucionalismo estatal por algo novo e essencialmente cosmopolita. Pelo contrário, trata-se de um conceito diretamente ancorado no *telos* do constitucionalismo moderno que busca tão somente "perpetuar esses princípios constitucionais em uma realidade social em mutação".[282]

Ou seja, é uma forma de preservar os principais avanços e conquistas do constitucionalismo na sociedade digital, considerando suas especificidades e nuances. Inovações certamente irão ocorrer a partir da ideia de reespecificação que é, por definição, contextual, mas isso não torna o projeto revolucionário. Na verdade, trata-se de uma corrente que pode até mesmo ser caracterizada como conservadora, tendo em vista que busca preservar o DNA do constitucionalismo moderno em uma nova fronteira da sociedade global, qual seja, a sociedade digital ou algorítmica. Para usar as palavras de Celeste, o constitucionalismo digital é, na verdade, uma nova "camada teórica" que se soma ao constitucionalismo moderno, não uma forma completamente autônoma de constitucionalismo em si.[283] O que não significa, entretanto, que não existam algumas mudanças relevantes. Um exemplo são os atores envolvidos na formação do constitucionalismo digital — incluindo, notavelmente, plataformas digitais privadas —, em contraposição aos atores envolvidos na formação do constitucionalismo moderno de forma geral — que foi marcada, como se viu, pela atuação de Estados-nação.

Outro autor que vem ganhando notoriedade nas discussões sobre constitucionalismo digital é Giovanni De Gregorio, cujo foco

---

[282] *Ibidem*, p. 86-87. Tradução livre.
[283] *Ibidem*, p. 211.

de estudo é a atuação da União Europeia em temas envolvendo regulação de novas tecnologias digitais.[284] A partir da constatação de que o Estado abriu espaço para a atuação de atores privados na arena pública seja por delegação ou inércia, De Gregorio afirma que estamos diante do estabelecimento de "novos poderes fundacionais" que escapam dos mecanismos clássicos de controle público e, assim, passam a competir com o próprio Estado-nação.[285] Ou seja, o verdadeiro desafio hoje enfrentado pelo Estado — e, consequentemente, pelo próprio constitucionalismo — não é, como muitos acreditam, a regulação dessas novas tecnologias, mas sim a emergência de atores transnacionais que "governam" o espaço digital e ditam as regras de convivência na Internet sem transparência ou *accountability*.[286]

As constituições modernas foram pensadas para buscar a limitação de poderes públicos e, assim, proteger direitos fundamentais no contexto estatal. O constitucionalismo digital, por sua vez, busca limitar o poder de agentes privados que moldam aspectos da arena pública na sociedade digital e, assim, proteger direitos fundamentais dos usuários de seus serviços. Para De Gregorio, então, o "constitucionalismo digital consiste em articular os limites para o exercício do poder em uma sociedade em rede".[287]

Assim como Celeste, De Gregorio dialoga com algumas críticas ao conceito de constitucionalismo digital e afirma que não se trata de uma tentativa de revolucionar a teoria constitucional moderna.[288] Em outras palavras, o objetivo dessa nova corrente é justamente construir mecanismos para melhor interpretar o papel do constitucionalismo em uma nova fronteira social, qual seja, a sociedade digital ou algorítmica. Em razão de diferenças contextuais que já foram trabalhadas acima — em especial o aspecto transnacional da sociedade digital e o impacto do código e da automatização no exercício de direitos fundamentais —, é preciso se

---

[284] DE GREGORIO, Giovanni. *Digital Constitutionalism in Europe: Reframing Rights and Powers in the Algorithmic Society*. Cambridge: Cambridge University Press, 2022.
[285] *Ibidem*, p. 2.
[286] *Ibidem*, p. 3.
[287] *Ibidem*, p. 4. Tradução livre.
[288] *Ibidem*, p. 4.

debruçar sobre o que de fato significa promover valores e princípios constitucionais na seara digital. Veja-se, portanto, que o ponto de partida continua sendo um só: o constitucionalismo moderno. O que muda é o contexto no qual o debate se desenvolve.

Por isso, mais uma vez, não seria conceitualmente adequado entender o constitucionalismo digital assim como compreendemos o constitucionalismo democrático, social ou liberal. Não se trata propriamente de uma nova lente pela qual é possível reinterpretar o *telos* do constitucionalismo moderno, como parecem crer Gilmar Mendes e Victor Fernandes quando mencionam o constitucionalismo digital como uma nova vertente para o desenvolvimento da jurisdição constitucional na era digital.[289] O que se tem, na verdade, é o constitucionalismo digital enquanto moldura para um novo processo de generalização e reespecificação de princípios e valores do constitucionalismo moderno na sociedade digital.

Não se pode perder de vista, portanto, que um dos elementos mais marcantes dessa sociedade digital é o fato de que atores privados como Google e Meta emergem como "exemplos paradigmáticos de forças digitais competindo com autoridades públicas pelo exercício de poder *on-line*".[290] Fato é que valores e princípios constitucionais se desprendem gradualmente de suas raízes no Estado e assumem um "caráter global", ao passo que o constitucionalismo se torna cada vez mais híbrido.[291] Nada obstante, discussões acadêmicas e regulatórias sobre governança da Internet falharam até então em incluir de forma suficiente e significativa uma perspectiva constitucional em suas análises.[292] Isso implica perda de visão periférica, sendo desconsiderado, muitas vezes, o fato de que agentes privados transnacionais estão acumulando não apenas poder econômico mas também político e que, consequentemente, formas tradicionais de regulação estatal

---

[289] MENDES, Gilmar Ferreira; FERNANDES, Victor Oliveira. Constitucionalismo digital e jurisdição constitucional: uma agenda de pesquisa para o caso brasileiro. *Revista Brasileira de Direito*, v. 16, n. 1, p. 1-33, 2020.

[290] DE GREGORIO, Giovanni. *Digital Constitutionalism in Europe: Reframing Rights and Powers in the Algorithmic Society*. Cambridge: Cambridge University Press, 2022, p. 8. Tradução livre.

[291] *Ibidem*, p. 10-11.

[292] *Ibidem*, p. 11.

não podem, por si só, dar conta de todos os desafios apresentados por esse novo contexto social.[293]

Mais do que isso, como demonstra De Gregorio, essa visão de túnel que hoje acomete os debates sobre governança digital faz com que diferentes atores ignorem que empresas de tecnologia já passam por um processo de constitucionalização, ainda que imperfeito e parcial, e que, portanto, soluções eficientes só poderão ser construídas em colaboração com tais atores transnacionais.[294] É como se estivéssemos, nas palavras do autor, diante de um processo de "privatização da proteção de direitos fundamentais" que não pode ser colocado em segundo plano.[295]

Vale sempre lembrar que isso se deve, em parte, a decisões tomadas pelo próprio Estado quando da criação de normas como a seção 230 do *Communications Decency Act* ou então o artigo 19 do Marco Civil da Internet. É dizer, a constitucionalização da sociedade digital foi acelerada (se não possibilitada) pela delegação de poderes pelo Estado a empresas de novas tecnologias. O problema, entretanto, é que, diferente do Estado-nação, que se pauta por preceitos constitucionais como o do Estado de Direito, plataformas digitais acabam por exercer tais poderes de uma forma que ameaça o *telos* do constitucionalismo na sociedade algorítmica.[296] É justamente aí que se insere o constitucionalismo digital e a sua missão de buscar a limitação do poder e a proteção de direitos e garantias fundamentais a partir da relação entre plataformas, governos e usuários.

3.2.5 Críticas ao conceito de constitucionalismo digital

O constitucionalismo digital vem recebendo uma série de críticas tanto por acadêmicos do Brasil quanto pela academia estrangeira. Um exemplo influente é o artigo de Jane Reis e Clara

---

[293] *Ibidem*, p. 12.
[294] *Ibidem*, p. 17.
[295] *Ibidem*, p. 17-18.
[296] *Ibidem*, p. 20.

Keller sobre as contradições do conceito, o qual recebe o adjetivo de "impreciso" no título de seu trabalho.[297] Esse estudo vem pautando os debates no Brasil sobre a aplicabilidade e precisão conceitual do constitucionalismo digital e já ganhou um público internacional, tendo sido citado por autores como Gunther Teubner e Angelo Golia, expoentes do constitucionalismo societal contemporâneo. Em linhas gerais, Reis e Keller argumentam que falta ao constitucionalismo digital uma indispensável precisão conceitual que possa lhe conferir um maior valor epistêmico.

Sua principal crítica está estruturada em torno da multiplicidade de sentidos que hoje podem ser atribuídos ao conceito, tornando-o, na sua visão, menos valioso de um ponto de vista acadêmico. Em razão disso, as autoras afirmam que há um alto risco de o constitucionalismo digital "funcionar como mero artifício retórico que confere aparência de legitimação a sistemas normativos com funcionalidades e efeitos muito distantes dos valores que informam os sistemas constitucionais liberais".[298] Ou seja, na falta de uma maior precisão conceitual, o constitucionalismo digital se torna suscetível de abuso retórico e pode, então, ser usado para legitimar o exercício de poder por plataformas digitais e outros atores transnacionais que atuam na Internet sem maiores contrapartidas. O constitucionalismo, assim, tornar-se-ia refém de um contexto que não lhe diz respeito.

Diferente de alguns autores mencionados acima, como Neil Walker e Gunther Teubner, Reis e Keller acreditam existir uma conexão essencial entre constitucionalismo e Estado. Assim, afirmam que o propósito daquele é atribuir a este uma Constituição no sentido de "norma jurídica suprema dotada de imperatividade".[299] As críticas das autoras não se limitam ao constitucionalismo digital e se direcionam também a outras correntes de constitucionalismo para além do Estado, a exemplo do constitucionalismo global e societal. A questão que se coloca, portanto, é a respeito da adequação conceitual de se referir a "variações de constitucionalismo que

---

[297] PEREIRA, Jane Reis Gonçalves; KELLER, Clara Iglesias. Constitucionalismo digital: contradições de um conceito impreciso. *Revista Direito e Praxis*, v. 13, n. 4, p. 2648-2689, 2022.
[298] *Ibidem*, p. 2651.
[299] *Ibidem*, p. 2653-54.

abarcam estruturas e finalidades distintas daquelas que moldaram o ideário que informou a construção do conceito".[300]

Vale destacar, desde já, que as autoras estão partindo do pressuposto de que o constitucionalismo digital é uma verdadeira revolução em termos de teoria constitucional e, por isso, está desconectado das estruturas e finalidades que servem de base para o constitucionalismo moderno. Seria, nas suas palavras, mais uma tentativa de "adornar" o constitucionalismo com "adjetivos variados"; uma espécie de desnaturação conceitual responsável por subtrair seu conteúdo histórico e emprestar tão somente sua legitimidade retórica (e histórica).[301] Embora reconheçam que existem certas limitações estruturais para a implementação do direito estatal na Internet, as autoras defendem que o Estado-nação sempre buscou "conformar o espaço virtual ao direito posto" — como no caso da aprovação do Marco Civil da Internet no Brasil e do *Communications Decency Act* nos EUA —, desafiando, assim, a visão ciberlibertária que pregava a independência do ciberespaço em relação ao Estado.[302]

Ao adotar essa posição, Reis e Keller aproximam-se da visão de Martin Loughlin, para quem correntes cosmopolitas do constitucionalismo correm o risco de serem instrumentalizadas por uma agenda neoliberal enquanto mero "discurso autônomo de legitimação".[303] O pluralismo constitucional, que para alguns é uma imposição fática da globalidade, é visto com ceticismo por outros. Os céticos, por sua vez, acreditam que isso não passa de uma agenda ideológica de enfraquecimento do Estado-nação — ainda central em termos de representação e organização política da sociedade — e, portanto, de flexibilização das bases históricas do constitucionalismo moderno que não podem ser facilmente generalizadas para além desse contexto sociopolítico específico. Mais especificamente, a fonte de discordância em relação ao constitucionalismo digital parece estar na sua proximidade com a corrente teórica do constitucionalismo

---

[300] *Ibidem*, p. 2656.
[301] *Ibidem*, p. 2656.
[302] *Ibidem*, p. 2660-61.
[303] LOUGHLIN, Martin. *Against Constitutionalism*. Cambridge: Harvard University Press, 2022, p. 188.

societal, o qual preconiza, nas palavras das autoras, uma inexistente "função constitucional das iniciativas autorregulatórias de atores privados".[304]

Partindo desse pressuposto, Reis e Keller organizam a literatura sobre constitucionalismo digital em três grupos, de acordo com suas respectivas funções.[305] Em primeiro lugar, está o constitucionalismo digital enquanto fenômeno normativo que se refere a declarações de direitos para a Internet, a exemplo do trabalho de Redeker, Gill e Gasser. Nesse primeiro grupo, o esforço acadêmico concentra-se na análise da linguagem empregada por tais iniciativas e como elas refletem ou não o que se espera de uma linguagem constitucional, especialmente em termos de proteção de direitos e liberdades fundamentais. As autoras mencionam aqui, por exemplo, o voto do Ministro Gilmar Mendes na ADI nº 6.529, reconhecendo que "cartas jurídicas de enunciação de direitos dos usuários da internet muitas vezes contêm verdadeiras escolhas de matriz constitucional quanto ao tratamento jurídico a ser conferido às relações on-line".[306] Vale destacar que essa era, até agosto de 2024, a única menção feita ao constitucionalismo digital em uma decisão do Supremo Tribunal Federal. Na ocasião, o Ministro Gilmar Mendes vinculou o conceito a uma "preocupação de que a interpretação de leis como o nosso Marco Civil da Internet e a Lei Geral de Proteção de Dados Pessoais se oriente por princípios e valores normativos" em busca da "proteção de direitos fundamentais no ciberespaço".[307] Ou seja, tais iniciativas e declarações serviriam de orientação hermenêutica para a jurisdição constitucional brasileira na visão do magistrado.

Em segundo lugar, está o constitucionalismo digital enquanto uma tarefa de reconfiguração ou reinterpretação dos valores e princípios constitucionais à luz das nuanças da sociedade digital. Um exemplo é a discussão doutrinária sobre a transformação da

---

[304] PEREIRA, Jane Reis Gonçalves; KELLER, Clara Iglesias. Constitucionalismo digital: contradições de um conceito impreciso. *Revista Direito e Praxis*, v. 13, n. 4, 2022, p. 2666.
[305] *Ibidem*, p. 2667-75.
[306] BRASIL. Supremo Tribunal Federal. Ação Direta de Inconstitucionalidade nº 6.529. Relatora Ministra Cármen Lúcia. Tribunal Pleno. Julgado em: 11.10. 2021. Publicado no Dje, 22 out. 2021.
[307] *Ibidem*.

liberdade de expressão diante da implementação de técnicas de automatização e viralização em redes sociais e o que significa, portanto, proteger tal liberdade dentro de um novo contexto sociotécnico. Veja-se, nesse sentido, as discussões propostas por De Gregorio sobre a ascensão de um "mercado algorítmico de ideias",[308] ou então a visão de Jack Balkin sobre o que o autor chama de "incômodo algorítmico" (*algorithmic nuisance*) e seus impactos no ecossistema digital de proteção da liberdade de expressão.[309] Esse segundo agrupamento seria, na visão de Reis e Keller, compatível com a noção clássica de constitucionalismo, visto que se limita ao "reconhecimento de que o constitucionalismo é um fenômeno dinâmico que tende historicamente a enfrentar novos desafios e anexar novas agendas e conteúdos".[310]

Por fim, em terceiro lugar, o constitucionalismo digital também aparece como um projeto focado não em declarações de direitos ou nas transformações promovidas pela era digital no Direito Constitucional, mas sim como uma tentativa de constitucionalização da governança interna de atores privados à luz de princípios e valores do constitucionalismo como o Estado de Direito. Essa é, como mencionado acima, a corrente que mais se aproxima da perspectiva adotada pelo presente trabalho. Em geral, as críticas das autoras são mais assertivas em relação a esse terceiro grupo que, por definição, associa-se teórica e dogmaticamente ao constitucionalismo para além do Estado. Citando a experiência do *Oversight Board* e sua associação a uma linguagem tipicamente constitucional, Reis e Keller afirmam que "a apropriação da carga simbólica do constitucionalismo para o âmbito das soluções gestadas e operadas pelas próprias plataformas digitais" pode levar ao fortalecimento desses mesmos poderes privados, e não o contrário.[311]

---

[308] DE GREGORIO, Giovanni. *Digital Constitutionalism in Europe: Reframing Rights and Powers in the Algorithmic Society*. Cambridge: Cambridge University Press, 2022, p. 172.

[309] BALKIN, Jack M. Free Speech in the Algorithmic Society: Big Data, Private Governance, and New School Speech Regulation. *UC Davis Law Review*, v. 51, 2018, p. 1169-1170.

[310] PEREIRA, Jane Reis Gonçalves; KELLER, Clara Iglesias. Constitucionalismo digital: contradições de um conceito impreciso. *Revista Direito e Praxis*, v. 13, n. 4, 2022, p. 2672.

[311] Ibidem, p. 2674-75.

Em linhas gerais, podemos extrair dois apontamentos do trabalho de Reis e Keller. Em primeiro lugar, as autoras direcionam suas críticas ao que consideram ser, emprestando a terminologia de Marcelo Neves, um "uso inflacionário" do constitucionalismo que passa a se confundir com regulação setorial ou autorregulação, ao menos em alguns estudos sobre constitucionalismo digital.[312] Isso, por sua vez, pode levar a uma suposta cooptação do discurso constitucionalista pelo mercado, auxiliando, assim, no avanço de uma agenda neoliberal que afasta o cidadão dos centros de tomada de decisão sobre seus direitos e liberdades fundamentais. Em outras palavras, as autoras acreditam que esse discurso constitucionalista dilatado e emancipado das suas raízes estatais pode levar a uma validação de desequilíbrios preexistentes na arena digital, o que seria justamente o contrário do que preconiza o constitucionalismo em seu sentido normativo e garantista.[313] Ademais, em segundo lugar, as autoras questionam a possibilidade de o termo ser usado em um contexto em que inexistem algumas das condições clássicas para a criação de um ordenamento jurídico que expresse a vontade política de um povo organizado institucionalmente, tendo em vista que a legitimidade democrática é uma "vulnerabilidade dos debates sobre regulação privada, híbrida ou multissetorial".[314]

Outra crítica contundente ao constitucionalismo digital foi articulada por Róisín Á Costello, que, assim como Reis e Keller, investiga a coerência normativa do conceito.[315] Com a ascensão de atores privados transnacionais na esfera digital, a questão que se coloca é se as relações estabelecidas na Internet devem ser reguladas por instrumentos privados, públicos ou híbridos. Nada obstante, enquanto essa discussão vem se desdobrando desde pelo menos a década de 90, não podemos desconsiderar dois pontos. Primeiro, as ações desses atores privados afetam diretamente o exercício de direitos e liberdades fundamentais no ciberespaço. Segundo, esses mesmos atores privados estão desenvolvendo sistemas cada vez

---

[312] *Ibidem*, p. 2676.
[313] *Ibidem*, p. 2680.
[314] *Ibidem*, p. 2678.
[315] COSTELLO, Róisín Á. *Faux Ami? Interrogating the normative coherence of 'digital constitutionalism'*. Global Constitutionalism, 2023, 1-24.

mais sofisticados para dirimir disputas envolvendo a aplicação de suas regras de governança à luz de seus potenciais impactos sobre questões tipicamente constitucionais, como a proteção da liberdade de expressão.

Para Costello, então, o constitucionalismo digital surge justamente diante da junção desses dois pontos e, mais do que isso, de um "desejo" de diferentes atores de moldar os valores constitucionais que irão informar o funcionamento da governança *on-line*.[316] Nada obstante, nas suas palavras, "a maioria das estruturas de governança *on-line* que adotaram uma linguagem constitucional para autodescrever seus esforços não devem ser vistas como constitucionalistas, mas sim como uma demonstração da emergência de arquiteturas de 'política privada' (*private policy architectures*)".[317]

No mesmo sentido da crítica de Reis e Keller, o principal desconforto de Costello com o constitucionalismo digital é a sua suposta apropriação retórica por atores privados que buscam legitimar suas estruturas de governança usando uma linguagem constitucional sem de fato construir as bases que servem de sustentação ao constitucionalismo moderno. Esses atores querem se associar aos símbolos do constitucionalismo, emprestando sua legitimidade normativa, "sem oferecer uma proteção equivalente àquela que seria garantida por um sistema constitucionalista aos seus governados".[318] Com exceção daqueles trabalhos que seguem a linha de Redeker *et al.*, Costello atribui ao constitucionalismo digital uma preocupação comum de "transmutar" valores e princípios constitucionais para a governança de atores privados na Internet. Nada obstante, na sua percepção, o resultado é a adoção tão somente da "retórica descritiva" do constitucionalismo.[319]

A autora, então, acusa os defensores do constitucionalismo digital de não avaliarem com cautela as origens do constitucionalismo moderno e sua conexão com o Estado-nação, afirmando que "o

---

[316] *Ibidem*, p. 1-2.
[317] *Ibidem*, p. 4. Tradução livre.
[318] *Ibidem*, p. 4. Tradução livre.
[319] *Ibidem*, p. 7.

termo em si é raramente interrogado de forma substancial com o mesmo entusiasmo que caracteriza o seu uso".[320] Para Costello, falta ao constitucionalismo digital alguns elementos que ela identifica como partes do "núcleo normativo" do constitucionalismo moderno, a exemplo de restrições estruturais ao exercício do poder central, regras que garantam a aderência do poder central a essas restrições, um requisito mínimo de que as regras elaboradas pelo poder central sejam claras e consistentes e, por fim, mecanismos para que aqueles afetados por tais decisões possam contestá-las ou exigir seu cumprimento forçado.[321]

Em linhas gerais, o que a autora está defendendo é que o constitucionalismo digital, ao menos no estágio atual da literatura, limita-se a discutir a tradução de direitos e garantias fundamentais para o ecossistema de governança privada que domina a Internet sem, contudo, debruçar-se sobre os demais aspectos do constitucionalismo moderno, em especial sua dimensão estrutural.[322] Embora seja essencial garantir que plataformas digitais, por exemplo, respeitem certos valores e princípios constitucionais como aqueles que advêm do Estado de Direito, isso não significa, pelo menos ainda, a imposição de "restrições estruturais amplas ao poder da autoridade central nem mesmo o oferecimento de regras que possam compelir a autoridade central a respeitar tais restrições no futuro".[323]

Ainda, a autora afirma que o constitucionalismo pressupõe "*accountability* mútuo" entre a autoridade central e seus sujeitos. Nada obstante, na Internet a relação entre plataformas e usuários é pautada por um contrato privado, não por *accountability* mútuo, de forma que a autoridade central não encontra limites ou restrições significativas ao seu poder.[324] Ou seja, "o requisito do núcleo normativo do constitucionalismo deve estar presente dentro de uma arquitetura

---

[320] *Ibidem*, p. 9. Tradução livre.
[321] *Ibidem*, p. 11.
[322] *Ibidem*, p. 12-13.
[323] *Ibidem*, p. 14. Tradução livre.
[324] *Ibidem*, p. 14.

caracterizada por um acordo mútuo e pela interdependência entra a autoridade central e os sujeitos daquele sistema".[325] Assim, para Costello, o uso do termo "constitucionalismo" em constitucionalismo digital acaba operando como um *faux ami*, dando a falsa impressão de que a rede de proteção constitucional está presente e operante quando, na verdade, faltam-lhe elementos próprios do núcleo normativo do constitucionalismo moderno.[326]

Para a autora, em conclusão, a solução seria se afastar da linguagem do constitucionalismo e focar nos modelos regulatórios que são desenvolvidos e implementados por tais atores privados — os quais estariam compreendidos, na sua visão, pela categoria de "política privada" (*private policy*).[327] Ao contrário da política pública (*public policy*), a política privada não é um componente do constitucionalismo propriamente dito. Costello chega a admitir que a governança interna de plataformas digitais pode emprestar elementos do constitucionalismo na forma como é pensado e elaborado o seu *design*, mas "essas estruturas de governança devem ser compreendidas como um exercício essencialmente privado que está associado a objetivos e interesses privados".[328] Fecham-se, assim, as portas para um constitucionalismo híbrido.

Da crítica da autora é possível extrair, portanto, dois principais argumentos. Em primeiro lugar, por mais que o constitucionalismo digital se ancore em valores e princípios constitucionais, não se pode desconsiderar que a natureza da governança de atores privados na Internet é essencialmente privada (*private policy*) e se estabelece de forma contratual. Em segundo lugar, os elementos inseridos no núcleo normativo do constitucionalismo não são facilmente replicados na sociedade digital, levando a uma falta de limitações estruturais sobre o poder central e mecanismos de *accountability*, o que, essencialmente, pode ser entendido como falta de legitimidade. Nada obstante, diferente de Reis e Keller, Costello afirma que o constitucionalismo digital pode ser útil desde que "adote uma lente analítica que o permita olhar para além do seu uso como mera

---

[325] *Ibidem*, p. 15. Tradução livre.
[326] *Ibidem*, p. 15.
[327] *Ibidem*, p. 16-18.
[328] *Ibidem*, p. 18. Tradução livre.

bandeira de conveniência e se debruçar sobre os requisitos [do núcleo normativo do constitucionalismo moderno]".[329]

3.3 *Design* constitucional e a busca por uma síntese

As críticas ao conceito de constitucionalismo digital precisam ser enfrentadas com cuidado com o intuito de se esclarecerem algumas incompreensões sobre os limites e possibilidades dessa nova agenda científica. Para facilitar o desenvolvimento dos argumentos no presente tópico, é possível organizar as críticas em dois grupos que estão relacionados ao mapeamento feito por Neil Walker.[330] No primeiro grupo está a crítica de que o uso do constitucionalismo pelos autores que defendem o constitucionalismo digital é ilegítimo e pode levar à validação de uma agenda neoliberal. Isso porque, supostamente, o constitucionalismo digital busca tão somente emprestar a carga simbólica do constitucionalismo moderno e, a partir disso, legitimar o exercício do poder privado sem conceder efetivas garantias ou implementar estruturas constitucionais em seu sentido clássico. Ou seja, esse uso seria parte de um "discurso autônomo de legitimação".[331]

Já no segundo grupo estão as críticas de que o uso do constitucionalismo pelos autores que defendem o constitucionalismo digital seria, ao mesmo tempo, inapropriado, improvável e inconcebível. Isso porque, supostamente, é um equívoco falar em constitucionalismo a não ser no Estado-nação ou, ao menos, na ausência de certos pressupostos normativos, como aqueles que Costello associa ao chamado "núcleo normativo" do constitucionalismo.[332] Aqui também se insere a crítica a respeito de uma suposta incompatibilidade entre sistemas, uma vez que o constitucionalismo está na esfera da política pública (*public*

---

[329] *Ibidem*, p. 24. Tradução livre.
[330] WALKER, Neil. Taking Constitutionalism beyond the State. *Political Studies*, v. 56, n. 3, p. 519-543, 2008.
[331] LOUGHLIN, Martin. *Against Constitutionalism*. Cambridge: Harvard University Press, 2022, p. 188.
[332] COSTELLO, Róisín Á. *Faux Ami? Interrogating the normative coherence of 'digital constitutionalism'*. Global Constitutionalism, 2023, p. 11.

policy) e a governança digital está na esfera da política privada (*private policy*).[333]

Para responder às críticas, importa destacar que o presente trabalho compartilha a visão de constitucionalismo digital desenvolvida por Suzor, Celeste e De Gregorio, focando na constitucionalização da governança privada de plataformas digitais e, portanto, afastando-se de outras perspectivas, em especial daquelas que associam o constitucionalismo digital a declarações de direitos *on-line* (*bills of rights*), leis nacionais sobre governança digital ou até mesmo ao exercício da jurisdição constitucional estatal. Ademais, toma-se como base teórica o constitucionalismo societal de Teubner e seus coautores. Essa marcação teórica é essencial para melhor compreender os argumentos articulados na sequência em resposta aos trabalhos de Reis, Keller e Costello.

3.3.1 Respondendo às críticas

Em relação ao primeiro grupo de críticas, a respeito da suposta ilegitimidade do constitucionalismo digital, é preciso voltar brevemente aos argumentos de Neil Walker outrora mencionados. O autor questiona por qual motivo devemos assumir, sem uma maior investigação acadêmica, que a projeção do constitucionalismo para além do plano nacional está "em contraposição às conquistas do constitucionalismo na história moderna ao invés de ser considerada uma característica autônoma e de textura aberta da própria missão constitucional".[334] Como se viu a partir de algumas análises influentes sobre a construção conceitual de constitucionalismo ao longo da história, em especial os argumentos de Sartori e McIlwain, não existem evidências que apontem para essa visão estanque de que o constitucionalismo deve se fechar em si mesmo a partir de um suposto purismo conceitual ou, ainda, que possui uma conexão indispensável e inflexível como o Estado-nação. Afinal, como se viu acima, a constituição estatal é uma de suas possíveis

---

[333] *Ibidem*, p. 16-18.
[334] WALKER, Neil. Taking Constitutionalism beyond the State. *Political Studies*, v. 56, n. 3, 2008, p. 523. Tradução livre.

manifestações formais, mas não podemos perder de foco o *telos* do constitucionalismo que, por definição, é mais amplo e permite sua projeção para além do Estado.

Ademais, como demonstra Walker, há espaço para compreender o constitucionalismo em termos de "mais ou menos" ou de "realização parcial" sem que isso signifique ignorar a força normativa do argumento holístico.[335] É dizer, podemos e, até certo ponto, devemos reconhecer que o constitucionalismo encontra no Estado a sua manifestação formal mais completa e robusta até hoje. O constitucionalismo estatal continua sendo o principal ponto de referência para as teorias elencadas anteriormente, e o mesmo vale para o constitucionalismo digital.

Para reforçar as palavras de Walker, ainda que o "constitucionalismo ofereça um caminho para um novo quadro de autoridade legal para além do Estado, ele deve, necessariamente, continuar a lidar com um intenso tráfego vindo da direção do Estado".[336] Isso se reflete, por exemplo, na ideia de colisões normativas (*Verfassungskollisionsrecht*) do constitucionalismo societal ou então das "pontes de transição" entre ordens jurídicas mencionadas pelo transconstitucionalismo, trazendo uma série de implicações práticas ao constitucionalismo digital.

A crítica de que o constitucionalismo digital seria, assim, apenas um "discurso autônomo de legitimação" e nada mais desconsidera pelo menos três pontos fundamentais para esse debate. Primeiro, há um certo nível de pragmatismo que precisa servir de base para futuras discussões acadêmicas. Atores privados transnacionais, a exemplo de plataformas digitais de redes sociais, já exercem um considerável poder não apenas na arena privada mas também, e principalmente, na arena pública, o que vem gerando externalidades negativas em relação aos nossos direitos e liberdades fundamentais. Para usar as palavras de Ricardo Campos, "somente quando se reconhece que não há discrepância qualitativa entre a forma do Direito no Estado-nação e sua forma na sociedade global é que se pode compreender por que se insiste no uso do conceito

---

[335] *Ibidem*, p. 524.
[336] *Ibidem*, p. 540. Tradução livre.

de constituição para o Direito da sociedade global".[337] Refletir sobre como racionalizar e aprimorar seus sistemas de governança interna é uma tarefa urgente que, portanto, pode e deve se beneficiar do instrumental oferecido pelo constitucionalismo moderno.

São justamente as experiências acumuladas pelo constitucionalismo estatal no enfrentamento de desafios constitucionais variados que irão informar o processo de generalização e reespecificação que leva, por sua vez, à constitucionalização de subsistemas da sociedade global, incluindo aí plataformas digitais no contexto da sociedade algorítmica. Diversos exemplos trabalhados anteriormente demonstram a ascensão das plataformas ao *status* de "impérios na nuvem".[338] Como explica De Gregorio, esse processo levou à consolidação de poderes que escapam da esfera de controle das autoridades públicas e, mais do que isso, passam a competir com essas mesmas autoridades na arena transnacional.[339] Ou seja, o pluralismo constitucional na era digital não é um oxímoro como indicam alguns críticos, mas sim uma realidade imposta pelo fato de que empresas privadas influenciam o exercício de direitos constitucionais (e humanos) de bilhões de pessoas.[340] Acreditar, portanto, que a regulação estatal pode por si só dar conta do problema é ignorar essa nova dinâmica de poder na sociedade digital.[341]

---

[337] CAMPOS, Ricardo. *Metamorfoses do direito global*: sobre a interação entre direito, tempo e tecnologia. São Paulo: Contracorrente, 2022, p. 93.

[338] LEHDONVIRTA, Vili. *Cloud Empires: How Digital Platforms Are Overtaking the State and How We Can Regain Control*. Cambridge: MIT Press, 2022.

[339] DE GREGORIO, Giovanni. *Digital Constitutionalism in Europe: Reframing Rights and Powers in the Algorithmic Society*. Cambridge: Cambridge University Press, 2022, p. 2.

[340] Nesse sentido, ver PEREIRA, Jane Reis Gonçalves; KELLER, Clara Iglesias. Constitucionalismo digital: contradições de um conceito impreciso. *Revista Direito e Praxis*, v. 13, n. 4, 2022, p. 2677. LOUGHLIN, Martin. Constitutional pluralism: An oxymoron? *Global Constitutionalism*, v. 3, n. 1, p. 9-30, 2014.

[341] Isso não significa que todas as críticas ao constitucionalismo digital chegam a essa mesma conclusão. Costello, por exemplo, dá destaque ao que chama de "política privada" (*private policy*) e disputa tão somente o uso do termo "constitucionalismo" nesse contexto, deixando inclusive a porta semiaberta para o constitucionalismo digital, desde que presentes alguns dos requisitos do "núcleo normativo" do constitucionalismo moderno. Outros, entretanto, como parece ser o caso de Reis e Keller, dão uma maior importância à regulação estatal e enxergam com mais ceticismo a autorregulação de plataformas digitais. Ademais, mesmo dentro da literatura que aceita o uso do termo, encontramos um reforço a esse ponto, como é o caso de Mendes e Fernandes, que se referem a normas como o Marco Civil da Internet como parte de um processo de resgate da soberania estatal no ciberespaço ou então de "re-territorialização" da Internet.

Segundo, o processo de constitucionalização dos sistemas de governança de plataformas digitais deve-se, em parte, ao funcionamento de uma esfera de autorregulação que conta com a chancela do próprio Estado. Como se viu, normas como a seção 230 do *Communications Decency Act* nos Estados Unidos e o artigo 19 do Marco Civil da Internet no Brasil permitem, direta ou indiretamente, a construção de sistemas de moderação de conteúdo que funcionam com base em protocolos, regras e princípios desenvolvidos de forma autônoma pelas próprias plataformas. Isso se deve a um reconhecimento histórico por parte do Estado de que seria indesejável e, mais do que isso, ineficiente usar o seu ferramental regulatório clássico para dar conta de certos desafios enfrentados na seara digital, sob pena, inclusive, de colocar certos direitos fundamentais em risco, em razão da criação dos incentivos econômicos errados.

Isso se reflete nas discussões acerca de novas regulações de plataformas digitais, como o Projeto de Lei nº 2.630 e o *Digital Services Act*, os quais apostam em mecanismos de corregulação no lugar de uma regulação estrita. Assim, é preciso problematizar, ainda que parcialmente, a sugestão de Reis e Keller de que leis como o *Communications Decency Act* e o Marco Civil são tentativas regulatórias do Estado de melhor se reposicionar e retomar poder nessa nova fronteira da sociedade global.[342] Isso porque estamos diante de normas que, em parte, reconhecem a autonomia desses subsistemas sociais e garantem a eles uma importante esfera de autorregulação, pautando a relação de poder entre Estados-nação e plataformas digitais.

Terceiro, não se trata de uma revolução teórica como alguns críticos dão a entender. Aqui vale retomar o argumento de Celeste no sentido de que o "digital" em "constitucionalismo digital" é um adjunto adverbial que se refere ao modo como (e ao lugar onde) se dá a tradução de valores basilares do constitucionalismo, levando em conta o contexto da sociedade digital.[343] Não se trata

---

[342] PEREIRA, Jane Reis Gonçalves; KELLER, Clara Iglesias. Constitucionalismo digital: contradições de um conceito impreciso. *Revista Direito e Praxis*, v. 13, n. 4, 2022, p. 2661.
[343] CELESTE, Edoardo. *Digital Constitutionalism: The Role of Internet Bills of Rights*. Nova Iorque: Routledge, 2023, p. 82.

de uma orientação autônoma da teoria constitucional como no caso do constitucionalismo social ou democrático. Pelo contrário, o constitucionalismo digital é resultado direto do processo de generalização e reespecificação dos elementos do constitucionalismo moderno no contexto da sociedade digital.

Ou seja, o ponto de referência do constitucionalismo digital continua sendo o constitucionalismo moderno que, como visto na obra de Walker, encontra sua expressão formal mais completa e avançada dentro do Estado-nação. É justamente a experiência acumulada do constitucionalismo moderno que confere robustez epistêmica ao constitucionalismo digital. Mais do que isso, como afirma Ricardo Campos, é incompreensível que "especialistas convencionais de Direito Constitucional" levantem esse argumento de ilegitimidade quando, na verdade, acadêmicos como Teubner estão buscando proteger "a tradição do Estado de Direito, a tradição do constitucionalismo tradicional que fez carreira no Estado-nação, para o desenvolvimento do Direito da sociedade mundial".[344]

Isso não significa que o argumento de ilegitimidade é desimportante ou deve ser completamente desconsiderado. Trata-se de um alerta que pode ser utilizado como uma espécie de bússola normativa ao longo do desenvolvimento da literatura especializada sobre o tema, mas, pelas razões acima elencadas, não parece ser suficiente para justificar o abandono ou a superação do constitucionalismo digital enquanto projeto. É inevitável, por exemplo, que empresas de tecnologia como a Meta passem a usar a linguagem do constitucionalismo para justificar certas escolhas de governança — isso será um ponto de análise abaixo a respeito da estruturação do *Oversight Board* —, mas isso não se confunde com a missão do constitucionalismo digital, nos termos apresentados por Suzor, Celeste ou De Gregorio.

O constitucionalismo digital não pode ser descreditado apenas porque certas estruturas e procedimentos de governança que as plataformas chamam de constitucionais não estão, de fato, alinhados ao *telos* do constitucionalismo. Pelo contrário, isso deve ser visto como

---

[344] CAMPOS, Ricardo. *Metamorfoses do direito global*: sobre a interação entre direito, tempo e tecnologia. São Paulo: Contracorrente, 2022, p. 93-94.

uma oportunidade para, a partir da metodologia própria da teoria dos sistemas, realizar uma análise crítica desses mesmos procedimentos e estruturas com o objetivo de aprimorá-los à luz da teoria constitucional moderna. Em linhas gerais, o constitucionalismo digital indica a necessidade de um processo estruturado e crítico de *construção* colaborativa de soluções constitucionais na sociedade digital — o que inclui, portanto, a atividade estatal —, e não de mera *certificação* de modelos de governança adotados unilateralmente por plataformas digitais.

Em relação ao segundo grupo de críticas, o denominador comum entre as diferentes posições abordadas acima é a dissociação do constitucionalismo do contexto sociopolítico do Estado-nação e, mais do que isso, de certos elementos tradicionalmente associados ao Estado, por exemplo, soberania, território, *demos*, representação política, etc. É importante notar, entretanto, que esse segundo grupo continua relacionado ao primeiro e, de certa forma, pode ser visto como um pressuposto do argumento de ilegitimidade abordado anteriormente. Veja-se, nesse sentido, a visão de Martin Loughlin, para quem "quaisquer que sejam os benefícios que a constitucionalização pode trazer [...], ela acaba por legitimar um sistema que não é mais o projeto de um povo e que não se sujeita ao controle popular".[345] No mesmo sentido, Reis e Keller referem-se ao déficit de legitimidade democrática do constitucionalismo para além do Estado — e, consequentemente, do constitucionalismo digital —, tido como o "calcanhar de Aquiles" de teorias como o constitucionalismo societal.[346]

Tudo depende, entretanto, de qual é o ponto de referência a partir do qual a crítica será construída.[347] O constitucionalismo para além do Estado sofre de um déficit de legitimidade democrática

---

[345] LOUGHLIN, Martin. *Against Constitutionalism*. Cambridge: Harvard University Press, 2022, p. 201. Tradução livre.

[346] PEREIRA, Jane Reis Gonçalves; KELLER, Clara Iglesias. Constitucionalismo digital: contradições de um conceito impreciso. *Revista Direito e Praxis*, v. 13, n. 4, 2022, p. 2678.

[347] Agradeço à Professora Vicki Jackson por, em suas aulas, ensinar sobre o poder e importância desse questionamento. Nenhuma afirmação categórica pode ser feita em um trabalho acadêmico sem que sua autora ou seu autor deixe claro qual é seu ponto de referência. Caso contrário, retira-se do interlocutor a possibilidade de questionar a afirmação e, portanto, rejeitá-la dentro de um discurso científico e não meramente político ou opinativo.

comparado ao quê? Ao constitucionalismo estatal moderno enquanto prática político-jurídica? Ou a uma visão idealizada do que o constitucionalismo estatal moderno pode se tornar ou já foi um dia? Estabelecer esse marco é indispensável para que a crítica possa ser analisada a partir de uma metodologia própria, possibilitando, então, sua desconstrução.

Teubner aponta de forma assertiva que o principal problema por trás desse segundo grupo de críticas é que seus adeptos tentam "comparar uma forma idealizada de estado constitucional com a realidade caótica dos regimes transnacionais, em vez de comparar aspiração com aspiração e realidade com realidade".[348] Veja-se, por exemplo, a visão de Mark Tushnet, para quem o constitucionalismo pode ser colocado num espectro que vai, de um lado, do constitucionalismo democrático e liberal até, do outro, ao que o autor chama de "constitucionalismo autoritário".[349] Identificado em países como Cingapura, essa espécie de constitucionalismo caracteriza-se pelo uso de "justificativas-padrão" do constitucionalismo para restringir liberdades individuais e a esfera de atuação da oposição política.[350]

Ainda, mesmo em países onde ninguém questionaria a associação de seus respectivos regimes políticos ao constitucionalismo moderno, houve nos últimos anos um notável decréscimo em qualidade democrática. Veja-se, nesse sentido, estudos recentes sobre o "constitucionalismo abusivo"[351] (*abusive constitutionalism*), "jogo duro constitucional"[352] (*constitutional hardball*) e "constitucionalismo iliberal",[353] apenas para nomear alguns entre tantos outros exemplos. Investigando a viabilidade conceitual desta última manifestação constitucional, por exemplo, Emilio Peluso Meyer afirma que o

---

[348] TEUBNER, Gunther. Quod omnes tangit: Transnational Constitutions without Democracy?. *Journal of Law and Society*, v. 45, n. S1, p. 8. Tradução livre.

[349] TUSHNET, Mark. Authoritarian Constitutionalism. *Cornell Law Review*, v. 100, n. 2, p. 391-462, 2015.

[350] *Ibidem*, p. 452.

[351] LANDAU, David. Abusive Constitutionalism. *UC Davis Law Review*, v. 47, n. 1, p. 189-260, 2013.

[352] TUSHNET, Mark. Constitutional Hardball. *The John Marshall Law Review*, v. 37, p. 523-553, 2004.

[353] MEYER, Emilio Peluso Neder. Constitucionalismo iliberal. *Revista Direito e Praxis*, v. 13, n. 4, p. 2595-2622, 2022.

constitucionalismo iliberal pode ser observado quando "as principais instituições do constitucionalismo (Estado de Direito, direitos fundamentais e separação de poderes) são abusadas em prol da manutenção do poder político em favor de um líder ou partido político que pressupõe que a democracia [...] é uma questão de regra da maioria".[354]

Interessante notar, assim, que, mesmo que o constitucionalismo possa ser instrumentalizado em prol de uma uma agenda de erosão da democracia liberal, essa vertente da literatura valida o uso do conceito ao colocá-lo em um espectro assim como Tushnet. É dizer, o constitucionalismo não pode ser definido por uma questão de tudo ou nada, mas sim de mais ou menos — o que, é preciso ressaltar, não ignora a força de seu argumento holístico, como explica Walker, embora o coloque em perspectiva e permita a comparação de fenômenos de ordens realmente comparáveis. Ou seja, ainda que se questione o grau de legitimidade democrática do constitucionalismo para além do Estado, não se deve assumir como pressuposto argumentativo, sem maiores problematizações, que o constitucionalismo estatal é superior de um ponto de vista normativo e epistêmico em razão da legitimidade democrática que lhe é particularmente atribuída.

Afinal, a realidade constitucional contemporânea, refletida na emergência dos conceitos elencados acima e associada ao surgimento de uma nova onda de autocratização, é infinitamente mais complexa e também está sujeita a críticas semelhantes, as quais, por sua vez, não invalidam o uso do termo "constitucionalismo" por si só. Essa não é uma discussão nova, estando presente em estudos de Direito Constitucional há décadas, em especial por parte de autores que se debruçam sobre a desafiadora relação entre constitucionalismo e democracia. Um exemplo canônico é a obra de Robert Dahl, na qual o autor coloca em perspectiva o *pedigree* democrático da Constituição dos Estados Unidos e indica seus diversos elementos estruturais que, na sua avaliação, operam contra e não a favor da democracia liberal contemporânea, colocando sua legitimidade democrática em xeque.[355]

---

[354] *Ibidem*, p. 2602.
[355] DAHL, Robert A. *A constituição norte-americana é democrática?*. Rio de Janeiro: FGV Editora, 2015.

Mais uma vez, essa investigação conceitual parece reforçar um ponto já abordado ao longo do presente capítulo. O *telos* do constitucionalismo tem uma história que precede o Estado moderno e pode, portanto, ser realizado em diferentes contextos sociopolíticos. A conclusão é que, "se não há nada inevitável nem essencial sobre a relação entre constitucionalismo e Estado no passado, também não pode haver no futuro".[356] O constitucionalismo, entretanto, encontra no Estado-nação sua manifestação formal mais completa, de forma que não podemos ignorar a sua densidade normativa e epistêmica quando da discussão sobre a formação de sistemas constitucionais na sociedade global, seja na arena supranacional, internacional ou transnacional.

Para além dessa discussão, é também preciso reconhecer que o constitucionalismo digital não prega a substituição do constitucionalismo estatal por um suposto constitucionalismo cosmopolita. Pelo contrário, autores como Suzor deixam claro que ao Estado cabe apoiar o processo de constitucionalização de plataformas digitais e implementar mecanismos de fiscalização ou monitoramento que, por sua vez, garantirão canais de diálogo entre sistemas constitucionais. Isso reforça o argumento que é avançado pelo presente trabalho de que o constitucionalismo digital pressupõe uma relação de corregulação entre o Estado e diferentes plataformas digitais, dando lugar a uma espécie de constitucionalismo híbrido.[357] Ou seja, "o desafio do constitucionalismo digital é achar novas e híbridas formas de *accountability*, promovendo, assim, tanto autonomia quanto responsabilidade".[358] De qualquer maneira, dada a importância do processo de autorreflexão no sucesso de projetos constitucionais, "o constitucionalismo deve, em última análise, ser articulado dentro das próprias empresas de tecnologia".[359]

Nesse contexto, a moldura oferecida por Teubner e Beckers volta a ser central. Como visto anteriormente, os autores afirmam que o processo de constitucionalização, também aplicável aos subsistemas autônomos da sociedade global, é caracterizado por

---

[356] WALKER, Neil. Taking Constitutionalism beyond the State. *Political Studies*, v. 56, n. 03, 2008, p. 535. Tradução livre.
[357] SUZOR, Nicolas P. *Lawless: The Secret Rules that Govern our Digital Lives*. Cambridge: Cambridge University Press, 2019, p. 167.
[358] *Ibidem*, p. 165. Tradução livre.
[359] *Ibidem*, p. 165. Tradução livre.

uma "dupla externalização combinada com autorreflexão interna".[360] No caso de plataformas digitais, duas forças emergem como centrais para, de um lado, forçar o processo de autorreflexão e, do outro, estabilizá-lo. Trata-se, respectivamente, da pressão externa que pode ser exercida por atores como a sociedade civil organizada e jornalistas — responsáveis por expor eventuais externalidades negativas associadas ao funcionamento, por exemplo, de sistemas de moderação de conteúdo — e da estabilização externa que surge a partir da agenda de (co)regulação de plataformas digitais, como no caso da criação de um dever geral de cuidado e da obrigação de publicação de relatórios de transparência em iniciativas como o *Digital Services Act*.

Essas duas frentes acabam servindo como pontes de transição entre o regime jurídico estatal e o regime jurídico transnacional, como ensina Marcelo Neves.[361] Preocupações que são próprias da arena pública estatal são transferidas para a arena privada transnacional a partir da primeira ponte (pressão externa), informando o processo de autorreflexão que deve, necessariamente, ocorrer dentro da esfera de autonomia de uma determinada plataforma digital. Em seguida, são criados e implementados mecanismos de *accountability* que garantem a estabilização do constitucionalismo digital a partir da segunda ponte (estabilização externa), a qual opera necessariamente dentro de uma perspectiva de corregulação.

Ademais, esperar desses subsistemas da sociedade global a mesma forma de representação política que existe no Estado — como se essa fosse a única régua possível para se aferir sua legitimidade democrática — é irreal. Como afirma Teubner, um princípio igualmente importante pode ser identificado e desenvolvido no contexto transnacional: o da autocontestação. Esse princípio requer que regimes transnacionais "sejam sensíveis a irritações externas de um lado e institucionalizem espaços de dissenso interno do outro".[362] Isso porque, na sua visão, os sujeitos com os quais

---

[360] TEUBNER, Gunther. BECKERS, Anna. Expanding Constitutionalism. *Indiana Journal of Global Legal Studies*, v. 20, n. 2, 2013, p. 526.
[361] NEVES, Marcelo. (Não)Solucionando problemas constitucionais: transconstitucionalismo além de colisões. *Lua Nova*, n. 93, 2014, p. 226-227.
[362] TEUBNER, Gunther. Quod omnes tangit: Transnational Constitutions without Democracy?. *Journal of Law and Society*, v. 45, n. S1, 2018, p. 14. Tradução livre.

esses regimes relacionam-se não podem ser encarados como um "coletivo unificado" no sentido de um único *demos*, mas sim como uma constelação plural de diferentes *demoi* que atuam em distintas esferas públicas de forma concomitante.[363] Ou seja, embora a sua legitimidade democrática não possa se realizar da mesma forma como ocorre no contexto nacional — em que há uma garantia de construção de consenso baseado na identidade entre governantes e governados —, isso não significa que *nenhum* tipo de legitimidade democrática seja possível ou realizável.

Entretanto, essa é uma discussão que deve ser avaliada à luz das duas pontes de transição indicadas acima. É dizer, o Estado continua sendo o *locus* onde a representação política é, por excelência, parte central e indispensável do exercício do poder público e, por isso, não pode ser simplesmente ignorado nos debates sobre constitucionalismo digital. O constitucionalismo estatal, assim, segue exercendo sua influência sobre a construção do constitucionalismo digital, ainda mais se considerarmos que são justamente os seus elementos que servem de ponto de partida para o processo de generalização e reespecificação que informa a constitucionalização de plataformas digitais, muito em razão da sua experiência histórica acumulada. O que muda é a forma como essa influência é exercida, materializando-se como corregulação e não apenas regulação. Isso reforça o ponto defendido por Celeste no sentido de que o constitucionalismo digital não é propriamente uma revolução na teoria constitucional.

Teubner, então, afirma que podemos identificar três coletivos (ou *demoi*) atuando em relação aos diferentes regimes transnacionais: *outsiders*, sujeitos de normas (*addressees*) e membros.[364] Como afirma o autor, "por meio de uma calibragem cuidadosa, esses três grupos de atores são transformados em contrainstituições que promovem a autocontestação democrática [de regimes transnacionais]".[365] Em primeiro lugar, os *outsiders* são responsáveis pelo exercício de uma espécie de *"pouvoir irritant"*, no sentido de que seu papel não é

---

[363] *Ibidem*, p. 16.
[364] TEUBNER, Gunther. Quod omnes tangit: Transnational Constitutions without Democracy?. *Journal of Law and Society*, v. 45, n. S1, 2018, p. 17.
[365] *Ibidem*, p. 29. Tradução livre.

constituir um novo regime mas sim contestá-lo e, por meio de pressões externas, influenciar a sua constitucionalização ou até mesmo forçar o início de um necessário processo de autorreflexão interna.[366]

Veja-se, nesse sentido, o papel indispensável de diferentes organizações da sociedade civil e da mídia na exposição de escândalos protagonizados por empresas de tecnologia e os impactos dessas campanhas na construção de normas internas de governança por parte de plataformas digitais. O Estado também tem um papel essencial a ser desempenhado nessa frente. Afinal, para a pressão externa se transformar em mudanças efetivas, é importante que algumas garantias sejam estabelecidas em lei, em especial os direitos específicos daqueles que são afetados pelas decisões tomadas dentro de um regime transnacional e também obrigações de transparência em relação a como essas decisões são tomadas e de acordo com quais critérios.[367] Não se pode desconsiderar, ainda, o próprio Estado-nação exercendo um *"pouvoir irritant"* por meio da mera ameaça de regulação, o que pode ser um elemento-chave no cálculo estratégico que leva à autorreflexão interna por parte de plataformas digitais que querem evitar interferências mais incisivas em suas respectivas esferas de autonomia.

Em segundo lugar, os sujeitos de normas (*addressees*) são aqueles atores diretamente impactados pelas regras e decisões de um determinado regime transnacional.[368] No caso de plataformas digitais, podemos nos referir aos usuários, ou seja, aqueles que criam, compartilham e interagem com conteúdos em aplicações como Facebook, Instagram, YouTube, Google, etc. Embora seja possível esperar alguma forma de contestação por parte desses sujeitos, é preciso reconhecer que eles são vítimas de uma relação assimétrica que restringe sobremaneira a possibilidade de coordenação de ações e esforços, muitas vezes até em razão da falta de transparência a respeito do funcionamento do regime transnacional ao qual se associam.

Iniciativas como o Projeto de Lei nº 2.630 no Brasil, por exemplo, buscam amenizar essa assimetria entre usuários e

---

[366] *Ibidem*, p. 18.
[367] *Ibidem*, p. 19.
[368] *Ibidem*, p. 20.

plataformas a partir da criação de dois mecanismos. Primeiro, obrigações específicas de transparência, oferecendo aos usuários (e à sociedade em geral) informações sobre como esses regimes operam e como são tomadas as decisões que influenciam o exercício de direitos fundamentais na era digital. Segundo, mecanismos de contestação de decisões, em especial aquelas provenientes do ecossistema de moderação de conteúdo, para que os usuários possam, por exemplo, solicitar a revisão de decisões que determinam a exclusão ou restrição dos seus conteúdos ou contas.

Em terceiro e último lugar, os membros são aqueles que formam o corpo profissional e organizado de determinado regime transnacional, ou seja, aqueles que "participam da preparação, produção e implementação das regras do regime".[369] Em termos de concretização do princípio da autocontestação em plataformas digitais, os membros desempenham um papel central e indispensável justamente pela sua proximidade aos centros de exercício do poder. Isso justifica, por exemplo, a crescente preocupação de se estabelecer uma rede de proteção legal aos chamados *whistleblowers*, ou seja, funcionários que decidem publicar informações antes sigilosas que comprovam condutas imorais, antiéticas ou até mesmo ilícitas por parte de seus empregadores.

Mas essa não é, naturalmente, a única forma pela qual os membros podem promover o princípio da autocontestação, devendo ser incluídos aqui outros mecanismos procedimentais que permitem a resolução de divergências internas e a racionalização de processos de tomada de decisão. Um exemplo são os fóruns públicos organizados pela Meta sobre a potencial atualização de suas regras e princípios de moderação de conteúdo. Nesses espaços, representantes de diferentes times da empresa — desde gerentes regionais de políticas públicas até engenheiros e programadores — compartilham suas propostas e preocupações para informar a decisão a ser tomada pela liderança de governança global a respeito do assunto em pauta. Importante notar que, por iniciativa do *Oversight Board*, a Meta também vem realizando um processo de engajamento com atores externos para consolidar suas posições e

---

[369] *Ibidem*, p. 21-22. Tradução livre.

opiniões e, posteriormente, levá-las ao fórum público, criando uma ponte entre *outsiders* e membros responsável pela institucionalização de novos espaços de autocontestação.

Isso reforça o ponto de Teubner de que nenhum desses três coletivos conseguiria, sozinho, tornar um regime transnacional mais responsivo e sensível ao contexto no qual está inserido.[370] Entretanto, de forma coordenada, os três coletivos podem articular preocupações e interesses em comum a ponto de induzir um processo realmente eficiente de autocontestação. Mas isso é apenas metade da equação. Como indicado anteriormente, o constitucionalismo societal afirma que a globalização leva à emergência de uma constelação de fragmentos constitucionais que se relacionam a partir de colisões normativas (*Verfassungskollisionsrecht*). Esse é um ponto essencial a ser extraído da teoria dos sistemas justamente porque a diferenciação funcional na globalidade faz com que regimes transnacionais se tornem altamente especializados em uma área específica de *policy*. Isso é justamente o oposto do que se vislumbra no Direito Constitucional doméstico, tendo em vista que "constituições nacionais são ordens holísticas e abrangentes nas quais até mesmo as regulações mais especializadas são inseridas em uma densa malha de normas nacionais que surgem das mais variadas áreas da vida".[371] O principal risco, portanto, é que regimes transnacionais altamente especializados acabem engessando o seu processo de autocontestação justamente pela perda de visão periférica causada pela diferenciação funcional.

Daí a importância que a autocontestação surja a partir de uma dinâmica de colisão normativa entre diferentes sistemas, incluindo o constitucionalismo estatal. É o que Teubner, ancorado na obra de Hegel, chama de "contestação heterárquica", ou seja, uma contestação mútua e institucionalizada entre diferentes ordens normativas na arena transnacional. Ou, para usar as palavras do próprio autor, a "autocontestação se verifica pelas colisões entre diferentes racionalidades quando se institucionalizam procedimentos pelos quais diferentes regimes podem ser estabilizados em relação aos

---

[370] *Ibidem*, p. 22.
[371] *Ibidem*, p. 22. Tradução livre.

demais", o que, por sua vez, "permite que se estimulem processos de aprendizagem adaptativa".[372]

É nesse sentido que o constitucionalismo digital não pode ser encarado como uma iniciativa de substituição do constitucionalismo no Estado por um constitucionalismo para além do Estado. Pelo contrário, o constitucionalismo digital pressupõe o estímulo a processos de aprendizagem adaptativa a partir da consolidação do princípio da autocontestação, o que, no caso de plataformas digitais, verifica-se através da estruturação de um quadro de corregulação. O regime constitucional estatal, portanto, permanece sendo um importante (e indispensável) ponto de referência a partir do qual elementos constitucionais podem ser generalizados, passando a informar o processo de constitucionalização interno das plataformas digitais a partir de sua reespecificação.

Entretanto, não se pode perder de vista que a natureza do poder exercido em regimes transnacionais é outra se comparada ao poder político estatal. Como indica Teubner, "é apenas em regimes 'públicos' que a autocontestação ataca o meio do poder político, enquanto em outros regimes a resistência deve ser desenvolvida diante de outros meios de comunicação — contra o dinheiro, conhecimento, lei, cálculo digital".[373] Em plataformas digitais, por exemplo, os mecanismos de contestação devem ser desenvolvidos em um meio específico de comunicação, qual seja, a comunicação algorítmica e seus reflexos imediatos para as diferentes facetas de sua infraestrutura técnica, incluindo o ecossistema de moderação de conteúdo e comportamento.

Isso significa dizer que alguns instrumentos de contestação que tradicionalmente configuram os contornos do poder político no Estado-nação — como eleições, representação política, partidos políticos, referendos, audiências públicas, etc. — podem não funcionar corretamente para além desse contexto. Em linhas gerais, é possível e desejável que a governança interna de plataformas digitais tenha no constitucionalismo estatal o seu ponto de referência, mas, ainda assim, "métodos de contestação precisam ser calibrados

---

[372] *Ibidem*, p. 29. Tradução livre.
[373] *Ibidem*, p. 26. Tradução livre.

cuidadosamente de acordo com a episteme idiossincrática do regime transnacional em questão".[374] Isso se dá por meio da generalização e reespecificação, sendo alguns exemplos práticos abordados no próximo capítulo.

Em um estudo sobre o constitucionalismo societal na era digital, Teubner e Golia afirmam que é preciso ir além do poder político para que seja possível construir limites constitucionais ao exercício do poder algorítmico, uma vez que os algoritmos de plataformas digitais "induzem uma fusão de produção, aplicação e imposição unilateral de regras, colocando em risco aspectos civilizatórios [...] do Estado de Direito".[375] Ademais, os autores refutam as críticas apresentadas anteriormente e reforçam a centralidade e importância do Estado-nação também no arranjo constitucional transnacional. Nas suas palavras, ao invés de focar apenas na autorregulação de ordens privadas transnacionais e advogar por um recuo completo da regulação estatal como alguns críticos parecem crer, o constitucionalismo societal "sugere a inclusão de normatividades emergindo de todos os campos sociais, incluindo a política baseada no Estado [...] e até mesmo regulação estatal, desde que orientada para uma efetiva constitucionalização [de regimes transnacionais]".[376] Ou seja, a constitucionalização de plataformas digitais depende de algum grau de interferência da política estatal, o que, como argumentado, deve se materializar dentro de um quadro de corregulação.

Reis e Keller, por sua vez, concluem o seu estudo com um argumento sobre a "indispensabilidade da constituição para mitigar assimetrias de poder mesmo — e principalmente — em contextos de transformação advindos da globalização e de alterações das dinâmicas do poder privado".[377] O que se vislumbra a partir do mapeamento da literatura sobre constitucionalismo digital, entretanto, não é um argumento de dispensabilidade da

---

[374] *Ibidem*, p. 27. Tradução livre.
[375] TEUBNER, Gunther. GOLIA, Angelo Jr. *Societal Constitutionalism in the Digital World: An Introduction*. Max Planck Institute for Comparative Public Law & International Law Research Paper Series, n. 2023-11, 2023, p. 5. Tradução livre.
[376] *Ibidem*, p. 15-16. Tradução livre.
[377] PEREIRA, Jane Reis Gonçalves; KELLER, Clara Iglesias. Constitucionalismo digital: contradições de um conceito impreciso. *Revista Direito e Praxis*, v. 13, n. 4, 2022, p. 2652.

Constituição. Como visto, diferente do que seus críticos acreditam, o constitucionalismo digital — ao menos na formulação desenvolvida por autores como Suzor, Celeste e De Gregorio — não é uma tentativa de "reformular os conceitos de constituição e constitucionalismo",[378] mas sim de colocá-los em contexto diante da ascensão de subsistemas sociais na arena transnacional ao *status* de "impérios na nuvem".

O que surge, portanto, é uma espécie de constitucionalismo híbrido; parte nacional, parte societal. Ou seja, o constitucionalismo digital busca enfrentar um fenômeno social que há muito se apresenta de forma clara e inequívoca — qual seja, a sociedade em rede ou sociedade algorítmica[379] — a partir, vale sempre destacar, da sua indispensável conexão com o constitucionalismo moderno. Daí, mais uma vez, a perspectiva de que o "digital" em "constitucionalismo digital" é adjunto adverbial e não necessariamente aponta para uma nova e autônoma vertente da teoria constitucional. Sua legitimidade, portanto, *depende* das pontes de transição (ou então das colisões normativas) entre o regime constitucional do Estado-nação e o regime transnacional em questão. Não se trata, assim, de um discurso *autônomo* de legitimação, pelo contrário.

3.3.2 Propondo uma nova agenda para o constitucionalismo digital

De toda sorte, resta evidente que ainda há, como aponta Reis e Keller, certa "desordem conceitual" em torno da literatura sobre constitucionalismo digital. Em linhas gerais, é possível identificar ao todo três correntes distintas. A primeira, inaugurada por Suzor em sua tese de doutorado, foca no processo de constitucionalização de empresas de tecnologia em si na arena transnacional, especialmente plataformas digitais, e guarda uma proximidade teórica com o

---

[378] *Ibidem*, p. 2652.
[379] Manuel Castells, por exemplo, vem pautando esse debate a partir do viés da sociologia desde pelo menos 1996. Ou seja, são quase três décadas de discussões acadêmicas sobre os impactos da Internet sobre a organização social contemporânea. CASTELLS, Manuel. *A sociedade em rede*. São Paulo: Paz & Terra, 2013.

constitucionalismo societal. A segunda, que tem como principal marco o estudo quantitativo de Redeker *et al.*, usa o conceito para rotular uma constelação de declarações de princípios e direitos para a Internet,. A terceira, por fim, vem ganhando contornos a partir de alguns estudos publicados no Brasil, com destaque para o artigo de Gilmar Mendes e Victor Fernandes. Esses autores sugerem que o constitucionalismo digital oferece uma nova lente hermenêutica para a jurisdição constitucional em sua tarefa de salvaguardar direitos fundamentais na sociedade digital. Celeste, em um artigo buscando sistematizar as diferentes correntes do constitucionalismo digital e identificar um fio condutor que seja minimamente comum ou consensual, propõe que o termo pode ser visto como uma "ideologia que adapta os valores do constitucionalismo contemporâneo para a sociedade digital".[380]

Em que pese a contribuição de Celeste para a organização sistemática do campo, fato é que não podemos ignorar a existência de verdadeiras incompatibilidades entre os diferentes usos do termo. E aqui a crítica de Costello já mencionada acima parece ganhar especial tração, no sentido de que "o termo [constitucionalismo] em si é raramente interrogado de forma substancial com o mesmo entusiasmo que caracteriza o seu uso".[381] É justamente a falta de uma maior interrogação conceitual que, ao menos em parte, leva à ramificação da literatura trabalhada ao longo deste capítulo. Isso acaba, em certos momentos, por dissociar o constitucionalismo digital da base teórico-normativa que lhe dá sustento, em especial do constitucionalismo societal e das discussões esboçadas acima sobre o constitucionalismo para além do Estado em geral.

Nota-se, entretanto, que isso não é algo necessariamente negativo, sendo antes parte de uma incontornável "dor de crescimento" conceitual e teórica. Divergências são bem-vindas e nos permitem avançar o debate por meio da busca por uma síntese. Assim, parece exagerado afirmar que essa "desordem conceitual [...] compromete a integridade epistêmica do constitucionalismo digital

---

[380] CELESTE, Edoardo. Digital constitutionalism: a new systematic theorization. *International Review of Law, Computers & Technology*, v. 33, n. 1, p. 76-99, 2019. Tradução livre.
[381] COSTELLO, Róisín Á. *Faux Ami? Interrogating the normative coherence of 'digital constitutionalism'*. *Global Constitutionalism*, 2023, p. 9. Tradução livre.

e sua utilidade como teoria explicativa e de legitimação".[382] Críticas dessa natureza são, na visão de Teubner e Golia, "precipitadas", já que a ambiguidade que se instalou dentro do conceito é o que permite "a coexistência de múltiplos discursos com uma visão normativa compartilhada que podem coexistir e, potencialmente, compensar os limites uns dos outros".[383] Ou seja, não se trata propriamente de *confusão*, mas sim de *construção* conceitual.

Considerando justamente esse processo de construção conceitual e a busca por uma síntese na literatura atual, parece adequado, nesse momento, propor uma nova agenda ao constitucionalismo digital. Para tal, é preciso retomar uma das principais questões apontadas por Costello em seu artigo. A autora argumenta, com razão, que falta ao constitucionalismo digital elementos que são próprios do "núcleo normativo" do constitucionalismo moderno. São eles: restrições estruturais ao exercício do poder central, regras que garantam a aderência do poder central às mesmas restrições, um requisito mínimo de que as regras elaboradas pelo poder central sejam claras e consistentes e, por fim, mecanismos para que aqueles afetados por tais decisões possam contestá-las ou exigir seu cumprimento forçado.[384]

O constitucionalismo moderno conta com uma dimensão arquitetônica ou estrutural que dá sustento às suas demais dimensões normativas. É o que alguns autores chamam de *design* constitucional, um campo de investigações que se debruça justamente sobre o processo de construção de novas constituições (ou de atualização de constituições existentes) que levam à formulação de restrições estruturais ao poder central, processos claros e predefinidos de elaboração e implementação de normas constitucionais, sistemas de freios e contrapesos que garantem aderência às normas elaboradas, mecanismos de contestação de decisões pelos órgãos competentes, entre outros.[385] Importante

---

[382] PEREIRA, Jane Reis Gonçalves; KELLER, Clara Iglesias. Constitucionalismo digital: contradições de um conceito impreciso. *Revista Direito e Praxis*, v. 13, n. 4, 2022, p. 2667.

[383] TEUBNER, Gunther. GOLIA, Angelo Jr. *Societal Constitutionalism in the Digital World: An Introduction*. Max Planck Institute for Comparative Public Law & International Law Research Paper Series, n. 2023-11, p. 14. Tradução livre.

[384] COSTELLO, Róisín Á. *Faux Ami? Interrogating the normative coherence of 'digital constitutionalism'*. Global Constitutionalism, 2023, p. 11.

[385] Para uma discussão geral acerca do *design* constitucional enquanto campo de investigações acadêmicas, ver GINSBURG, Tom (Ed.). *Comparative Constitutional Design*. Cambridge: Cambridge University Press, 2012.

salientar que o uso do termo *"design"* não é uma sugestão de que se trata de uma tarefa tecnocrática ou neutra de construção de estruturas constitucionais, servindo apenas como um marcador que indica que estamos diante de uma dimensão específica do constitucionalismo enquanto campo de investigações acadêmicas.[386]

Essa lacuna deve ser preenchida a partir de uma agenda que se proponha a investigar como pode se dar a generalização e reespecificação desses elementos estruturais do constitucionalismo, sempre, é claro, diante das nuanças e especificidades da infraestrutura técnica e social das plataformas digitais. Em geral, os estudos que hoje orientam a literatura sobre o tema preocupam-se sobremaneira com a tradução de direitos e liberdades fundamentais para a seara digital. Veja-se, por exemplo, as discussões propostas por Celeste sobre como o direito à não discriminação é traduzido para a Internet enquanto princípio da neutralidade de rede ao passo que o direito à privacidade desdobra-se em diferentes facetas, incluindo a proteção de dados pessoais e o direito ao uso da criptografia em aplicações de mensagem privada na Internet.[387]

No mesmo sentido, De Gregorio dedica a maior parte de sua obra para discutir a proteção da liberdade de expressão e a proteção de dados pessoais em plataformas digitais à luz do constitucionalismo digital, especificamente no contexto da União Europeia.[388] Suzor, por sua vez, sugere que a constitucionalização de intermediários na Internet passa pela instauração de limites ao seu poder em duas frentes.[389] Primeiro, limites procedimentais a respeito de como suas regras são formuladas e aplicadas. Segundo, promoção e proteção de direitos e liberdades fundamentais.

---

[386] Há um longo debate acadêmico sobre a aplicabilidade do termo *"design"* para se referir ao processo de formação constitucional, nesse sentido ver HIRSCHL, Ran. *The Design Sciences and Constitutional "Success"*. Texas Law Review, v. 87, p. 1339-1374, 2009. HOROWITZ, Donald. *Constitutional Design: Proposals versus Processes*. In: REYNOLDS, Andrew (Ed.). *The Architecture of Democracy: Constitutional Design, Conflict Management, and Democracy*. Oxford; Oxford University Press, 2002, p. 15-36.

[387] CELESTE, Edoardo. *Digital Constitutionalism: The Role of Internet Bills of Rights*. Nova Iorque: Routledge, 2023, p. 187-191.

[388] DE GREGORIO, Giovanni. *Digital Constitutionalism in Europe: Reframing Rights and Powers in the Algorithmic Society*. Cambridge: Cambridge University Press, 2022, p. 157-273.

[389] SUZOR, Nicolas P. *Lawless: The Secret Rules that Govern our Digital Lives*. Cambridge: Cambridge University Press, 2019, p. 115.

Embora a primeira frente apresentada por Suzor esteja relacionada a um dos elementos indicados por Costello — que se relacionam, por sua vez, com o núcleo normativo do constitucionalismo na perspectiva da autora —, o que se percebe é que as discussões sobre constitucionalismo digital até então não dedicaram o tempo e o esforço necessários para avaliar como deve se dar a construção de estruturas constitucionais em plataformas digitais, em especial restrições estruturais ao poder central e sistemas de freios e contrapesos que garantam aderência às normas elaboradas. A autorreflexão interna de regimes transnacionais só levará a uma efetiva constitucionalização se, a partir desse processo, for possível constatar a emergência de um sistema constitucional robusto que conte com diferentes estruturas constitucionais operacionais. Mais do que isso, tais estruturas devem ser calibradas à luz da "episteme idiossincrática do regime transnacional em questão".[390]

---

[390] TEUBNER, Gunther. Quod omnes tangit: Transnational Constitutions without Democracy?. *Journal of Law and Society*, v. 45, n. S1, 2018, p. 27. Tradução livre.

4. APLICAÇÕES PRÁTICAS DO CONSTITUCIONALISMO DIGITAL

A partir das reflexões apresentadas no capítulo anterior, o presente capítulo tem dois objetivos. Primeiro, avaliar como estruturas constitucionais podem ser pensadas e implementadas na arena digital, tomando como exemplo principal a estruturação de uma "constituição de emergência" (*emergency constitution*) nas plataformas da empresa Meta — Instagram e Facebook — a partir de algumas decisões tomadas pelo *Oversight Board* desde 2021. Segundo, sugerir caminhos para a regulação estatal de plataformas digitais que levem em consideração o quadro de corregulação para o qual o constitucionalismo digital aponta, focando, também, em questões estruturais capazes de garantir a estabilização externa à qual Teubner e Beckers se referem. Em relação ao segundo objetivo, será adotado como estudo de caso o Projeto de Lei nº 2.630, de 2020, no Brasil.

4.1 O *Oversight Board* do Facebook

Em 1997, Andrew Weinreich, na época um advogado de 28 anos que decidiu tentar sua sorte como empresário no emergente mercado digital, teve a ideia de criar um *site* que serviria como um "índex de relações sociais" para a Internet.[391] Weinreich baseou-se na influente hipótese da sociologia — que, na verdade, foi articulada pela primeira vez em um livro de contos do escritor húngaro Frigyes Karinthy de 1929 — de que todos os seres humanos no planeta estão separados por apenas seis conexões sociais.[392] Assim nasceu o *sixdegrees.com*, uma das primeiras plataformas digitais baseadas em uma arquitetura de rede social cujo objetivo primordial é conectar pessoas e estabelecer relações interpessoais na web. Embora a

---

[391] LEVY, Steven. *Facebook: The Inside Story*. Londres: Penguin Business, 2020, p. 19.
[392] *Ibidem*, p. 19-20.

empresa de Weinreich não tenha sido bem-sucedida financeiramente como outras que surgiram no início dos anos 2000, ela lançou as bases do que se tornaria, poucos anos depois, uma verdadeira revolução digital (e social).

A experiência do *sixdegrees.com* mostrou para a indústria que redes sociais digitais beneficiam-se de uma dinâmica específica de retroalimentação. Essa dinâmica é responsável pela consolidação de incentivos estruturais para que cada vez mais pessoas se associem à plataforma. Escrevendo sobre a ascensão de um "público em rede" na era digital (*networked public*), Zeynep Tufekci afirma que "essas plataformas de Internet se aproveitam [...] dos efeitos de rede — quanto mais pessoas as usam, mais útil elas se tornam".[393] Assim, como vários usuários já estão, por exemplo, no Facebook, "existem grandes incentivos para novas pessoas se juntarem à plataforma, ainda que elas não gostem de suas políticas ou funções".[394] Em outras palavras, o valor de uma rede social é diretamente proporcional ao número de usuários que ela consegue atrair ao longo do tempo. Quanto maior o número de usuários, maior será o incentivo para que novas pessoas também criem suas contas.

Mark Zuckerberg foi o maior beneficiário desse legado. Em 2004, ao lado de alguns colegas de universidade, Zuckerberg criou o *Thefacebook*. Segundo a descrição em sua página inicial na Internet, a plataforma consistia em um "diretório *on-line* para conectar pessoas às redes sociais de suas universidades".[395] O próprio *site* dava algumas dicas de como seus novos usuários poderiam usá-lo, por exemplo, para buscar pessoas da sua universidade, ver quem é amigo dos seus amigos, visualizar a sua "rede social" em gráficos e até mesmo descobrir quem está cursando as mesmas matérias que você. No rodapé de todas as páginas do *Thefacebook*, seu criador buscou deixar o mais claro possível quem estava à frente do projeto: "*a Mark Zuckerberg production*" — um verdadeiro prenúncio para as disputas pelo controle da empresa anos depois.

---

[393] TUFEKCI, Zeynep. *Twitter and Tear Gas: The Power and Fragility of Networked Protest*. New Haven: Yale University Press, 2017, p. 20. Tradução livre.
[394] *Ibidem*, p. 20. Tradução livre.
[395] LEVY, Steven. *Facebook: The Inside Story*. Londres: Penguin Business, 2020, p. 63. Tradução livre.

Em 2004, a plataforma só podia ser acessada por alunos que tivessem um endereço de *e-mail* registrado no domínio Harvard.edu. O seu grande e rápido sucesso, entretanto, levou Zuckerberg a expandir para outras universidades nos Estados Unidos e, anos depois, para o mundo inteiro.

Em 2012, o Facebook tornou-se a primeira rede social a atingir a surpreendente marca de 1 bilhão de usuários ativos. Hoje, segundo dados de 2023, a plataforma já conta com mais de 3 bilhões de usuários ativos mensais globalmente. Entretanto, para usar a célebre frase da cultura pop, "com grandes poderes vêm grandes responsabilidades". Controlar e moderar o discurso e o comportamento de aproximadamente 38% da população mundial não é, naturalmente, uma tarefa trivial. Os desafios são inúmeros e se apresentam em uma escala e velocidade nunca vistas antes, tornando humana e tecnicamente impossível que erros não sejam cometidos ao longo do processo. Para dificultar ainda mais a superação desses obstáculos, a filosofia do Facebook no início de sua operação era "mover-se rapidamente e quebrar coisas" (*move fast and break things*), naturalizando, assim, certos danos estruturais que seriam causados pela empresa e deixando estratégias de mitigação em segundo plano. Ou, como explica Steven Levy, a ética de trabalho no Facebook passou a ser "mover-se rapidamente e consertar depois".[396]

Direta ou indiretamente, essa mentalidade corporativa fez com que o Facebook ignorasse ou, ao menos, subestimasse os impactos da plataforma na sociedade, em especial no que diz respeito ao funcionamento de seus protocolos e mecanismos de moderação. A postura da empresa só sofreu mudanças significativas após uma série de episódios que receberam grande atenção midiática a partir de 2016. Em setembro daquele ano, por exemplo, o escritor norueguês Tom Egeland postou em sua conta do Facebook a famosa foto da "Garota Napalm", um registro feito pelo fotógrafo Nick Ut durante um ataque militar à cidade de Trang Bang no Vietnã. A imagem da garota de nove anos de idade correndo pela rua sem roupas e gritando em desespero foi considerada uma violação dos padrões da comunidade do Facebook — muito provavelmente

---

[396] *Ibidem*, p. 111. Tradução livre.

por conter nudez infantil — e, por isso, removida da plataforma. Egeland, entretanto, conseguiu chamar a atenção de um dos maiores jornais em circulação na Noruega, o *Aftenposten*, que noticiou o caso em sua capa e publicou uma carta direcionada ao Facebook acusando a empresa de censura. A repercussão foi tamanha que, pela primeira vez, o time de governança de conteúdo da plataforma passou a discutir formas de, ao longo do processo de moderação, avaliar o contexto no qual certos conteúdos estão inseridos.[397]

Mas esse não foi, nem de longe, o principal desafio de relações públicas enfrentado pela plataforma naquele ano. Durante as eleições presidenciais nos Estados Unidos em 2016, o Facebook foi acusado de ser conivente com campanhas de desinformação que favoreceram o candidato Donald J. Trump — como a conspiração do *pizzagate*[398] e a falsa notícia de que o Papa Francisco apoiava o candidato republicano[399] —, incluindo, ainda, uma iniciativa coordenada e patrocinada pelo Kremlin com o intuito interferir no processo eleitoral estadunidense e manchar a reputação de Hilary Clinton.[400] Dois anos depois, em 2018, o Facebook enfrentou possivelmente o seu maior escândalo em razão do compartilhamento de dados pessoais de seus usuários com a extinta empresa de consultoria política Cambridge Analytica.[401] O aplicativo criado por um dos colaboradores da empresa e disponibilizado no Facebook até

---

[397] KLONICK, Kate. The Facebook Oversight Board: Creating an Independent Institution to Adjudicate Online Free Expression. *The Yale Law Journal*, v. 129, 2020, p. 2439-41.

[398] O *pizzagate* foi uma teoria da conspiração compartilhada em redes sociais que acusava membros do Partido Democrata, incluindo Hillary Clinton, de frequentarem uma pizzaria em Washington onde crianças vítimas do tráfico internacional eram supostamente comercializadas. AISCH, Gregor *et al*. Dissecting the #PizzaGate Conspiracy Theories. *The New York Times*, 10 dez. 2016. Disponível em: https://www.nytimes.com/interactive/2016/12/10/business/media/pizzagate.html. Acesso em: 19 dez. 2023.

[399] SUBRAMANIAN, Samantha. *Inside the Macedonian Fake-News Complex*. WIRED, 15 fev. 2017. Disponível em: https://www.wired.com/2017/02/veles-macedonia-fake-news/. Acesso em: 19 dez. 2023.

[400] Ver, em geral, CHEN, Adrian. The Agency. *The New York Times Magazine*, 02 jun. 2015. Disponível em: https://www.nytimes.com/2015/06/07/magazine/the-agency.html. Acesso em: 19 dez. 2023. HOWARD, Philip N. *Lie Machines: How to save democracy from troll armies, deceitful robots, junk news operations, and political operatives*. New Haven: Yale University Press, 2020, p. 29-53.

[401] CADWALLADR, Carole. GRAHAM-HARRISON, Emma. Revealed: 50 million Facebook profiles harvested for Cambridge Analytica in major data breach. *The Guardian*, 17 mar. 2018. Disponível em: https://www.theguardian.com/news/2018/mar/17/cambridge-analytica-facebook-influence-us-election. Acesso em: 19 dez. 2023.

2015 — um teste de personalidade chamado *thisisyourdigitallife* — foi usado indevidamente para coletar dados de milhões de usuários da plataforma e alimentar a base de dados da consultoria que, por sua vez, prestava serviços para candidatos e partidos políticos ao redor do mundo, incluindo a campanha de Trump em 2016. Ademais, ainda em 2018, também ganhou repercussão midiática o uso do Facebook e do WhatsApp por militares e figuras públicas em Mianmar para espalhar discurso de ódio e justificar o genocídio da minoria islâmica Rohingya no país, causando uma grave crise humanitária na região.[402]

De um *site* criado para conectar alunos de Harvard em 2004, o Facebook passou a ser um dos assuntos mais comentados globalmente entre 2016 e 2018 em razão dos seus profundos impactos sociais e políticos. A empresa que queria "mover-se rapidamente e quebrar coisas" estava sendo forçada a pausar por um instante, olhar para trás e varrer os cacos. Essa mudança de atitude ficou clara quando Mark Zuckerberg foi convocado para depor pela primeira vez perante o Senado dos Estados Unidos em 2018 e explicar quais medidas seriam adotadas para evitar casos como o da Cambridge Analytica no futuro, além de enfrentar temas sensíveis, como a proteção da liberdade de expressão *on-line* e o combate ao terrorismo na Internet.[403] Prevendo uma maior exposição pública, Zuckerberg havia embarcado, ao longo do ano de 2017, em uma longa viagem por diversas regiões dos Estados Unidos para conversar com diferentes atores e passar a mensagem de que o Facebook foi criado para conectar pessoas e não dividi-las, como havia ocorrido durante as eleições de 2016.[404]

Mesmo diante de toda essa pressão governamental e escrutínio público, não se pode perder de vista o que foi abordado ao longo deste trabalho a respeito da natureza transnacional de plataformas como o Facebook e a consequente limitação do poder regulatório clássico do Estado-nação. Como afirma Kate Klonick, "a operação

---

[402] MOZUR, Paul. A Genocide Incited on Facebook, with Posts from Myanmar's Military. *The New York Times*, 15 out. 2018. Disponível em: https://www.nytimes.com/2018/10/15/technology/myanmar-facebook-genocide. Acesso em: 19 dez. 2023.

[403] KLONICK, Kate. The Facebook Oversight Board: Creating an Independent Institution to Adjudicate Online Free Expression. *The Yale Law Journal*, v. 129, 2020, p. 2442-45.

[404] LEVY, Steven. *Facebook: The Inside Story*. Londres: Penguin Business, 2020, p. 368-70.

transnacional de plataformas de tecnologia moveu essas entidades para além de noções tradicionais de *accountability* regulatório — particularmente no que diz respeito à moderação de conteúdo e liberdade de expressão".[405] Embora esse período tenha sido marcado pela emergência de algumas regulações estatais influentes, como a NetzDG na Alemanha em 2017, toda essa "pressão social coordenada" — no sentido trabalhado por Suzor[406] — contribuiu com o início de um necessário processo de autorreflexão interna no Facebook e em outras empresas de tecnologia. Foi nesse momento, por exemplo, que diferentes organizações da sociedade civil, após diversas iniciativas e negociações, conseguiram criar junto ao Facebook o programa *"Trusted Partner"* que "coloca organizações não governamentais em diálogo com a plataforma em torno de questões importantes de liberdade de expressão".[407] Esse é um bom exemplo de como podem se estabelecer pontes de transição entre diferentes ordens normativas no plano transnacional, auxiliando na transmissão de valores e princípios públicos para dentro da governança privada de empresas de tecnologia.

4.1.1 Dois amigos e uma bicicleta

Foi justamente à luz desse contexto conturbado que surgiu a ideia de criar um *Oversight Board* ou Comitê de Supervisão independente para decidir, em última instância e de forma vinculante, casos de moderação de conteúdo advindos das plataformas da Meta, em especial Facebook e Instagram. Os sucessivos escândalos mencionados acima serviram como uma espécie de "momento constitucional" para a empresa. Como explica Suzor, as plataformas estão sob crescente pressão por maior responsabilidade e *accountability*, já que tomam decisões que afetam

---

[405] KLONICK, Kate. The Facebook Oversight Board: Creating an Independent Institution to Adjudicate Online Free Expression. *The Yale Law Journal*, v. 129, 2020, p. 2446. Tradução livre.
[406] SUZOR, Nicolas P. *Lawless: The Secret Rules that Govern our Digital Lives*. Cambridge: Cambridge University Press, 2019, p. 122.
[407] KLONICK, Kate. The Facebook Oversight Board: Creating an Independent Institution to Adjudicate Online Free Expression. *The Yale Law Journal*, v. 129, 2020, p. 2446-47. Tradução livre.

todos os seus usuários — e até mesmo indiretamente pessoas que não usam os seus serviços — sem o mínimo de transparência.[408] Essa pressão, então, tem levado empresas como a Meta a "um momento de profunda mudança que abre oportunidades para se imaginar novas formas de regular a Internet".[409] Usando o conceito de constitucionalismo digital, o autor refere-se a esse novo "momento constitucional" para a governança digital como uma oportunidade de "construir consenso e mobilizar a pressão social necessária para forçar empresas de tecnologia a criar e aplicar seus próprios limites constitucionais".[410]

Para o Facebook, a sua "chamada constitucional" veio em forma de um *insight* tido por Noah Feldman, professor de Direito Constitucional da Harvard Law School. Segundo história compartilhada pelo próprio professor, a ideia surgiu ao longo de um passeio de bicicleta em uma viagem para a Califórnia em janeiro de 2018, no qual ficou hospedado na casa de uma colega da sua época de graduação em Harvard.[411] Refletindo sobre a sucessão de escândalos enfrentados pelo Facebook desde 2016 e o papel da empresa na proteção da liberdade de expressão de bilhões de pessoas, Feldman chegou à conclusão de que a plataforma deveria desenvolver um "sistema semilegal" (*quasi-legal system*) de proteção de direitos e garantias e, para isso, precisaria criar sua própria "suprema corte".[412] Essa instituição, por sua vez, agiria com independência e autonomia em relação ao ecossistema de moderação de conteúdo já implementado pela empresa, o qual consiste em uma combinação de algoritmos, trabalhadores terceirizados e funcionários próprios. Seria, portanto, um órgão de

---

[408] SUZOR, Nicolas. A constitutional moment: How we might reimagine platform governance. *Computer Law & Security Review*, v. 36, 2020, p. 2.
[409] *Ibidem*, p. 2. Tradução livre.
[410] *Ibidem*, p. 3. Tradução livre.
[411] Essa história foi compartilhada com seus alunos em sala de aula durante o curso "Social Media & The Law", na Harvard Law School, no segundo semestre de 2019. Ver, em geral, SULLIVAN, Mark. *Exclusive: The Harvard professor behind Facebook's Oversight Board defends its role*. Fast Company, 08 de julho de 2019. Disponível em: https://www.fastcompany.com/90373102/exclusive-the-harvard-professor-behind-facebooks-oversight-board-defends-its-role. Acesso em: 20 dez. 2023.
[412] FELDMAN, Noah. *A Supreme Court for Facebook*. Facebook Newsroom, 30 de janeiro de 2018. Disponível em: https://about.fb.com/news/2019/06/global-feedback-on-oversight-board/. Acesso em: 20 dez. 2023.

supervisão e harmonização de decisões de moderação, trazendo mais transparência, previsibilidade e estabilidade para um sistema altamente opaco e errático.

Em um curto memorando datado de 30 de janeiro de 2018, Feldman direciona-se à liderança do Facebook e aborda uma série de temas relacionados ao constitucionalismo digital.[413] Por exemplo, o professor avalia os limites do Estado, referindo-se especialmente ao governo dos Estados Unidos, e afirma que "cabe às próprias plataformas agir como governos e estabelecer um equivalente privado do princípio constitucional de liberdade de expressão" que, por sua vez, "seria desenvolvido por meio de um processo público e fundamentado de argumentação, resolução e evolução".[414] Coincidência ou não, Feldman havia publicado há três meses uma biografia de James Madison,[415] talvez o principal arquiteto constitucional dos Estados Unidos e responsável pelo chamado "Plano Virgínia", que serviu de base para a convenção constituinte na Filadélfia em 1787. Madison, como visto acima, dedicou boa parte dos seus estudos e escritos para refletir sobre a limitação do poder político que, para ele, está sempre sujeito a abusos por se encontrar em mãos humanas. Sua célebre solução constitucional para esse dilema é o sistema de freios e contrapesos, por meio do qual a ambição de um poder serve de contraponto para a ambição de outro poder, estabelecendo, assim, um equilíbrio dinâmico entre os três poderes no Estado.[416]

O que Feldman estava propondo com a criação de uma "suprema corte" para o Facebook, assim, pode ser lido como a reespecificação do sistema de freios e contrapesos para limitar o poder até então exercido pela empresa de forma discricionária e sem *accountability* — e, o que é mais importante, sem desconsiderar o contexto transnacional da arena onde tal poder é exercido em um primeiro momento. Vale destacar que a proposição de Feldman,

---

[413] *Ibidem*.
[414] *Ibidem*. Tradução livre.
[415] FELDMAN, Noah. *The Three Lives of James Madison: Genius, Partisan, President*. Londres: Random House, 2017.
[416] MADISON, James. *The Federalist No. 51*. In: HAMILTON, Alexander *et al. The Federalist*. Indianapolis: Liberty Fund, 2001, p. 268.

embora bem articulada e fundamentada, não é necessariamente inovadora.[417] Acadêmicos e ativistas já ventilavam a possibilidade de redes sociais implementarem processos independentes e externos de revisão de decisões antes de Feldman escrever seu memorando. Parte dessas discussões levou, inclusive, à adoção dos Princípios de Santa Clara em 2018, cujo terceiro princípio sugere que "processos externos e independentes de revisão também podem se tornar um importante componente para usuários que buscam reparação".[418] Feldman, entretanto, tinha algo que outros acadêmicos e ativistas não tinham: sua amiga de graduação que lhe oferecera hospedagem na Califórnia era Sheryl Sandberg, que à época ainda ocupava o cargo de *Chief Operations Officer* (COO) no Facebook e estava abaixo apenas de Mark Zuckerberg na pirâmide hierárquica corporativa. Feldman entregou seu memorando à Sandberg que, por sua vez, repassou-o para Zuckerberg.

Essa instituição, nos moldes propostos por Feldman, teria a capacidade de cristalizar o princípio da autocontestação, ao menos no que diz respeito à aplicação das políticas da empresa quando da moderação de conteúdo. Lembre-se que, para Teubner, tal princípio requer que regimes transnacionais "sejam sensíveis a irritações externas de um lado e institucionalizem espaços de dissenso interno do outro".[419] A "suprema corte" do Facebook proposta pelo professor de Harvard cumpria os dois requisitos: era uma resposta às legítimas e sucessivas irritações externas às quais a plataforma se sujeitou desde 2016 e, ao mesmo tempo, uma tentativa de institucionalizar um espaço autônomo e independente de dissenso interno que fosse capaz de criar uma atmosfera de *accountability* e responsabilidade em relação ao conteúdo e comportamento dos seus usuários. Como explica Klonick, o diminuto espaço de contestação que existia dentro da plataforma até então não seguia um modelo baseado em garantias procedimentais, mas sim em uma relação desordenada

---

[417] KLONICK, Kate. The Facebook Oversight Board: Creating an Independent Institution to Adjudicate Online Free Expression. *The Yale Law Journal*, v. 129, p. 2448-50, 2020.

[418] A primeira versão dos Princípios de Santa Clara está disponível para acesso em https://santaclaraprinciples.org/scp1/. Tradução livre.

[419] TEUBNER, Gunther. Quod omnes tangit: Transnational Constitutions without Democracy?. *Journal of Law and Society*, v. 45, n. S1, 2018, p. 14. Tradução livre.

de reclamações e meias respostas.[420] A proposta de Feldman, ao seu turno, buscava justamente inverter esse cenário e, assim, oferecer à empresa uma oportunidade de "preservar seu poder privado sobre suas políticas e produto ao mesmo tempo que [garante] engajamento de longo prazo ao se alinhar às expectativas dos usuários por maior *accountability*".[421]

Zuckerberg recebeu a proposta com entusiasmo das mãos de Sandberg. O CEO contratou Feldman como uma espécie de consultor e solicitou uma nova versão da proposta, dessa vez com detalhes práticos de como a "suprema corte" poderia ser implementada, incluindo sua composição, escopo de atuação e relação com a empresa. Em um documento datado de março de 2018, Feldman deu algumas sugestões de como implementar essa nova solução de governança e indicou que a instituição deveria emular algumas funções de cortes constitucionais nacionais: sopesar princípios e valores no caso concreto, garantir aos envolvidos uma oportunidade de serem ouvidos, explicar de forma justificada e pública as razões de suas decisões, formar um corpo de precedentes a partir de decisões passadas e atuar de forma independente dentro de uma esfera pré-delimitada.[422] Já no mês seguinte, em abril de 2018, Zuckerberg concedeu uma entrevista na qual disse estar interessado em construir um sistema de revisão independente de decisões, "quase como uma suprema corte, composta por pessoas independentes que não trabalham para o Facebook e decidem em última instância o que deve ser considerado [...] aceitável dentro de uma comunidade que reflete normas e valores sociais de pessoas do mundo inteiro".[423]

O primeiro passo concreto nessa direção foi dado ainda no final de abril de 2018, quando Monika Bickert, a Vice-Presidente

---

[420] KLONICK, Kate. The Facebook Oversight Board: Creating an Independent Institution to Adjudicate Online Free Expression. *The Yale Law Journal*, v. 129, 2020, p. 2447-2448.
[421] *Ibidem*, p. 2448. Tradução livre.
[422] FELDMAN, Noah. *Facebook Supreme Court: A Governance Solution*. Facebook Newsroom, março de 2018. Disponível em: https://about.fb.com/news/2019/06/global-feedback-on-oversight-board/. Acesso em: 20 dez. 2023.
[423] KLEIN, Ezra. *Mark Zuckerberg on Facebook's hardest year, and what comes next*. Vox, 02 abr. 2018. Disponível em: https://www.vox.com/2018/4/2/17185052/mark-zuckerberg-facebook-interview-fake-news-bots-cambridge. Acesso em: 20 dez. 2023. Tradução livre.

de Gestão de Políticas Globais do Facebook, publicou um anúncio surpreendente no *blog* da empresa.[424] Até aquele momento, a plataforma disponibilizava aos seus usuários uma cópia dos padrões da comunidade (*community standards*), um conjunto de regras e princípios que indicam o que é ou não permitido em termos de conteúdo e comportamento na rede social. Entretanto, muito pouco se sabia sobre como de fato a empresa implementava aquelas regras e quem estava envolvido na sua construção, atualização e operacionalização. Klonick destaca que "foram necessários anos de agitação pública para que houvesse maiores informações não apenas sobre *como* se dá a moderação de conteúdo, mas também sobre *quem* estava criando essas regras e políticas"[425] — evidenciando, mais uma vez, como a pressão externa levou ao início de um efetivo processo de autorreflexão.

O texto de Bickert tornou público, pela primeira vez, um documento interno da empresa que indica as diretrizes específicas que orientam a implementação dos padrões da comunidade e alguns dos atores-chave envolvidos no processo (as chamadas *Internal Enforcement Guidelines*). Mais do que isso, Bickert também anunciou que, ao longo de 2018, o Facebook estaria construindo uma nova funcionalidade: a possibilidade de os usuários apresentarem apelações sempre que afetados por decisões de moderação. Isso resultou na estruturação de um ecossistema de moderação baseado em múltiplas instâncias, oferecendo aos usuários pela primeira vez uma espécie de garantia processual. Em outras palavras, foi o início da estruturação de uma espécie de "devido processo digital" na rede social.[426] A "suprema corte" sugerida por Feldman, assim, seria inserida no topo dessa cadeia e decidiria casos de moderação em última instância e de forma independente.

---

[424] BICKERT, Monika. *Publishing our internal enforcement guidelines and expanding our appeals process*. Facebook Newsroom, 24 abr. 2018. Disponível em: https://about.fb.com/news/2018/04/comprehensive-community-standards/. Acesso em: 20 dez. 2023.

[425] KLONICK, Kate. The Facebook Oversight Board: Creating an Independent Institution to Adjudicate Online Free Expression. *The Yale Law Journal*, v. 129, 2020, p. 2434-35. Tradução livre.

[426] Como afirma Rodrigo Vidal Nitrini, "no âmbito transnacional do 'direito das plataformas', os mecanismos de devido processo digital têm sido, sobretudo, resultado de iniciativas de autolimitação". NITRINI, Rodrigo Vidal. *Liberdade de expressão nas redes sociais*: o problema jurídico da remoção de conteúdo pelas plataformas. Belo Horizonte: Dialética, 2021, p. 142.

Embora Feldman e Zuckerberg tenham se referido a uma "suprema corte" no início de 2018, quando o projeto ainda ganhava contornos operacionais, logo a analogia foi oficialmente abandonada — não sem antes se cristalizar no debate público para além da empresa, sendo ainda comumente usada por jornalistas e comentadores.[427] Em uma longa postagem publicada em sua página do Facebook em 15 de novembro de 2018, Zuckerberg anunciou oficialmente a criação de um "comitê independente de supervisão" (*independent oversight commitee*), que, dois anos depois, tornar-se-ia o *Oversight Board*. Na mesma publicação, o CEO reconheceu que várias perguntas sensíveis ainda estavam em aberto, em especial como seus membros seriam selecionados, como seria estruturado seu processo de tomada de decisão, qual seria seu escopo de atuação e, talvez a pergunta mais importante de todas, como garantir sua independência e autonomia em relação ao Facebook. Zuckerberg, então, comprometeu-se em abrir um processo de consulta pública para ouvir diferentes especialistas e interessados no assunto. Esse processo ocorreu ao longo de 2019 e se desenvolveu em torno de uma série de *workshops* em Singapura, Nova Deli, Nairobi, Berlin, Nova Iorque e Cidade do México.[428]

A abertura da consulta global também coincidiu com o início dos trabalhos de um novo time dentro da empresa que seria responsável por selecionar os membros inaugurais do Board, estipular seus poderes e procedimentos internos, rascunhar documentos fundacionais como o estatuto (*charter*) e regulamento interno (*bylaws*), além de recrutar profissionais para a sua administração.[429] Os resultados finais do processo de consulta global foram publicados pela empresa em 27 de junho de 2019:

---

[427] COWLS, Josh *et al*. Constitutional metaphors: Facebook's "supreme court" and the legitimation of platform governance. *New Media & Society*, v. 0 (*ahead of print*), 2022. Em geral, a imagem evocada pela ideia de uma "suprema corte" é útil para explicar o objetivo e o funcionamento da instituição e, por isso, ainda tem certo valor discursivo. Ver, nesse sentido, ARCHEGAS, João Victor. A Suprema Corte do Facebook e o direito constitucional para além do Estado. *JOTA*, 07 ago. 2019. Disponível em: https://www.jota.info/opiniao-e-analise/artigos/a-suprema-corte-do-facebook-e-o-direito-constitucional-para-alem-do-estado-07082019. Acesso em: 20 dez. 2023.

[428] KLONICK, Kate. The Facebook Oversight Board: Creating an Independent Institution to Adjudicate Online Free Expression. *The Yale Law Journal*, v. 129, 2020, p. 2451.

[429] *Ibidem*, p. 2452-55.

foram organizados, ao todo, 6 *workshops* e 22 mesas redondas com aproximadamente 650 pessoas de 88 países diferentes.[430] Para democratizar ainda mais o processo, o Facebook também recebeu comentários em uma consulta *on-line* aberta ao público, que totalizou mais de 1.200 submissões ao longo do primeiro semestre de 2019.[431] Duas tendências podem ser observadas a partir dos resultados obtidos ao final da consulta pública.[432] Em primeiro lugar, uma ampla maioria dos participantes (cerca de 95%) posicionaram-se a favor de que, além de decidir casos de moderação, o Board também deveria ter o poder de fazer recomendações de política à empresa (*policy recommendations*). Em segundo lugar, vários participantes demonstraram uma especial preocupação a respeito da diversidade entre os membros do Board, embora uma solução única de como garantir isso em escala global não tenha sido atingida.

4.1.2 Estrutura e processo

Em linhas gerais, portanto, o *Oversight Board* tem como objetivo primordial inaugurar um quadro (ainda que parcial e incompleto) de freios e contrapesos no Facebook, tendo a prerrogativa de decidir casos de moderação de conteúdo em última instância e de forma vinculante. Em termos de estrutura e composição, o estatuto (*charter*)[433] do Board foi compartilhado em sua versão final em setembro de 2019 e prevê que a instituição contará com no mínimo 11 membros e no máximo 40, com a possibilidade de aumentar e diminuir de número conforme a carga de trabalho. O estatuto indica que os primeiros membros (chamados de *co-chairs*) serão selecionados pelo Facebook e, então, trabalharão em parceria com a empresa para recrutar os demais conselheiros.

---

[430] HARRIS, Brent. Global Feedback and Input on the Facebook Oversight Board for Content Decisions. *Facebook Newsroom*, 27 de junho de 2019. Disponível em: https://about.fb.com/news/2019/06/global-feedback-on-oversight-board/. Acesso em: 20 dez. 2023.
[431] *Ibidem*.
[432] KLONICK, Kate. The Facebook Oversight Board: Creating an Independent Institution to Adjudicate Online Free Expression. *The Yale Law Journal*, v. 129, 2020, p. 2457.
[433] Embora o *site* do Comitê e suas decisões estejam disponíveis integralmente em português, o estatuto e o regimento interno só podem ser acessados em inglês no seguinte endereço da *web*: https://oversightboard.com/governance/.

Cada membro contará com um mandato de três anos, podendo ser reconduzido ao cargo por até três mandatos consecutivos, totalizando, assim, nove anos de serviço. O Board contava, no início de 2024, com 22 membros e, embora exista a previsão estatutária de crescimento para até 40 integrantes, não há nenhuma comunicação oficial no sentido de que serão recrutados novos conselheiros em curto ou médio prazo.[434] Embora tenha auxiliado no recrutamento dos primeiros membros, vale destacar que a empresa não tem voz na seleção de novos integrantes, tendo em vista que a competência de renovar os quadros da instituição após o final dos primeiros mandatos passa a ser exclusivamente do Comitê.

O Board tem total discricionariedade para selecionar os casos de moderação que irá julgar, sejam eles advindos do Facebook ou Instagram.[435] Assim como a Suprema Corte dos Estados Unidos, o Comitê tem amplo controle sobre seu acervo processual e seleciona casos com base em critérios de relevância, impacto e repercussão. Existem alguns requisitos mínimos para que um caso seja apresentado em forma de apelação ao Board. Primeiro, a pessoa que está questionando alguma decisão tomada pelo Facebook ou Instagram deve ter uma conta ativa na plataforma em questão, não podendo a conta ter sido excluída ou desativada antes ou ao longo do processo de apelação. Segundo, o usuário deve antes solicitar uma revisão da decisão original da plataforma, valendo-se do processo de apelação interno do Facebook ou Instagram — por exemplo, se um usuário teve seu conteúdo removido por supostamente violar as políticas do Facebook sobre discurso de ódio, ele deve antes solicitar a reconsideração da decisão à própria rede social.

Isso se deve ao fato de o Board ser um órgão decisório de última instância e, por isso, só poder se manifestar depois que todas as vias de apelação internas tenham sido exauridas pelo usuário. Com a comunicação de uma decisão final pela plataforma, o usuário recebe um número de referência que individualiza o seu caso para

---

[434] Dados de dezembro de 2023.
[435] Ambas as plataformas são controladas pela mesma empresa, hoje conhecida como Meta. Embora a Meta também seja a proprietária do WhatsApp, não há propriamente moderação de conteúdo no aplicativo em razão da criptografia de ponta a ponta que protege as mensagens, áudios e arquivos compartilhados entre os usuários. Assim, o WhatsApp está excluído do escopo de atuação do *Oversight Board* por questões técnicas.

fins administrativos. A partir do recebimento da comunicação, o usuário tem 15 dias corridos para fazer uma apelação ao *Oversight Board*. Essa apelação deve ser feita no próprio *site* do Board, usando o número de referência recebido, não sendo realizada diretamente no Facebook ou Instagram para garantir a independência e autonomia do Comitê. Isso faz com que a Meta só tome conhecimento de quais casos foram apelados depois que o Board já os selecionou. A apelação pode ser feita na própria língua do usuário, não havendo uma orientação específica sobre forma ou estrutura.

Enquanto o estatuto prevê que o Board divide-se em painéis para analisar casos individuais selecionados para revisão, o regimento interno (*bylaws*)[436] especifica que os painéis serão compostos por cinco membros. Em regra, a seleção dos cinco julgadores é feita de forma randômica, mas há uma exceção: para garantir diversidade e representatividade dentro do painel, um dos membros deve ser obrigatoriamente da região de onde advém o caso ou que se relacione diretamente com as questões sob análise. O Board deve sempre contar, assim, com pelo menos um representante de cada região do mundo. Nada obstante, nota-se que a forma como tais regiões são recortadas e organizadas é altamente subjetiva e sujeita a críticas, considerando, ainda, que uma instituição que decide casos com escopo global e conta com 22 membros jamais conseguirá refletir toda a diversidade regional envolvida na sua esfera de atuação.

Atualmente, o Board considera sete macrorregiões para fins de diversidade geográfica: Estados Unidos e Canadá, América Latina e Caribe, Europa, África Subsaariana, Oriente Médio e Norte da África, Ásia Meridional e Central, e Ásia-Pacífico e Oceania. Assim que selecionados, portanto, os casos são alocados entre as diferentes macrorregiões para garantir que ao menos um representante regional esteja presente no painel que será responsável por analisar a apelação submetida. Embora uma decisão por consenso seja incentivada tanto pelo estatuto quanto pelo regimento, o painel pode tomar sua decisão por maioria e as razões para a divergência da

---

[436] Assim como o estatuto, o regimento interno pode ser consultado em inglês em https://oversightboard.com/governance/.

minoria poderão ser incluídas no julgamento — seguindo, portanto, os moldes das *dissenting* e *concurring opinions* da Suprema Corte dos Estados Unidos.[437]

Após o Board anunciar publicamente a seleção de um caso, seu regimento prevê que uma decisão final deve ser disponibilizada idealmente dentro de 90 dias corridos, embora esse não seja um prazo estanque.[438] Cada caso será distribuído para seu respectivo painel e instruído com pelo menos os seguintes documentos: uma manifestação da pessoa que submeteu o caso ou que postou o conteúdo sob análise, um histórico do processo de moderação oferecido pela Meta, uma explicação da razão por trás da política da empresa que foi aplicada no caso concreto, esclarecimentos adicionais oferecidos pela Meta aos questionamentos que podem ser encaminhados pelo Board à empresa e, por fim, informações externas que podem ser solicitadas por qualquer membro do painel. As deliberações dentro do painel são realizadas de forma privada e a sua composição não é informada ao público, sendo a decisão final tomada em nome do Board ou de uma maioria de seus membros, sem individualizá-los em qualquer momento.

Ao concluir as deliberações, o painel deve escrever sua decisão, que conta, em regra, com três elementos estruturantes. Primeiro, um dispositivo, determinando se a decisão tomada pela plataforma (seja ela o Facebook ou o Instagram) deve ser mantida ou revertida — essa porção da decisão vincula a Meta, que deverá implementá-la imediatamente. Segundo, a fundamentação da decisão, articulando de forma clara e transparente a razão de decidir. Por fim, eventuais recomendações do Board à luz da discussão em voga para que a empresa altere, atualize ou até mesmo desenvolva novas políticas de moderação. A decisão do painel, então, passa pela análise dos demais membros do Comitê, que devem aprová-la antes de sua publicação final no *site* da instituição.

---

[437] Essa é a linguagem usada pelo regimento interno do *Board* em sua seção 3.1.7: *"The decision will also include any concurring or dissenting viewpoints, if the panel cannot reach consensus"*.

[438] O prazo de 90 dias costumava ser um prazo final e inflexível nos termos do regimento, mas o próprio *Board* reformou o documento e hoje a seção 3.1 conta com a seguinte linguagem: *"For standard case review, the board will aim to issue a decision within ninety (90) days of when the selection of a case is published"*.

O Board pode decidir casos que envolvam tanto conteúdos que foram removidos da plataforma por uma decisão de moderação quanto conteúdos que, embora denunciados por um determinado usuário, foram mantidos na plataforma em razão de a empresa entender que não há uma violação aos padrões da comunidade. Em todos os casos selecionados, o estatuto aponta para três bases normativas que devem ser consideradas quando do exercício do poder decisório do Board. Em primeiro lugar, o Comitê deve avaliar se a decisão de moderação tomada pela empresa é de fato consistente com os seus valores e políticas — em especial os padrões da comunidade.[439] Nesse sentido, antecipando o início das operações do Board, o Facebook publicou, ainda em setembro de 2019, em texto assinado por Monika Bickert, uma explicação detalhada de quais são os cinco principais valores da empresa que servem como uma espécie de bússola hermenêutica para a interpretação e aplicação dos padrões da comunidade no caso concreto.[440]

O primeiro valor é "voz", que diz respeito à missão da plataforma de oferecer um espaço para as pessoas se expressarem livremente. O segundo é "autenticidade", que diz respeito à garantia de que o conteúdo que as pessoas encontram na plataforma é autêntico, não tendo sido distorcido de qualquer forma. O terceiro valor é "segurança", que se relaciona ao combate a conteúdos que possam "intimidar, excluir ou silenciar" os usuários. O quarto é "privacidade", que indica um comprometimento da empresa com a proteção de dados pessoais e informações sigilosas dos usuários. O quinto e último valor é "dignidade", reconhecendo que todas as pessoas — nesse caso, os usuários da plataforma — são iguais em direitos e devem ser tratados com dignidade. Parte significativa

---

[439] Os padrões da comunidade do Facebook podem ser consultados em português no seguinte endereço da *web*: https://transparency.fb.com/pt-br/policies/community-standards. O documento é organizado em seis capítulos com diferentes subseções. Os capítulos são: Violência e comportamento criminoso; Segurança; Conteúdo questionável; Integridade e autenticidade; Respeito à propriedade intelectual; e Solicitações e decisões relativas a conteúdo. Cada capítulo conta com regras específicas sobre o que pode ou não ser feito e dito na plataformas, por exemplo, oferta de produtos e serviços restritos, violações de privacidade, nudez e atividade sexual, desinformação, comportamento inautêntico, etc.

[440] BICKERT, Monika. Updating the Values That Inform Our Community Standards. *Facebook Newsroom*, 12 set. 2019. Disponível em: https://about.fb.com/news/2019/09/updating-the-values-that-inform-our-community-standards/. Acesso em: 21 dez. 2023.

do trabalho do Board consiste em, portanto, sopesar esses valores e construir soluções balanceadas a depender das nuanças do caso sob análise.

Em segundo lugar, o estatuto do Comitê indica que sempre que um caso estiver sob análise por um de seus painéis, "quaisquer decisões prévias do Board terão valor de precedente e deverão ser encaradas como altamente persuasivas quando os fatos, políticas aplicáveis ou outros fatores forem substancialmente similares".[441] Parte da razão de ser da instituição é justamente servir como um órgão de estabilização e racionalização do ecossistema de moderação de conteúdo das plataformas de redes sociais controladas pela Meta. Assim, faz sentido que seu processo de tomada de decisão seja pautado em parte pela razão de decidir de seus "precedentes"; leia-se, decisões passadas de moderação de conteúdo.

De qualquer forma, esse aspecto do funcionamento do Comitê é amplamente questionado e criticado pela literatura especializada. Isso porque tanto o estatuto quanto o regimento são demasiadamente vagos sobre o que configura um precedente e de que forma essas decisões passadas deveriam ser vistas pela própria empresa quando da moderação de novos casos em primeira e segunda instância (considerando, aqui, que o Board ocupa uma terceira e última instância na cadeia de moderação).[442] Isso se torna ainda mais preocupante diante do fato de que o Comitê decide uma média de 25 casos por ano — focando em casos representativos em vez de volume — enquanto centenas de milhares de decisões de moderação são feitas no Facebook e Instagram todos os dias.[443] Ou seja, sem uma determinação clara de como decisões passadas do Board devem informar decisões futuras da Meta em volume e escala, corre-se o risco de esse arranjo se tornar ineficiente e disfuncional.

Em terceiro e último lugar, o estatuto também direciona o Comitê a considerar em suas decisões o impacto da moderação de conteúdo "à luz de normas de direitos humanos que protegem

---

[441] Artigo 2º, Seção 2 do Estatuto do *Oversight Board*. Tradução livre.
[442] WONG, David. FLORIDI, Luciano. Meta's Oversight Board: A Review and Critical Assessment. *Mind and Machines*, v. 22, 2022, 261-284.
[443] KLONICK, Kate. The Facebook Oversight Board: Creating an Independent Institution to Adjudicate Online Free Expression. *The Yale Law Journal*, v. 129, 2020, p. 2490.

a liberdade de expressão".[444]Embora não seja propriamente uma obrigação estatutária de aplicar o Direito Internacional dos Direitos Humanos em suas decisões, o Board vem seguindo justamente nessa direção. Em geral, dois documentos que dizem respeito ao Direito Internacional dos Direitos Humanos são comumente citados em suas decisões: o Pacto Internacional dos Direitos Civis e Políticos (PIDCP), adotado em 1966 pela Assembleia Geral da ONU, e os Princípios Orientadores sobre Empresas e Direitos Humanos (POs), que foram apoiados pelo Conselho de Direitos Humanos da ONU na Resolução nº 17/4 de 2011.

Em geral, o Board vale-se do Comentário Geral nº 35, de 2011, do Comitê de Direitos Humanos — um órgão criado especificamente para monitorar a implementação do PIDCP — que estipula algumas diretrizes sobre como deve se dar a proteção ao direito à liberdade de expressão. Isso inclui, especialmente, a aplicação de um teste de proporcionalidade estruturado em três análises subsequentes: a) legalidade, b) objetivo legítimo e c) necessidade e proporcionalidade em sentido estrito. Esse aspecto das decisões do Board, portanto, representa uma significativa quebra com a tradição jurisprudencial estadunidense. Ainda que o Board tenha sido claramente inspirado na Suprema Corte dos Estados Unidos em termos de estrutura e processo, a operacionalização de um teste de proporcionalidade para verificar violações à liberdade de expressão vai na contramão da construção do Direito Constitucional naquele país que tende a se ancorar em presunções categóricas.[445]

Por fim, além dos procedimentos apresentados acima, o regimento do *Oversight Board* também prevê algumas vias alternativas de tomada de decisão. Em primeiro lugar, além de escolher casos que são submetidos para sua consideração pelos próprios usuários do Facebook ou Instagram, o Board também pode receber casos que são encaminhados diretamente pela Meta, mesmo que os usuários envolvidos não tenham solicitado uma revisão da decisão de moderação. Foi o que ocorreu, por exemplo,

---

[444] Artigo 2, Seção 2 do Estatuto do *Oversight Board*. Tradução livre.
[445] Para uma discussão aprofundada sobre o tema, ver JACKSON, Vicki C. Constitutional Law in an Age of Proportionality. *The Yale Law Journal*, v. 124, n. 8, p. 3094-3196, 2015.

quando a empresa decidiu suspender a conta do ex-presidente Donald Trump por tempo indefinido após a invasão do Capitólio em janeiro de 2021.[446] Nesses casos, entretanto, o Board retém absoluta discricionariedade no que diz respeito a aceitar ou não o caso encaminhado pela empresa para revisão. Em segundo lugar, quando a Meta entender que um caso é urgente e representa uma grave ameaça de dano, a empresa pode solicitar ao Board que decida a questão por meio de uma "revisão expressa".[447] Para acionar esse processo de urgência basta que os *co-chairs* aceitem a solicitação da Meta e, a partir desse momento, o Board tem 30 dias para chegar a uma decisão final.

Em terceiro lugar, independente de qualquer caso concreto, a Meta pode solicitar ao Board uma opinião consultiva sobre suas políticas internas. Ao todo o Board já deu três opiniões consultivas à empresa, envolvendo remoção de desinformação sobre a pandemia de Covid-19, o programa de verificação cruzada da Meta[448] e o compartilhamento de informações residenciais privadas no Instagram e Facebook.[449] Em quarto e último lugar, o Board criou em 2023 a possibilidade de proferir "decisões sumárias" (*summary decisions*) quando, após anunciar um caso para revisão, a própria Meta reconhece um erro na moderação e reverte a decisão que deu

---

[446] Nesse caso a discussão também se deu sobre o escopo da autoridade do *Board*. Em regra o Comitê não pode receber casos que envolvam a suspensão de contas, mas tão somente casos que envolvam a manutenção ou remoção de um conteúdo da plataforma. Ainda assim, exercendo sua competência de encaminhar casos para a consideração do *Board*, a Meta decidiu deferir a questão ao Comitê que aceitou o caso no início de 2021 e publicou uma decisão final em 05 de maio de 2021. Disponível em: https://www.oversightboard.com/decision/FB-691QAMHJ/. Para uma análise detalhada do caso de suspensão de Donald Trump, ver ARCHEGAS, João Victor; BARROSO, Luna van Brussel. Trump contra Facebook: um raio-X da decisão do Oversight Board. *JOTA*, 06 maio 2021. Disponível em: https://www.jota.info/opiniao-e-analise/artigos/trump-contra-facebook-um-raio-x-da-decisao-do-oversight-board-06052021.

[447] As primeiras decisões que seguiram o rito expresso foram publicadas pelo Board em 19 de dezembro de 2023 e envolvem o conflito Israel-Hamas. Disponível em: https://www.oversightboard.com/news/1109713833718200-oversight-board-issues-first-expedited-decisions-about-israel-hamas-conflict/.

[448] Sobre o sistema de verificação cruzada da Meta (também conhecido como *XCheck* ou *Cross Check*), ver ARCHEGAS, João Victor; LANA, Alice de Perdigão. Como Neymar se tornou imune à moderação na rede social. *JOTA*, 19 set. 2021. Disponível em: https://www.jota.info/opiniao-e-analise/artigos/como-neymar-se-tornou-imune-a-moderacao-na-rede-social-19092021.

[449] As opiniões consultivas podem ser acessadas em português, ao lado de todas as demais decisões do Board, em: https://www.oversightboard.com/decision/.

ensejo à apelação do usuário. Nesses casos basta uma deliberação do painel, por consenso ou maioria, para que a decisão final seja adotada, dispensando a manifestação dos demais membros do Comitê.

4.1.3 Críticas ao Board

Em uma das primeiras e mais influentes análises acadêmicas sobre o papel do *Oversight Board*, Evelyn Douek questiona por qual motivo Mark Zuckerberg e a liderança do Facebook aceitaram abrir mão de parte do seu poder sobre o processo de moderação de conteúdo — que é, vale lembrar, um dos aspectos mais sensíveis e, consequentemente, valiosos do serviço oferecido pela plataforma ao público[450] — em nome da criação de uma instituição independente com a competência de emitir decisões vinculantes a partir de apelações dos usuários da rede social.[451] Douek, então, compara a criação do Board à emergência de cortes constitucionais em países governados por líderes autoritários,[452] valendo-se da extensa literatura tanto na ciência política quanto no constitucionalismo comparado sobre a atuação de cortes em regimes não democráticos ou em processo de autocratização.[453] A partir dessa comparação, a autora indica quatro possíveis funções que podem ser desempenhadas pelo Board.[454] Duas delas partem de uma posição de maior ceticismo em relação aos motivos que levaram à criação do Comitê, ao passo que as outras duas expressam o potencial do Board em termos de constitucionalização do processo de moderação de conteúdo.

---

[450] Ver, de forma geral, GILLESPIE, Tarleton. *Custodians of the Internet: Platforms, content moderation, and the hidden decisions that shape social media*. New Haven: Yale University Press, 2018.

[451] DOUEK, Evelyn. Facebook's "Oversight Board": Move Fast with Stable Infrastructure and Humility. *North Caroline Journal of Law & Technology*, v. 21, n. 1, p. 1-78, 2019.

[452] A forma como o Facebook é "governado" sempre foi alvo de críticas que se valem da analogia entre a empresa e uma autocracia. Ver POZEN, David. *Authoritarian Constitutionalism in Facebookland*. Knight First Amendment Institute, 30 out. 2018. Disponível em: https://knightcolumbia.org/content/authoritarian-constitutionalism-facebookland. Acesso em: 22 dez. 2023. CHANDER, Anupam. *Facebookistan*. North Carolina Law Review, v. 90, n. 5, p. 1807-1844, 2012.

[453] Ver, de forma geral, GINSBURG, Tom. MOUSTAFA, Tamir (Eds.). *Rule by Law: The Politics of Courts in Authoritarian Regimes*. Cambridge: Cambridge University Press, 2008.

[454] DOUEK, Evelyn. Facebook's "Oversight Board": Move Fast with Stable Infrastructure and Humility. *North Caroline Journal of Law & Technology*, v. 21, n. 1, p. 15-28, 2019.

Primeiro, o Board pode ser interpretado como uma engenhosa estratégia corporativa para protelar ou ao menos guiar a regulação estatal, evitando, assim, a erosão da autonomia privada da Meta sobre a governança interna de suas plataformas. Ao demonstrar que já está implementando, de forma voluntária, mudanças significativas de governança diante das pressões externas exercidas por parte tanto do Estado quanto da sociedade civil — e, em alguns casos, dos seus próprios usuários e parceiros comerciais —, a empresa pode ser bem-sucedida no seu objetivo de evitar regulações mais incisivas que podem, por sua vez, levar a uma significativa constrição da sua esfera de autorregulação. Ademais, ainda que novas regulações sejam de fato implementadas, soluções de governança voluntárias como o Board podem servir de modelo para reguladores ao redor do mundo, diminuindo de forma expressiva os custos de adequação a novos arranjos regulatórios. Nesse sentido, David Wong e Luciano Floridi comentam como alguns dispositivos do *Digital Services Act* da União Europeia acabam espelhando, direta e indiretamente, elementos de governança associados ao Board e ao sistema de apelações implementado pelo Facebook em 2018.[455]

Segundo, a criação do Comitê oferece à empresa uma oportunidade de delegar a responsabilidade (e, consequentemente, a culpa) por decisões a respeito de conteúdos sensíveis hospedados na plataforma. Em seu *post* no Facebook em novembro de 2018, no qual anunciou oficialmente a criação do Board, Zuckerberg afirmou que ele "passou a crer [desde sua fundação em 2004] que o Facebook não deveria tomar tantas decisões importantes sobre liberdade de expressão e segurança [dos usuários] de forma unilateral". Alguns críticos, então, valem-se dessa postura para acusar a empresa de agir como se estivesse comprometida com o projeto do Board quando, na verdade, seu maior interesse seria se eximir da responsabilidade que advém de proferir a última palavra sobre os casos controvertidos de moderação — como a suspensão da conta de Donald Trump após dia 06 de janeiro de 2021.

Terceiro, o Board cumpre a importante função de conferir maior legitimidade à moderação de conteúdo, que agora é

---

[455] WONG, David. FLORIDI, Luciano. Meta's Oversight Board: A Review and Critical Assessment. *Mind and Machines*, v. 22, 2022, p. 266-267.

fiscalizada e monitorada por um órgão independente com competência para decidir casos-chave de moderação de forma vinculante. Assim, ao criar o Comitê, a Meta reafirmou seu compromisso com a proteção dos usuários de suas plataformas. Vale lembrar que o Facebook, em 2009, tentou se "democratizar" a partir da implementação de um processo de votação que permitiria aos usuários se manifestarem a favor ou contra mudanças nas regras da plataforma.[456] O único requisito, entretanto, era que, para o resultado da votação ser vinculante, pelo menos 30% da base de usuários da plataforma deveria participar da consulta. Quando essa funcionalidade foi testada pela primeira vez, apenas 0,3% dos seus 200 milhões de usuários se manifestou. O sistema de voto do Facebook foi um fracasso e a empresa decidiu se livrar da funcionalidade. Entretanto, o voto não é a única forma de cultivar legitimidade democrática. O *Oversight Board*, assim, traz maior legitimidade ao ecossistema de moderação de conteúdo por meio de um processo público e fundamentado de tomada de decisão; trata-se, portanto, de uma legitimação ancorada no princípio da contestação, como explica Teubner.

Por fim, em quarto lugar, o Board pode ser visto como uma instituição cuja função primordial é garantir a aplicação das regras da plataforma de forma consistente, transparente e estável, trazendo previsibilidade e racionalidade para um sistema de moderação de conteúdo opaco e errático. Afinal, uma das principais tarefas do Comitê consiste em justamente revisar decisões de moderação tomadas pelo Facebook ou Instagram à luz das regras e valores da Meta, verificando, assim, se a empresa está ou não agindo de acordo com os seus próprios parâmetros de governança. Em outras palavras, o Board oferece aos usuários a oportunidade de receber explicações claras e fundamentadas a respeito de decisões de moderação de conteúdo, tornando o processo mais transparente e, consequentemente, aberto ao escrutínio de diferentes atores — sejam eles usuários, autoridades públicas e governamentais, ativistas,

---

[456] ROBERTSON, Adi. *Mark Zuckerberg wants to democratize Facebook — here's what happened when he tried*. The Verge, 5 abr. 2018. Disponível em: https://www.theverge.com/2018/4/5/17176834/mark-zuckerberg-facebook-democracy-governance-vote-failure. Acesso em: 22 dez. 2023.

jornalistas ou até mesmo parceiros comerciais da empresa. Isso, por sua vez, promove um maior alinhamento da governança interna da plataforma em relação às orientações basilares do Estado de Direito.

Em linhas gerais, as duas primeiras funções elencadas por Douek que se relacionam a uma posição de maior ceticismo também são comumente mencionadas por críticos do *Oversight Board*. Antes de abordá-las com maior profundidade, entretanto, importa destacar como se estrutura o arranjo entre a Meta e o Comitê de forma a garantir a sua independência e autonomia em relação à empresa. Isso se dá tanto do ponto de vista de independência financeira quanto do ponto de vista de independência funcional ou intelectual dos membros do *Oversight Board*. Veja-se, de início, que o Board é resultado imediato de um processo de autorreflexão interna cujo objetivo primordial é criar, ainda que parcialmente e de forma incompleta, um sistema de freios e contrapesos dentro do ecossistema de moderação de conteúdo que engloba tanto o Facebook como o Instagram.

Esse processo foi iniciado por uma série de pressões externas exercidas, de um lado, por diferentes Estados — em especial Estados Unidos e União Europeia — em resposta aos sucessivos escândalos protagonizados pelo Facebook entre 2016 e 2018 e, do outro lado, por movimentos coordenados pela sociedade civil organizada ao redor do mundo. Ou seja, por não ser resultado de uma imposição regulatória estatal, o Board foi criado por um ato unilateral da própria empresa que, à época, buscava uma forma de delegar parte do seu poder sobre o processo de moderação de conteúdo a um órgão independente que tomasse decisões em última instância. A questão que se coloca, portanto, é: podemos realmente falar em independência e autonomia de uma instituição que é criada por uma empresa, sem a participação direta do Estado ou de qualquer órgão público internacional, para controlar seus próprios atos?

Por mais paradoxal que esse arranjo possa parecer, trata-se de um dilema indissociável da própria essência do constitucionalismo moderno. Afinal, o constitucionalismo pressupõe, em alguma medida, a adoção de medidas de *autolimitação* do poder, seja pelo Estado-nação ou por um regime transnacional. Nada obstante, seria ingênuo e até mesmo irresponsável afirmar que é preciso, sem maiores questionamentos ou investigações, confiar na boa-fé que supostamente guia o processo de autorreflexão. É preciso, aqui, voltar brevemente para os argumentos de Teubner e Beckers no sentido de que o constitucionalismo societal é informado por uma "dupla externalização combinada com autorreflexão interna".[457] Como já citado anteriormente, os autores afirmam que é justamente essa a estrutura que pode ser extraída de Ulisses e se tornou tão influente na teoria constitucional moderna: "A autoridade mágica de Circe criou pressões externas de aprendizado que levaram Ulisses a se autolimitar [autorreflexão] e, quando delegou a vinculação de sua promessa aos tripulantes [estabilização externa], ele bloqueou seus próprios impulsos de se desvincular de seu compromisso prévio".[458] Ou seja, o fato de o Board ter sido criado por intermédio de um processo de autorreflexão é apenas um terço da história — embora seja, como será demonstrado abaixo, a parcela sobre a qual os críticos mais se debruçam.

Não se pode perder de vista que o Comitê é resultado de uma série de pressões externas e também está vinculado a importantes mecanismos de estabilização externa. Esse segundo elemento, no caso específico da relação entre a Meta e o *Oversight Board*, consubstancia-se na criação de um *Trust* responsável por, entre outras obrigações, receber o financiamento[459] da Meta para o funcionamento do Board e supervisionar as suas operações de um ponto de vista administrativo, incluindo a seleção de novos membros, a exclusão de conselheiros que tenham agido de forma antiética ou indecorosa, a contratação de funcionários e a remuneração dos seus colaboradores. Ademais,

---

[457] TEUBNER, Gunther. BECKERS, Anna. Expanding Constitutionalism. *Indiana Journal of Global Legal Studies*, v. 20, n. 2, 2013, p. 526.
[458] *Ibidem*, p. 526. Tradução livre.
[459] Em 2019, a empresa anunciou que concederia 130 milhões de dólares ao Comitê, o suficiente para custear suas operações por seis anos ou dois mandatos. Esse valor foi transferido na forma de um *grant* irrevogável ao Trust — ou seja, a quantia não poderia ser sequestrada, diminuída ou revogada pela empresa. Em julho de 2022, aproximadamente após um ano e meio do início das operações do Board, a Meta anunciou que concederia mais 150 milhões de dólares, também na forma de um *grant* irrevogável ao Trust, garantindo, ao todo, o funcionamento do Comitê por mais de 12 anos ou quatro mandatos. Embora o dinheiro transferido pela empresa ao fundo do Trust ainda seja essencial para o funcionamento do Board, isso não tem se refletido na corrosão de sua independência institucional, o que se reflete em inúmeras decisões publicadas que contrariam os interesses da empresa. Ademais, a criação do Trust permite que o Board busque novas fontes de financiamento no futuro e até mesmo negocie contratos para revisar decisões de moderação de outras plataformas que não o Facebook ou Instagram.

talvez o aspecto mais importante dessa relação seja o contrato firmado entre o *Trust* e a Meta, pelo qual a empresa se submete à supervisão independente do Board e se obriga a implementar todas as suas decisões que são, afinal, tomadas em última instância e por isso irrecorríveis.[460] A empresa, portanto, "delegou a vinculação de sua promessa" ao *Trust* e, com isso, criou um arranjo contratual e fiduciário que a desincentiva de se "desvincular de seu compromisso prévio", assim como Ulisses na mitologia grega.

Ainda assim, a criação do *Oversight Board* está longe de ser um consenso entre especialistas e é objeto de intensos debates seja na academia, seja no debate público de forma geral. Ainda em 2020, alguns meses antes de o Comitê publicar suas primeiras decisões, um grupo de ativistas formou o chamado *The Real Oversight Board*, um projeto financiado pela organização da sociedade civil *The Citizens*, que tem como missão fortalecer o jornalismo investigativo sobre questões relacionadas a democracia, proteção de dados e desinformação.[461] Acusando o *Oversight Board* de ser uma estratégia de relações públicas da Meta e nada além disso, o grupo passou a promover uma série de pesquisas, investigações e eventos para cobrar mudanças de postura da empresa em termos de combate à desinformação e proteção da privacidade dos seus usuários. O *The Real Oversight Board* foi inicialmente organizado por Carole Cadwalladr, uma das jornalistas investigativas do *The Guardian* responsável por uma série de reportagens sobre o escândalo da Cambridge Analytica em 2018, e conta com outros nomes influentes na área como Shoshana Zuboff, Laurence Tribe, Timothy Snyder, Joan Donovan, Maria Ressa e Ruha Benjamin.

De forma a melhor organizar todas as críticas que são direcionadas ao Comitê para subsequente análise, elas serão organizadas e abordadas a seguir em três grupos. Em primeiro lugar, o Board é criticado por não ser suficientemente independente da Meta e, por isso, incapaz de trazer mais *accountability* à governança interna da empresa. Em segundo lugar, alguns críticos apontam

---

[460] KLONICK, Kate. The Facebook Oversight Board: Creating an Independent Institution to Adjudicate Online Free Expression. *The Yale Law Journal*, v. 129, 2020, p. 2466.

[461] A página institucional do projeto está disponível em: https://the-citizens.com/campaign/real-facebook-oversight-board/.

para os limites do Board diante do volume massivo de decisões de moderação tomadas todos os dias no Facebook e Instagram. Por fim, um terceiro grupo de críticas foca no escopo reduzido de atuação do Comitê e afirma, assim, que as chances reais de mudanças na empresa são baixas.

O primeiro grupo está intimamente relacionado às críticas que são dirigidas ao constitucionalismo digital de forma geral, acusando-o de ser, em essência, apenas um "discurso autônomo de legitimação".[462] É aqui que se insere, por exemplo, a crítica de Reis e Keller ao *Oversight Board*. As autoras, mencionando a analogia feita entre o Board e supremas cortes ou cortes constitucionais, afirmam que "a apropriação da carga simbólica do constitucionalismo para o âmbito das soluções gestadas e operadas pelas próprias plataformas digitais arrisca o efeito contrário [almejado], a legitimação dessas estruturas".[463] Em outras palavras, Reis e Keller expressam um profundo ceticismo a respeito das intenções que levaram à criação do Board, não acreditando na sua independência e legitimidade.

Portanto, as autoras criticam o uso de analogias constitucionais para se referir ao Comitê tendo em vista que, na visão delas, "o constitucionalismo digital torna-se um invólucro com maior potencial para dissimular e fortalecer tais poderes do que o contrário".[464] Embora tenham submetido seu artigo para publicação no final de 2022 — quando o Board já havia publicado 29 decisões e feito um total de 131 recomendações à empresa que, por sua vez, já se encontravam em diferentes estágios de implementação —, as autoras não explicam a razão específica que levou a tal conclusão, limitando-se a replicar parte das suas críticas direcionadas ao constitucionalismo digital também no contexto de funcionamento do Comitê. Ainda, é significativo que Reis e Keller tenham optado por palavras que indicam um suposto "risco" de que o Board, por meio de um discurso baseado no constitucionalismo digital, acabe por legitimar e fortalecer o poder privado da Meta sem de fato limitá-lo.

---

[462] LOUGHLIN, Martin. *Against Constitutionalism*. Cambridge: Harvard University Press, 2022, p. 188.
[463] PEREIRA, Jane Reis Gonçalves; KELLER, Clara Iglesias. Constitucionalismo digital: contradições de um conceito impreciso. *Revista Direito e Praxis*, v. 13, n. 4, 2022, p. 2674-2675.
[464] *Ibidem*, p. 2675.

Como se verá abaixo, esse argumento acaba sendo rechaçado pela prática: o risco não se concretizou.

No mesmo sentido, Costello afirma que a narrativa constitucional adjacente ao Board, considerando sua natureza de *"judicial review* privatizado", nada mais é do que um "talismã legal" que "se apropria convenientemente de símbolos de aliança constitucional enquanto falha em evidenciar características substanciais" que fundamentam um modelo constitucional que busca avançar "os valores e objetivos protegidos pelo constitucionalismo".[465] A autora, então, acusa a empresa de se apropriar indevidamente da legitimidade que é associada ao projeto constitucional e tentar transferi-la para o Comitê apenas com base em linguagem e não propriamente em uma estrutura constitucional. Curiosamente, Costello aceita a premissa de que o Board é independente, mas afirma, imbuída de um ceticismo que é próprio desse primeiro grupo de críticas, que tal independência na verdade é estruturada de tal forma que ambos os atores (Meta e Comitê) conseguem "evitar sua vinculação a uma medida completa de *accountability* diante dos mecanismos e decisões que implementam e consideram".[466]

A autora, portanto, acredita que, por mais que o Board possa funcionar com independência, a instituição sempre estará, de uma forma ou outra, vinculada à Meta e aos seus interesses privados e comerciais. Não se trata, na sua visão, de um modelo propriamente constitucional, pois não há limitação real de poder, mas tão somente uma espécie de arranjo contratual que beneficia a empresa ao delegar responsabilidades e, assim, evitar (ou ao menos atrasar) novas regulações. A natureza contratual da relação entre o Board e a Meta — embora, tecnicamente, essa relação se dê entre a Meta e o *Trust*, não existindo propriamente um contrato entre o Comitê e a empresa — é tida por Costello como o grande tendão de Aquiles desse arranjo institucional, tendo em vista que o que guia a atuação do *Oversight Board*, na sua visão, são tão somente os interesses privados associados à atividade comercial da empresa.[467] Mais uma

---

[465] COSTELLO, Róisín Á. Faux Ami? Interrogating the normative coherence of 'digital constitutionalism'. *Global Constitutionalism*, 2023, p. 20. Tradução livre.
[466] *Ibidem*, p. 21. Tradução livre.
[467] *Ibidem*, p. 21-23.

vez, entretanto, salta aos olhos que, escrevendo entre 2022 e 2023, a autora se limite a uma análise teórica do funcionamento do Board, sem mencionar, na prática, como está se desenvolvendo a relação entre o Comitê e a Meta e quais são as bases normativas sobre as quais suas decisões são primordialmente fundamentadas — afinal, como dito acima, a aplicação de parâmetros do Direito Internacional dos Direitos Humanos tem se tornado um marco da atuação do *Oversight Board*, oferecendo por definição muito mais do que apenas uma análise pautada em interesses privados ou comerciais.

O segundo grupo de críticas está focado nos limites da analogia comumente feita entre o funcionamento do *Oversight Board*, do ecossistema de moderação de conteúdo em plataformas digitais como um todo e da atividade jurisdicional, em especial dentro do paradigma Estado-nação. Em linhas gerais, essa analogia parte do pressuposto de que a moderação de conteúdo é, de uma forma ou outra, muito semelhante ao processo jurisdicional, especialmente no que diz respeito ao levantamento de fatos e/ou provas, aplicações de regras e princípios, análise de proporcionalidade, possibilidade de apelação, revisão de decisão por instâncias superiores, etc. Em outras palavras, as plataformas atuam como autoridades judiciais decidindo diferentes casos individuais e resolvendo disputas que implicam a proteção e violação de direitos. Essa analogia é extremamente influente no debate regulatório contemporâneo,[468] fazendo com que especialistas e reguladores dediquem boa parte da sua atenção, de um lado, aos ritos procedimentais da moderação de conteúdo e, do outro, ao cumprimento dos direitos processuais dos usuários com base no princípio do devido processo legal. Nada obstante, essa analogia é alvo de críticas contundentes na literatura que levam, por sua vez, a uma necessária reconsideração de alguns pressupostos adjacentes à concepção e estruturação do Board.[469]

---

[468] Ver, de forma geral, a ideia de "era do processo" desenvolvida por John Bowers e Jonathan Zittrain para ilustrar a terceira fase do debate regulatório envolvendo moderação de conteúdo em plataformas digitais. BOWERS, John. ZITTRAIN, Jonathan. Answering impossible questions: Content governance in an age of disinformation. *Harvard Kennedy School Misinformation Review*, v. 1, n. 1, 2020, 1-8.

[469] Sobre esse debate e a existência ou não de uma "visão padrão de moderação de conteúdo" (*standard picture of content moderation*) na literatura que se preocupa sobremaneira com casos individuais, ver KLONICK, Kate. Of Systems Thinking and Straw Men. *Harvard Law Review Forum*, v. 136, 2023, 339-362.

Em seu artigo seminal sobre o tema, Evelyn Douek afirma que a moderação de conteúdo não é meramente a soma de vários casos individuais e paradigmáticos envolvendo a remoção de certas postagens ou a suspensão de contas de seus usuários — como se viu, por exemplo, com a suspensão de Donald Trump ou então a remoção da "Garota Napalm" do Facebook.[470] A moderação de conteúdo é um sistema complexo que envolve, muito mais do que um conjunto de decisões em casos individuais, escolhas de *design* por parte das plataformas e a implementação de soluções automatizadas escaláveis, em especial algoritmos e, em casos específicos, sistemas baseados em inteligência artificial. Sem essa percepção sistemática, entretanto, reguladores tendem a olhar para casos paradigmáticos de moderação que, na sua percepção, foram decididos equivocadamente por uma determinada plataforma e chegam à conclusão de que, para solucionar o problema, basta conceder mais direitos processuais individuais aos usuários como o direito à apelação e o direito a uma decisão fundamentada.[471]

Entretanto, considerando a escala na qual a moderação de conteúdo acontece — com centenas de milhares de decisões sendo tomadas todos os dias, grande parte delas de forma automatizada —, o foco em erros individuais de moderação implica não se ver a floresta para além das árvores. Erros individuais não são apenas inevitáveis nessa escala, eles advêm de uma escolha consciente das plataformas entre falsos positivos e negativos dada a natureza essencialmente probabilística da moderação em redes sociais. Como afirma Douek, "escolher entre [diferentes] erros é, portanto, um aspecto central no *design* institucional da moderação de conteúdo".[472] Não se trata, entretanto, de defender a completa desimportância de casos individuais de moderação. Douek, por exemplo, deixa claro que "erros individuas podem ser como canários numa mina de carvão indicando falhas sistêmicas, mas não são, por si só, provas cabais de um sistema inadequado de moderação de conteúdo".[473]

---

[470] DOUEK, Evelyn. Content Moderation as Systems Thinking. *Harvard Law Review*, v. 136, 2022, 526-608.
[471] *Ibidem*, p. 531.
[472] *Ibidem*, p. 549. Tradução livre.
[473] *Ibidem*, p. 520. Tradução livre.

Não é possível deduzir, portanto, que a correção desses erros levará, necessariamente, a um ecossistema de moderação com mais *accountability*, transparência e previsibilidade, tendo em vista a abrangência e complexidade do sistema como um todo.

É dizer, a escala e também a velocidade na qual se dá a moderação de conteúdo em plataformas digitais são evidências de que o sistema em si não se resume à soma dos inúmeros casos individuais de moderação e, por isso, seus principais desafios não podem ser solucionados exclusivamente a partir de uma perspectiva processual. Ou seja, essa linguagem jurisdicional, que não é apenas aceita mas muitas vezes até mesmo incentivada por empresas como a Meta, é incompleta e, consequentemente, leva a uma série de distorções. Ademais, segundo alguns autores, é justamente a partir dessa crítica que as principais limitações do *Oversight Board* tornam-se evidentes e podem ser colocadas em perspectiva. É como pensa, por exemplo, Thomas Kadri, para quem "a aceitação ingênua desse discurso [jurisdicional] carrega consigo o risco de tirar nossa atenção de esforços regulatórios significativos para limitar o poder das plataformas e criar uma esfera digital mais saudável".[474]

O discurso jurisdicional ao qual Kadri se refere, entretanto, pode ser instrumentalizado para diferentes finalidades.[475] Por exemplo, os membros do Board tendem a instrumentalizar tal linguagem para reforçar sua independência, indicando que estão desempenhando o papel de julgadores que resolvem disputas de forma fundamentada com base em regras e princípios, incluindo o Direito Internacional dos Direitos Humanos. Nesse sentido, vale lembrar que a literatura sobre a atuação de cortes constitucionais em regimes não democráticos destaca que, muitas vezes, basta uma linguagem ou narrativa que leve a uma aparência pública de independência da corte para que o poder central se veja limitado no exercício de suas funções no médio prazo.[476] Do outro lado, a Meta e sua liderança instrumentalizam a mesma linguagem para,

---

[474] KADRI, Thomas E. Juridical Discourse for Platforms. *Harvard Law Review Forum*, v. 136, p. 163-204, 2022, p. 186. Tradução livre.

[475] *Ibidem*, p. 186-197.

[476] Ver, de forma geral, GINSBURG, Tom. MOUSTAFA, Tamir (Eds.). *Rule by Law: The Politics of Courts in Authoritarian Regimes*. Cambridge: Cambridge University Press, 2008.

na visão do autor, atingir três objetivos que se retroalimentam e estão intimamente relacionados às críticas do primeiro grupo descritas acima. Primeiro, a empresa pode se valer desse discurso para legitimar sua governança interna e ofuscar seus reais interesses privados. Segundo, a linguagem jurisdicional é conveniente, pois cria um bode expiatório para o qual é possível delegar parte da culpa pela disfuncionalidade do sistema de moderação de conteúdo. Terceiro, a criação de soluções de governança baseadas nessa analogia é parte de uma estratégia corporativa para desacelerar e redirecionar pressões regulatórias que ameaçam a autonomia privada das plataformas e, portanto, colocam seus interesses privados e comerciais em xeque.

Diferente de Reis, Keller e Costello, Kadri não direciona suas críticas ao Board em si, mas sim à linguagem que é usada para justificar sua criação e explicar o seu funcionamento. Na sua visão, essa analogia faz o Comitê parecer mais do que realmente é quando, na verdade, é preciso colocar suas limitações em primeiro plano para que outras soluções de governança possam ser gestadas e implementadas ao seu lado. Em outras palavras, não se pode aceitar que o Board funcione como uma cortina de fumaça, mas sim como um primeiro e importante passo no longo caminho até uma governança interna que seja estruturalmente informada pelos valores e princípios do constitucionalismo moderno.

É nesse sentido que Kadri defende um conceito que está ganhando cada vez mais atração na literatura sobre constitucionalismo digital: o federalismo de plataforma (*platform federalism*).[477] Para além de uma separação de poderes horizontal, a governança privada de plataformas digitais também poderia se beneficiar de uma separação vertical de poderes. Nesse sentido, o federalismo pode oferecer importantes lições de como "mediar interesses rivais de governança entre [diferentes e sobrepostos] reguladores" e, assim, "conciliar soluções centralizadas e descentralizadas de governança".[478] Embora não indique como implementar tal federalismo na prática e se limite a sugerir a continuação desse debate, o autor aponta que o Board

---

[477] KADRI, Thomas E. Juridical Discourse for Platforms. *Harvard Law Review Forum*, v. 136, p. 163-204, 2022, p. 197.
[478] *Ibidem*, p. 197-98. Tradução livre.

assumiria uma importante tarefa nesse novo arranjo, visto que "seus pronunciamentos públicos podem contribuir com a inovação e a produção de conhecimento técnico [...] na plataforma — ou ao menos guiar as discussões públicas sobre tais assuntos".[479] Como se argumentará no próximo tópico, o Board deve, numa perspectiva similar, assumir o papel de tradutor de soluções constitucionais para o contexto digital.

Por fim, um terceiro grupo de críticas se debruça sobre o escopo reduzido de atuação do Board e, por isso, pode ser visto como um desdobramento lógico do segundo grupo. David Wong e Luciano Floridi, ao elencarem as fraquezas do Board, destacam que a sua jurisdição é limitada em dois sentidos.[480] Primeiro, o Comitê, ao menos no que diz respeito ao dispositivo de suas decisões, pode apenas confirmar ou reverter a decisão original de moderação de conteúdo tomada pela plataforma. Isso significa que soluções alternativas que são igualmente importantes para a moderação de conteúdo em plataformas digitais — por exemplo, manter o conteúdo no ar, mas diminuir sua circulação via algoritmos de recomendação — estariam fora do alcance do Board. Importante frisar que o painel responsável pelo caso pode fazer sugestões nesse sentido à empresa, mas tais recomendações não vinculam a Meta, obrigando-a apenas a responder de forma justificada dentro do prazo estipulado no estatuto. Segundo, o Comitê pode decidir apenas casos que digam respeito à moderação de postagens no Instagram ou Facebook, de forma que, ao menos atualmente, estão fora de seu escopo casos envolvendo contas e grupos na plataforma — vale mencionar, entretanto, que já existem diálogos entre a Meta e o Board para expandir sua jurisdição nesse sentido.[481] Nas palavras de Wong e Floridi, a jurisdição constrita do *Oversight Board* acaba "inibindo sua habilidade de confrontar um leque de questões de liberdade de expressão que emergem com a moderação de conteúdo por uma plataforma".[482]

---

[479] *Ibidem*, p. 202. Tradução livre.
[480] WONG, David. FLORIDI, Luciano. Meta's Oversight Board: A Review and Critical Assessment. *Mind and Machines*, v. 22, 2022, p. 270.
[481] *Ibidem*, p. 270.
[482] *Ibidem*, p. 270. Tradução livre.

Em linhas gerais, os argumentos deste terceiro grupo podem ser organizados em três frentes.[483] Na primeira, que vem sendo debatida desde a publicação oficial do estatuto do Board em 2019,[484] são destacados todos os aspectos sensíveis do funcionamento de uma rede social que comumente implicam na violação de direitos dos usuários e que não se relacionam propriamente com a moderação de conteúdo em si, mas que estão igualmente fora da sua jurisdição. É o caso da coleta e processamento de dados pessoais, do funcionamento de algoritmos para distribuição de conteúdos e anúncios, do perfilamento dos usuários com base em dados comportamentais, do uso de dados para treinamento de inteligência artificial, das escolhas de *design* da interface com os usuários, entre outros. Ou seja, olhando para o panorama geral do poder exercido pela Meta sobre seus usuários, é possível argumentar que o impacto das decisões do Board ainda é extremamente limitado, embora não deixe de ser considerável. Vale lembrar que o Comitê pode fazer (e de fato já vem fazendo) recomendações à Meta que tocam nesses aspectos, mas cabe à empresa decidir se e como irá implementá-las, diferentemente das decisões sobre o conteúdo em questão que são vinculantes.

Na segunda, os críticos focam no desequilíbrio entre o número total de decisões de moderação tomadas pela empresa todos os dias e o número de decisões selecionadas pelo Board para revisão. Enquanto o Board seleciona uma média de pouco mais de 24 casos por ano para revisão, o Facebook e o Instagram somados decidem mais de 2 bilhões de casos de moderação no mesmo período — ou seja, uma proporção de aproximadamente um caso do Comitê para cada 83 milhões de decisões da Meta. Como coloca Kadri, "se o Board é a suprema corte, o Facebook ainda controla o resto do judiciário, bem como o legislativo e o executivo".[485] Embora o intuito nunca tenha sido possibilitar que cada caso individual de moderação pudesse ser apelado e revisado por uma instituição independente —

---

[483] KADRI, Thomas E. Juridical Discourse for Platforms. *Harvard Law Review Forum*, v. 136, p. 163-204, 2022, p. 190-191.

[484] DOUEK, Evelyn. *How much power did Facebook give its Oversight Board? Lawfare Blog*, 25 set. 2019. Disponível em: https://www.lawfaremedia.org/article/how-much-power-did-facebook-give-its-oversight-board. Acesso em: 27 dez. 2023.

[485] KADRI, Thomas E. Juridical Discourse for Platforms. *Harvard Law Review Forum*, v. 136, p. 163-204, 2022, p. 191. Tradução livre.

o que simplesmente não é técnica ou humanamente possível dado o volume de informações e a escala na qual a moderação acontece em plataformas do porte do Facebook ou Instagram —, essa desproporção chama atenção justamente porque a empresa continua controlando aspectos operacionais que são centrais para o ecossistema de moderação ao passo que o Board sofre importantes e significativas limitações em sua esfera de atuação.

Por fim, a terceira e última frente se debruça sobre a questão dos "precedentes" do Board. Justamente em razão do desequilíbrio entre o número de casos selecionados pelo Comitê para julgamento e o número total de decisões de moderação tomadas pela Meta, esperava-se que uma parte essencial desse arranjo seria a aplicação das decisões passadas do *Oversight Board* em escala, potencializando o impacto de seus precedentes. O estatuto do Comitê, entretanto, é extremamente vago sobre essa questão e se limita a dizer que a Meta deve aplicar as decisões do Board a "questões idênticas em contextos paralelos" sempre que "técnica e operacionalmente possível". Como bem explicam Wong e Floridi, há um risco de que a empresa "anule a aplicação de quaisquer precedentes ao citar diferenças triviais entre dois casos ou ao superestimar a dificuldade de aplicar o precedente ao caso em questão".[486]

Ademais, as três frentes mencionadas até aqui ganham novos contornos à luz da autoridade limitada do Board sobre seu estatuto e regimento. Enquanto regras do regimento interno que dizem respeito aos seus membros, administração e relatórios de transparência podem ser emendadas por uma maioria de dois terços do Board, todos os demais dispositivos, ao seu turno, só podem ser alterados com a anuência da Meta. O estatuto, ao seu turno, só pode sofrer alterações, independente do assunto, com a aprovação prévia da empresa. Isso significa que as questões tratadas acima, a exemplo da abrangência de sua jurisdição e a forma como seus precedentes são implementados em escala pela Meta, não podem ser modificadas unilateralmente pelo Comitê.[487] Essas últimas críticas indicam algumas importantes e

---

[486] WONG, David. FLORIDI, Luciano. Meta's Oversight Board: A Review and Critical Assessment. *Mind and Machines*, v. 22, 2022, p. 271. Tradução livre.

[487] KLONICK, Kate. The Facebook Oversight Board: Creating an Independent Institution to Adjudicate Online Free Expression. *The Yale Law Journal*, v. 129, 2020, p. 2473-74.

significativas limitações institucionais do Board, demonstrando como, mesmo sendo um passo na direção certa, ainda há muito trabalho a ser feito para que o ecossistema de moderação da Meta atinja um nível ideal de *accountability* e estabilidade.

4.1.4 Análise da atuação do Board

Nenhum arranjo constitucional nasce completo. E mesmo maduro depois de suportar diversas dores de crescimento institucional, nunca será perfeito. Muitas das críticas ao Board, assim como as críticas ao constitucionalismo digital em geral, sucumbem à tentação já citada de "comparar uma forma idealizada de estado constitucional com a realidade caótica dos regimes transnacionais, em vez de comparar aspiração com aspiração e realidade com realidade".[488] O surgimento do Board é um importante primeiro passo rumo à consolidação de um modelo de freios e contrapesos dentro do ecossistema de moderação de conteúdo da Meta, que engloba decisões de moderação tomadas no Facebook e no Instagram a respeito de mais de 5 bilhões de usuários mensais ativos em ambas as plataformas.

O Comitê, entretanto, certamente tem um impacto limitado em razão das diversas constrições feitas tanto pelo estatuto quanto pelo regimento interno. Ademais, seus limites operacionais e administrativos nunca permitirão que o *Oversight Board* acompanhe passo a passo o volume de ações de moderação que são feitas pela Meta todos os dias — e esse, afinal, nunca foi o seu objetivo. É inegável que a empresa também tenha tomado decisões estratégicas para excluir de sua jurisdição aspectos sensíveis do funcionamento de suas plataformas, a exemplo da coleta e processamento de dados, perfilamento de usuários para fins de publicidade e escolhas de *design*. Nota-se, entretanto, que nenhuma das críticas mapeadas acima indica, ao menos de forma conclusiva, que o saldo geral do funcionamento do Board é negativo. Não parece ser o caso, portanto, de se jogar o bebê fora junto com a água do banho.

---

[488] TEUBNER, Gunther. Quod omnes tangit: Transnational Constitutions without Democracy?. *Journal of Law and Society*, v. 45, n. S1, 2018, p. 8. Tradução livre.

Tanto o segundo quanto o terceiro grupo de críticas ao Board oferecem importantes sugestões de reformulação tanto da narrativa usada para justificar sua criação e funcionamento quanto do seu *design* institucional. As analogias feitas entre o Board (incluindo a moderação de conteúdo em si) e a atividade jurisdicional, embora úteis para um público ainda não iniciado nas discussões sobre governança interna de plataformas digitais, podem levar a uma série de distorções que precisam ser debatidas e enfrentadas. O sistema de moderação de conteúdo é muito mais complexo do que apenas a soma das decisões individuais envolvendo a proteção da liberdade de expressão dos usuários de determinada rede social. Mais do que isso, é um sistema composto por pessoas e tecnologias que informam questões como o *design* da plataforma — que pode ou não facilitar o compartilhamento de certos conteúdos e promover engajamento —, o treinamento e desenvolvimento de sistemas de inteligência artificial para moderação em escala, a coleta e o processamento de dados pessoais, dentre outras atividades.

Reduzir a moderação ao processo de tomada de decisão sobre conteúdos individuais é um equívoco. Mais do que isso, considerar o sistema de moderação como um todo dentro do universo que é a governança privada de plataformas digitais significa reconhecer o escopo de atuação inevitavelmente limitado do Board. Afinal, o Comitê só pode emitir julgamentos vinculantes à Meta no que diz respeito às decisões da empresa de remover ou não determinados conteúdos dos usuários. Diversos outros aspectos de sua governança interna estão (propositalmente) fora do seu alcance. Ademais, a empresa certificou-se de que o Board não teria o poder unilateral de emendar o estatuto ou o regimento interno para redesenhar as fronteiras da sua jurisdição. Essas diversas constrições ao seu poder, entretanto, podem e devem ser compensadas por meio da publicação de recomendações de política à Meta (*policy recommendations*), como se verá a seguir.

Antes disso, entretanto, importa enfrentar o primeiro grupo de críticas direcionadas ao Board com maior atenção, ou seja, aquelas que indicam interesses privados ocultos em sua criação e, ainda, uma suposta falta de independência e autonomia. Enquanto as demais críticas apresentam sugestões de reforma ou reenquadramento discursivo do *Oversight Board*, esse primeiro grupo sugere, ao menos em alguns momentos, que o Board não passa de uma instituição-fantoche criada para consolidar, em vez de limitar o poder privado da Meta. Ou seja, são críticas que questionam a própria existência e utilidade do Comitê e, por isso, merecem nossa especial atenção.

Uma certa dose de ceticismo parece bem-vinda quando se está diante de uma nova instituição de controle e supervisão que foi criada, vale lembrar, a partir de um processo de autorreflexão. É preciso considerar, ainda, que essa mesma instituição surgiu com a grandiosa e desafiadora missão de implementar um sistema de freios e contrapesos em um regime transnacional e, assim, trazer mais transparência e previsibilidade ao ecossistema de moderação de conteúdo *on-line*. Como poderia uma instituição nesses moldes ser de fato independente e limitar o poder de uma das empresas mais influentes da atualidade? Como ter certeza que tudo não passa de uma ação de *marketing* para que a Meta lave mãos, delegue a culpa para um órgão externo e continue fazendo o que sempre fez? Essas foram questões centrais levantadas por inúmeros comentadores e acadêmicos quando o Board foi anunciado pela primeira vez e ao longo de sua fase de implementação. Entretanto, o próprio Comitê passou a respondê-las com suas ações tão logo entrou em funcionamento no final de 2020 e publicou suas primeiras decisões em janeiro de 2021.

Como mencionado acima, a literatura sobre o funcionamento de cortes constitucionais em países não democráticos indica que, em vários casos, a mera aparência de independência reforçada pela narrativa oficial pode ser suficiente para que o poder central sofra limitações reais — ainda que a intenção tenha sido criar a corte para delegar a culpa por decisões polêmicas ou conferir um verniz de legitimidade na ausência de democracia e participação popular. O que deve ser objeto de análise (e crítica), portanto, não é o projeto em si ou as supostas intenções "ocultas" que lhe dão sustento, mas sim a sua implementação e execução. Uma vez em funcionamento, o Board tem agido com independência e autonomia? Suas decisões sempre se alinham aos interesses da empresa ou representam uma real limitação do seu poder? Ainda, como a Meta se posiciona em relação ao Comitê, em especial quando recebe recomendações não vinculantes? Vale destacar, desde já, que a empresa até o momento nunca desafiou as decisões do Comitê sobre remoção ou não de um determinado conteúdo. Há, portanto, completo respeito ao caráter vinculante do dispositivo de seus julgamentos, tal como previsto no estatuto do Board e no contrato firmado entre a Meta e o *Trust*. O verdadeiro teste para se verificar o grau de comprometimento da empresa com o projeto, assim, parece ser a proporção de recomendações do Board que a Meta opta por implementar mesmo não sendo obrigada a tanto. A análise a seguir buscará responder algumas dessas questões para, então, refutar parte das críticas articuladas pelo primeiro grupo.

O Board publicou as suas cinco primeiras decisões em 28 de janeiro de 2021. Um desses casos destaca-se em relação aos demais pelo fato de o Comitê ter reforçado sua autonomia e independência da empresa de forma expressa e até mesmo incisiva, criando um importante precedente que serviu de base para julgamentos subsequentes. Trata-se da decisão 2020-004-IG-UA sobre nudez e sintomas de câncer de mama.[489] O caso envolvia uma usuária do Instagram no Brasil que publicou em sua página na plataforma um carrossel com oito fotos, todas parte de uma campanha do Outubro Rosa de 2020. É dizer, a postagem tinha por objetivo conscientizar outras pessoas sobre o câncer de mama e seus principais sintomas. Cinco das oito imagens que faziam parte da publicação incluíam fotos de seios femininos e, em alguns casos, os mamilos estavam descobertos. Isso fez com que o sistema automatizado de filtragem de imagens da plataforma removesse a publicação após categorizá-la como nudez adulta e atividade sexual.

Nada obstante, uma rápida consulta aos padrões da comunidade seria suficiente para constatar, mesmo naquela época, a existência de uma exceção expressa à regra: quando mamilos femininos descobertos são compartilhados no contexto de conscientização sobre o câncer de mama, excetua-se a aplicação da proibição de compartilhamento de imagens de nudez adulta. Ou seja, o sistema automatizado de moderação estava removendo conteúdos da plataforma que eram explicitamente permitidos pelos padrões da comunidade, muito provavelmente por desconsiderar o contexto no

---

[489] A decisão pode ser acessada na íntegra e em português em: https://www.oversightboard.com/decision/IG-7THR3SI1/.

qual estavam inseridos. Após a apresentação de uma apelação pela usuária brasileira, o Board selecionou o caso para revisão.

Entretanto, assim que o caso foi anunciado oficialmente como um dos primeiros selecionados pelo Board, a empresa imediatamente reconheceu que se tratava de um erro de moderação e, então, restaurou a postagem. Na sequência, a plataforma encaminhou um pedido ao Comitê para que desconsiderasse o caso, já que havia retificado sua decisão original de moderação. No entendimento da Meta, o estatuto do *Oversight Board* permite que sejam revisados apenas casos onde há uma disputa ou divergência entre o entendimento do usuário e a posição da plataforma sobre o conteúdo em questão. Como a decisão havia sido revertida voluntariamente pela empresa, esse requisito deixaria de estar presente e, por isso, o caso não mais atrairia a jurisdição do Comitê — como se, em linguagem tipicamente processual, o caso "perdesse o objeto".

O Board foi enfático ao rejeitar esse argumento. O painel responsável pela redação da decisão deixou claro que "a necessidade de discordância é aplicável somente no momento em que o usuário esgota o processo de recurso interno". Ademais, além de revisar a decisão de moderação em si, o Comitê "também oferece aos usuários uma explicação completa do motivo pelo qual a publicação foi removida" e, assim, o painel destacou que o uso de moderação automatizada pela plataforma "levanta questões de direitos humanos" que precisam ser enfrentadas. Em outras palavras, diante de uma tentativa de diminuir a importância do seu papel — e, consequentemente, limitar o seu poder —, o *Oversight Board* deixou claro que a exclusão de casos do seu acervo simplesmente por um erro de moderação ter sido corrigido pela Meta seria um ataque à sua independência, tornando-o, assim, apenas mais um órgão do processo interno de moderação do Instagram ou Facebook. Ademais, o erro só veio à tona porque o Comitê selecionou o caso em um primeiro momento, reforçando e não diminuindo o impacto da sua atuação.

Pelo menos duas questões, portanto, deveriam ser debatidas nesse caso específico para além do acerto ou não da Meta de remover o conteúdo por uma suposta violação aos padrões da comunidade. Em primeiro lugar, essa era uma oportunidade para o Board se debruçar sobre o funcionamento do sistema automatizado de moderação de conteúdo e recomendar mudanças à empresa para que erros da mesma natureza não sejam cometidos no futuro. Esse é um importante debate, tendo em vista que erros de moderação advindos de sistemas automatizados são relativamente comuns e já haviam sido objeto de intensas discussões anteriormente, como demonstra o caso da "Garota Napalm" em 2016.

Em segundo lugar, o fato de ser um erro de fácil identificação — a ponto de a empresa reverter a decisão original de moderação tão logo o anúncio de seleção do caso foi feito — indica que o processo interno de revisão de decisões de moderação, em especial aquelas feitas por sistemas automatizados, é falho e precisa ser reavaliado de alguma forma. Embora o estatuto preveja que o Board também poderá recomendar mudanças de política à empresa no contexto de suas decisões, não estava claro, até a publicação dos seus primeiros julgamentos, sobre exatamente quais questões de governança a instituição iria (e poderia) se debruçar. Daí a importância do caso 2020-004-IG-UA. O Board, interpretando seus documentos fundacionais, deixou claro que seu papel vai muito além de apenas revisar decisões de moderação, exercendo, portanto, uma função de supervisão e monitoramento que pode levar ao aprimoramento da governança privada da Meta como um todo.

Ao final de sua decisão sobre a postagem da usuária brasileira, o *Oversight Board* fez uma série de recomendações à empresa, entre elas que a Meta "melhore a detecção automatizada de imagens com sobreposição de texto para garantir que as publicações de conscientização dos sintomas do câncer de mama não sejam sinalizadas erroneamente para análise". De acordo com uma comunicação oficial do Board encaminhada no formato de *newsletter*, em 21 de dezembro de 2023, a Meta implementou, em resposta às recomendações desse caso, dois novos classificadores para prevenir a remoção automatizada de conteúdos sobre câncer de mama. Durante a fase de testes ao longo de um período de 30 dias em 2023, os novos classificadores evitaram a remoção indevida de 3.500 conteúdos similares. Essas e tantas outras mudanças advindas de suas recomendações não existiriam caso o Comitê não tivesse se posicionado de forma independente, resistindo à tentativa da empresa de remover casos do seu acervo após a retificação da decisão original de moderação e, assim, consolidando sua autoridade de supervisão. Em um texto de opinião de fevereiro de 2021, Lorenzo Gradoni chega a afirmar que essa decisão foi o momento *Marbury v. Madison* do *Oversight Board,* trazendo à tona o caso histórico no qual a Suprema Corte dos Estados Unidos, comandada pelo Chief Justice John Marshall, consolidou sua autoridade institucional e declarou "inconstitucional" pela primeira vez uma norma federal.[490]

Em seus primeiros três anos de funcionamento, o Comitê publicou, ao todo, 74 decisões sobre ações de moderação tomadas pelo Facebook e Instagram.[491] Segundo as críticas do primeiro grupo, o processo de tomada de decisão da instituição não passaria de um carimbo para resguardar e legitimar o poder privado da Meta, em vez de limitá-lo. Ou seja, não haveria propriamente a consolidação do princípio da contestação dentro do regime transnacional em questão, mas sim o reforço de sua autoridade a partir da articulação de uma narrativa constitucional que funcionaria meramente como "discurso autônomo de legitimação".[492] O caso do câncer de mama já indica que a atuação do Board vem desafiando tais rótulos.

São, desde janeiro de 2021, diversos os casos selecionados para revisão que levaram a empresa a reconhecer erros de moderação de conteúdo e reverter sua decisão original. Esse é, talvez, um dos principais sinais da independência do Comitê, visto que a Meta só toma conhecimento dos casos que serão revisados quando a seleção já foi feita e anunciada oficialmente. Isso causa um constrangimento público que não pode ser desconsiderado, forçando a empresa a assumir o próprio erro publicamente e, de acordo com o precedente fixado no caso 2020-004-IG-UA, aguardar uma decisão final do Board acompanhada de uma série de recomendações sobre como

---

[490] GRADONI, Lorenzo. Constitutional Review via Facebook's Oversight Board: How platform governance had its Marbury v Madison. *Verfassungsblog*, 10 fev. 2021. Acesso em: 28 dez. 2023. Disponível em: https://verfassungsblog.de/fob-marbury-v-madison/.

[491] Todas as análises envolvendo a atuação do Comitê, incluindo os gráficos a seguir, foram feitas com dados coletados e sistematizados pelo autor a partir de informações disponibilizadas no Centro de Transparência da Meta — que pode ser acessado em https://transparency.fb.com/ —, no *site* institucional do *Oversight Board* — que pode ser acessado em https://www.oversightboard.com/ — e nos relatórios de transparência do Comitê — que podem ser consultados em https://oversightboard.com/news/. As decisões selecionadas para a análise compreendem o período de janeiro de 2021 a dezembro de 2023.

[492] LOUGHLIN, Martin. *Against Constitutionalism*. Cambridge: Harvard University Press, 2022, p. 188.

corrigir erros similares no futuro e atuar em consonância com os direitos humanos.

Ademais, longe de agir meramente como "carimbador" ou "certificador" das ações de moderação da empresa, o Board tem, na prática, revertido as decisões da Meta na esmagadora maioria dos casos selecionados para revisão. Entre janeiro de 2021 e dezembro de 2023, dos 74 casos decididos pelo Comitê, 66 resultaram na reversão da decisão original e em apenas 7 houve uma confirmação da posição da Meta[493]. Ou seja, na grande maioria dos casos já decididos desde sua fundação, o *Oversight Board* reverteu a decisão de moderação do Facebook ou Instagram, agindo com completa independência e forçando a Meta a reconsiderar seus protocolos e procedimentos internos por meio de suas recomendações.

Isso também demonstra certa predisposição institucional em selecionar casos para revisão que tocam em temas com os quais o Board, de uma forma ou outra, já demonstrou discordância no passado para, assim, reforçar sua posição e colocar ainda mais pressão na empresa por mudanças efetivas. Em casos casos decididos no final de 2023, por exemplo, o Comitê optou por não apresentar novas recomendações à Meta e apenas retomar recomendações passadas que ainda não foram implementadas integralmente ou que poderiam ser mais bem aproveitadas.

O Board também vem se valendo da sua competência de fazer recomendações à empresa para otimizar o impacto de suas decisões e, assim, manifestar-se sobre questões de governança que vão muito além da restauração ou remoção de conteúdos individuais dos usuários. No mesmo período analisado, entre janeiro de 2021 e dezembro de 2023, o Comitê publicou um total de 242 sugestões de *policy* direcionadas à empresa.

Esse elevado número de sugestões, entretanto, pouco significa se não for levada em consideração a proporção que de fato é implementada pela empresa. Haveria de fato um comprometimento

---

[493] Um dos casos selecionados pelo Oversight Board e publicados em 28 de janeiro de 2021 tornou-se indisponível para revisão após o usuário excluir unilateralmente a postagem objeto de moderação, de forma que não pode ser computado nem como uma reversão ou confirmação da decisão interna da empresa. Para mais informação, ver https://www.oversightboard.com/decision/FB-KBHZS8BL/.

com as chamadas *policy recommendations* ou estamos diante de uma competência meramente acessória do *Oversight Board*? Lembre-se, afinal, que tais recomendações não vinculam a Meta, criando tão somente uma obrigação de manifestação pública na qual devem ser dadas as razões pelas quais determinadas recomendações serão ou não implementadas.

Na prática, a Meta vem oferecendo quatro tipos de resposta ao Board sempre que novas sugestões são feitas: implementação parcial, implementação total, rejeição (*no further action*) ou um indicativo de que a empresa já adota aquela medida (*work Meta already does*). Das 242 recomendações feitas, apenas 40 foram rejeitadas, ao passo que 84 serão ou já foram implementadas integralmente e 79 parcialmente. Ou seja, a empresa se comprometeu a agir com aproximadamente 67% de todas as recomendações do Board até dezembro de 2023.

Gráfico 1 – Respostas da Meta às Recomendações do Board

Trabalho que a Meta já Realiza	16
Rejeitadas	40
Implementando Integralmente	84
Implementando Parcialmente	79
Analisando Viabilidade	23

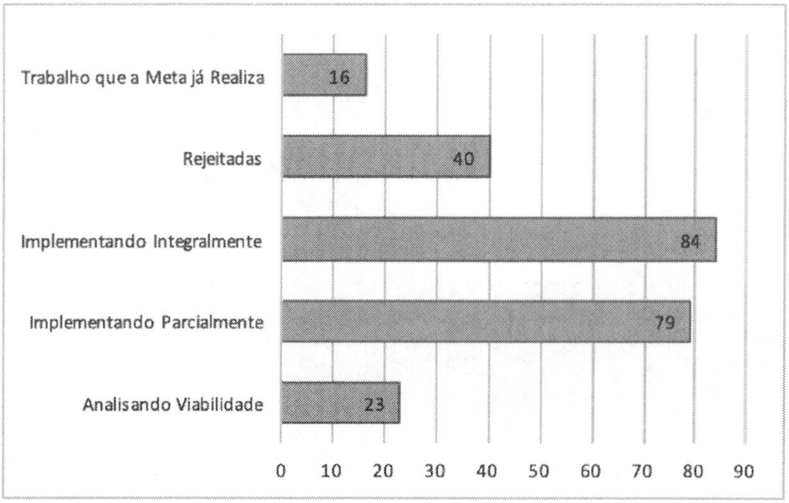

Fonte: O autor.

Os dados indicam uma alta taxa de *comprometimento inicial* da empresa com as recomendações do Board. Há, entretanto, uma diferença entre se comprometer com a implementação de uma recomendação e de fato implementá-la. Entretanto, os dados também apontam para uma alta taxa de *implementação final* das recomendações do Comitê. Entre as 84 recomendações com as quais a Meta se comprometeu a implementar integralmente, 60 já foram implementadas. Já entre as 79 recomendações com as quais a Meta se comprometeu a implementar parcialmente, 41 já foram implementadas. Em geral, portanto, a empresa finalizou o processo de implementação de aproximadamente 62% de todas as recomendações com as quais se comprometeu, entre janeiro de 2021 e dezembro de 2023.

Algumas diferenças nas taxas de implementação se devem ao tempo transcorrido desde a publicação da decisão do Board que contém a recomendação em questão e o momento da presente análise; quanto mais tempo desde a publicação, maior a probabilidade de a recomendação já ter passado por todos os estágios de implementação por parte da empresa. O tempo de implementação também depende da complexidade da recomendação em si. Recomendações que exigem apenas uma simples mudança de texto nos padrões da comunidade, por exemplo, tendem a ser implementadas antes que recomendações que exigem a condução de uma auditoria externa para o mapeamento de possíveis vieses algorítmicos ou o desenvolvimento de novas funcionalidades da plataforma.

Gráfico 2 – Taxa de Implementação das Recomendações do Board

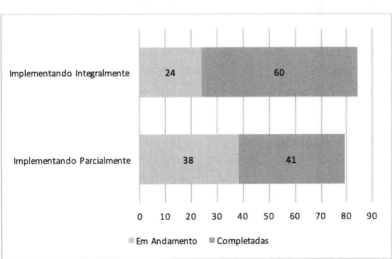

Fonte: O autor.

Vale destacar que as sugestões em questão não são, em regra, triviais ou de fácil implementação. As recomendações que a empresa concordou em implementar integralmente até o momento incluem o desenvolvimento de uma moldura para analisar os esforços de integridade eleitoral tanto no Facebook quanto no Instagram, o aprimoramento de seu fluxo de trabalho e a capacitação de seus funcionários para melhor avaliar o contexto e a linguagem de conteúdos selecionados para revisão, a articulação de critérios mais claros para a aplicação de sistemas automatizados de remoção de conteúdo, a facilitação do acesso de pesquisadores aos dados de moderação da empresa, a condução de uma auditoria independente para determinar se a moderação de conteúdo em Hebraico e Árabe no contexto do conflito Israel-Palestina está sendo feita com ou sem vieses, o desenvolvimento e publicação de critérios mais claros para a moderação de conteúdo em situações de conflito armado, a notificação de usuários do Instagram sempre que uma tela de aviso for adicionada às suas fotos e a implementação de uma funcionalidade específica que permita aos usuários solicitar a remoção de informações privadas das plataformas da empresa. São ações do Board que, uma vez implementadas pela Meta, trazem mudanças significativas ao ecossistema de moderação de conteúdo e à governança interna da empresa de forma geral, representando verdadeiros avanços em termos de transparência, previsibilidade e *accountability*.

A análise realizada até aqui das decisões e recomendações do Board nos seus três primeiros anos de funcionamento reforça os argumentos de Wong e Floridi sobre os três principais pontos fortes da instituição.[494] Primeiro, suas decisões jogam luz sobre as ambiguidades e inconsistências que podem ocorrer tanto no desenvolvimento quanto na aplicação das regras e políticas da Meta. Isso traz um duplo benefício, visto que dá ao público um acesso privilegiado a informações antes inacessíveis sobre a moderação de conteúdo e, ao mesmo tempo, concede à empresa uma oportunidade de revisar seus procedimentos internos e aprimorá-los à luz não só dos padrões da comunidade como, principalmente, do Direito Internacional

---

[494] WONG, David. FLORIDI, Luciano. Meta's Oversight Board: A Review and Critical Assessment. *Mind and Machines*, v. 22, 2022, p. 267-69.

dos Direitos Humanos. Segundo, o Board vem provando o seu valor institucional por meio de *policy recommendations* que, embora não vinculantes, já contribuíram com mudanças significativas na governança interna da Meta. O fato de as recomendações não serem vinculantes, vale destacar, é até mesmo uma vantagem para o Board, principalmente nos seus primeiros anos de funcionamento, pois diminui os custos de aderência ao projeto por parte da empresa e eventuais rejeições de suas recomendações não significam, isoladamente, uma ameaça à sua autoridade institucional.[495] Por fim, em terceiro lugar, o Comitê não tem medo de atuar com assertividade e contrariar os interesses privados da Meta sempre que necessário. Por um lado, o Board reverteu decisões internas de moderação da empresa em 89% dos casos decididos no período analisado e, por outro, não se intimidou quando precisou interpretar seus documentos fundacionais de forma a resguardar (e até mesmo expandir) sua jurisdição, demonstrando sua real autonomia e independência, refutando parte das críticas apresentadas acima.

No entanto, mais do que defender a independência do *Oversight Board* e o impacto positivo de sua atuação sobre a governança da Meta, importa destacar o seu importante papel no avanço do constitucionalismo digital em si. Fica evidente, a partir da análise feita no presente capítulo, que o Board insere-se dentro de um arranjo de "dupla externalização combinada com autorreflexão interna".[496] Foram sucessivos escândalos corporativos envolvendo o Facebook — resultando numa pressão externa exercida tanto pela sociedade civil quanto por autoridades governamentais de diferentes países — que levaram Mark Zuckerberg e Sheryl Sandberg a iniciarem um processo de autorreflexão com base na sugestão feita por Noah Feldman em janeiro de 2018.

Nada obstante, apenas criar uma instituição de supervisão e se comprometer com sua atuação independente não basta. É preciso buscar um elemento de estabilização externa, garantindo, assim, que

---

[495] Para uma discussão mais aprofundada nesse sentido, ver DOUEK, Evelyn. Facebook's "Oversight Board": Move Fast with Stable Infrastructure and Humility. *North Caroline Journal of Law & Technology*, v. 21, n. 1, 2019, 1-78.

[496] TEUBNER, Gunther. BECKERS, Anna. Expanding Constitutionalism. *Indiana Journal of Global Legal Studies*, v. 20, n. 2, 2013, p. 526.

a empresa não irá se desvincular facilmente de seu compromisso prévio. Esse elemento, como se viu, é o *Trust*, com o qual a Meta firmou um contrato para se vincular à jurisdição do Board. Mas isso, ainda assim, é apenas parte da história. O Comitê, em especial a partir das suas recomendações, também vem contribuindo com a construção de novas estruturas constitucionais dentro do regime transnacional pelo qual é encarregado. São verdadeiras soluções de *design* constitucional que traduzem aspectos essenciais do "núcleo normativo" do constitucionalismo moderno como argumenta Costello[497] à luz da "episteme idiossincrática do regime transnacional em questão",[498] reforçando a agenda proposta acima.

Em outras palavras, o Board vem atuando como uma espécie de "tradutor" de questões constitucionais, generalizando certos aspectos do constitucionalismo moderno e os reespecificando de acordo com as nuances e complexidades próprias da governança interna de plataformas digitais. Essa função está alinhada a uma das três dimensões do constitucionalismo digital identificadas por Edoardo Celeste, qual seja, a tradução progressiva de elementos constitucionais para a arena transnacional.[499] De forma semelhante, Lucas Henrique Muniz aponta para a possibilidade de o Comitê funcionar como uma espécie de "refletor constitucional" a partir das bases teóricas do constitucionalismo societal na obra de Gunther Teubner.[500] Angelo Golia, por sua vez, destaca o potencial transformador do *Oversight Board* que, embora limitado pelas múltiplas dimensões de governança da Meta que estão fora de seu alcance direto (embora não necessariamente indireto), pode "tematizar" questões constitucionais e, assim, iniciar um diálogo público com a empresa sobre os temas selecionados para revisão e análise.[501]

---

[497] COSTELLO, Róisín Á. *Faux Ami? Interrogating the normative coherence of 'digital constitutionalism'*. Global Constitutionalism, 2023, p. 11.

[498] TEUBNER, Gunther. Quod omnes tangit: Transnational Constitutions without Democracy?. *Journal of Law and Society*, v. 45, n. S1, 2018, p. 27. Tradução livre.

[499] CELESTE, Edoardo. *Digital Constitutionalism: The Role of Internet Bills of Rights*. Nova Iorque: Routledge, 2023, p. 73-75.

[500] CONCEIÇÃO, Lucas Henrique Muniz da. *A Constitutional Reflector? Assessing Societal and Digital Constitutionalism in Meta's Oversight Board*. Global Constitutionalism, 1-34, 2024.

[501] GOLIA, Angelo Jr. *The Transformative Potential of Meta's Oversight Board: Strategic Litigation within the Digital Constitution?* Forthcoming in Indiana Journal of Global Legal Studies, v. 30, n. 2, 2024. Disponível em: https://papers.ssrn.com/sol3/papers.cfm?abstract_id=4401086.

Ainda, Golia destaca que o Board pode contribuir com a constitucionalização da Meta de duas formas.[502] Primeiro, desenvolvendo novas regras (procedimentais e substanciais) de moderação de conteúdo. Segundo, trazendo mais transparência à governança interna da empresa e oferecendo informações necessárias para sua contestação por diferentes atores incluindo o Comitê e os próprios usuários do Facebook e Instagram. De forma a melhor investigar (e ilustrar) essa função de "tradutor" de questões constitucionais, em especial no que diz respeito à dimensão estrutural do constitucionalismo moderno, o próximo tópico se debruça sobre a atuação do Board na construção da política de crise da Meta desde suas primeiras decisões em 2021.

4.1.5 Construindo uma política de crise

No período analisado — entre janeiro de 2021 e dezembro de 2023 —, o Board fez um total de 242 recomendações à Meta a respeito de diferentes assuntos. Alguns temas, entretanto, destacaram-se em relação aos demais e demonstram algumas agendas que são prioritárias para o Comitê. Por exemplo, foram mais de 20 recomendações sobre questões envolvendo integridade eleitoral e moderação de conteúdo durante as eleições, refletindo a preocupação de diferentes autoridades ao redor do mundo com os impactos desproporcionais de grandes plataformas digitais na arena eleitoral, desde pelo menos as eleições presidenciais nos Estados Unidos em 2016. Também foram mais de 20 recomendações do Board envolvendo o uso de ferramentas de moderação automatizada nas plataformas da Meta. Como se viu acima, esse é outro assunto que ganhou destaque entre 2016 e 2018, quando a empresa viu-se diante de uma série de escândalos a respeito de sua governança interna, como no caso da remoção da foto "Garota Napalm".

O Comitê também se debruçou, embora em menor volume, sobre a proteção da privacidade dos usuários. Nesse sentido, fez importantes sugestões à empresa sobre o compartilhamento de

---

[502] *Ibidem*, p. 9.

informações residenciais nas suas plataformas[503] e forçou a Meta a reescrever sua política sobre identificação funcional, em especial quando há riscos para crianças e adolescentes vítimas de violência sexual.[504] Mais uma vez, a proteção da privacidade dos usuários de plataformas digitais é outro assunto que vem pautando o debate público sobre os efeitos das redes sociais em nossas vidas, incluindo talvez o principal escândalo enfrentado pelo Facebook a respeito do compartilhamento de dados pessoais de seus usuários com a extinta Cambridge Analytica. Não surpreende, portanto, que o Board tenha dedicado parte dos seus esforços ao tema.

Nenhuma outra questão foi mais trabalhada pelo *Oversight Board*, entretanto, do que a moderação de conteúdo em momentos de crise e conflito. A primeira decisão publicada pelo Board em 28 de janeiro de 2021 foi sobre o conflito em Mianmar e o discurso de ódio contra muçulmanos no país,[505] ao passo que a última decisão do período analisado, publicada em 19 de dezembro de 2023, versou sobre a guerra entre Israel e Palestina e a moderação de conteúdos sobre reféns israelenses sequestrados pelo Hamas.[506] Entre esses dois marcos temporais, o Board também enfrentou questões envolvendo violência em momentos de instabilidade político-eleitoral — seja nos Estados Unidos, durante o 6 de janeiro de 2021, seja no Brasil, durante o 8 de janeiro 2023 —, a emergência sanitária global representada pela pandemia da Covid-19 e a invasão da Ucrânia pela Rússia.

O foco em política de crise, portanto, nada mais é do que um sinal dos tempos. Das 242 recomendações feitas no período analisado, 58 (aproximadamente 24%) versaram sobre situações de emergência direta ou indiretamente. É dizer, o Board dedicou quase um quarto da sua energia institucional para sugerir mudanças na política de crise da Meta, seja no contexto da pandemia, de diferentes conflitos armados ou até mesmo de eleições que foram contestadas por grupos extremistas. Política essa que, como se verá a seguir, foi criada em razão de uma das primeiras recomendações do Comitê e vem sendo aperfeiçoada desde então. Para o presente estudo, por

---

[503] PAO-2021-01. Disponível em: https://www.oversightboard.com/decision/PAO-2021-01/.
[504] 2021-016-FB-FBR. Disponível em: https://www.oversightboard.com/decision/FB-P9PR9RSA/.
[505] 2020-002-FB-UA. Disponível em: https://www.oversightboard.com/decision/FB-I2T6526K/.
[506] 2023-050-FB-UA. Disponível em: https://www.oversightboard.com/decision/FB-M8D2SOGS/.

sua vez, o ponto central a ser debatido a seguir está no paralelo que existe entre a construção de uma política de crise pela Meta e um instituto próprio do constitucionalismo presente na maioria das constituições modernas: o estado de emergência constitucional.

Em um influente trabalho sobre *design* constitucional comparado, Christian Bjørnskov e Stefan Voigt chegaram à conclusão de que aproximadamente 90% das constituições nacionais em vigência no ano de 2018 contavam com normas explícitas sobre como enfrentar um estado de emergência.[507] Trata-se, portanto, de um elemento central do constitucionalismo moderno. A ideia é garantir a própria sobrevivência da moldura constitucional mesmo diante de situações que, pelo seu caráter emergencial, exigem a flexibilização de certos direitos e garantias fundamentais. Em momentos de exceção, portanto, há um interesse legítimo por parte da autoridade governamental de exercer certos poderes emergenciais para contornar a crise. Trata-se, em outras palavras, de um "modelo de acomodação" entre, de um lado, o projeto constitucional de limitação do poder e, do outro, a necessidade de se flexibilizar ou suspender parcialmente a moldura constitucional para que a emergência possa ser enfrentada com eficiência e no tempo adequado.[508] Entretanto, o *design* do estado de emergência dentro de uma constituição específica — o que alguns autores chamam de "constituição emergencial" (*emergency constitution*)[509] — deve ser cuidadosamente pensado de forma a evitar abusos e distorções que possam promover a desconstrução do projeto constitucional como um todo.

A partir de uma análise comparativa, é possível extrair quatro principais elementos de *design* constitucional que permeiam o debate sobre o estado de emergência no constitucionalismo moderno.[510] Em primeiro lugar, é preciso definir previamente quais situações podem justificar a declaração de uma emergência. É importante que o poder

---

[507] BJORNSKOV, Christian. VOIGT, Stefan. *The Architecture of Emergency Constitutions*. International Journal of Constitutional Law, v. 16, n. 1, 2018, 101-27.

[508] GROSS, Oren. *Constitutions and Emergency Regimes*. In: GINSBURG, Tom. DIXON, Rosalind (Eds.). *Comparative Constitutional Law*. Londres: Edward Elgar Publishing, 2011, p. 334-55.

[509] Ver, nesse sentido, ACKERMAN, Bruce. The Emergency Constitution. *Yale Law Journal*, v. 113, n. 5, p. 1029-1091, 2004.

[510] ARCHEGAS, João Victor. Comparative Emergency Powers: Brazil and the Philippines under Covid-19. *Catholica Law Review*, v. 5, n. 1, 2021, 43-73.

central não tenha a possibilidade de, unilateralmente, decidir o que configura uma emergência quando a crise já se consolidou e precisa ser enfrentada imediatamente. Constituições nacionais podem incluir nesse rol situações como agressões externas, instabilidade interna, desastres naturais, pandemias, desabastecimento de água ou energia, comprometimento de infraestrutura crítica, etc. Quanto mais bem delimitadas no próprio texto constitucional, menor será a probabilidade de que tais situações sejam instrumentalizadas para atacar ao invés de proteger a moldura constitucional diante de uma emergência.

Em segundo lugar, é preciso definir previamente quem será o ator competente por, de um lado, declarar a emergência e, do outro, exercer os poderes emergenciais necessários para combatê-la. Em geral, as constituições nacionais optam por separar tais competências, delegando a primeira ao legislativo e a segunda ao executivo. A exceção, entretanto, são alguns países da América Latina que permitem que, em certas circunstâncias, o Poder Executivo declare unilateralmente um estado de emergência após consultar seus conselheiros para temas de segurança nacional.[511]

Em terceiro lugar, é preciso definir previamente quais serão os efeitos da declaração de emergência. No cenário internacional contemporâneo, é possível identificar diferentes categorias criadas por constituições nacionais que são abrigadas sob o guarda-chuva conceitual do estado de exceção, como estado de sítio, estado de guerra, estado de defesa, etc. Cada uma dessas categorias, a depender do mecanismo acionado, leva a consequências distintas e autoriza o exercício de diferentes poderes emergenciais para contornar determinada crise. É comum, ainda, que a Constituição liste, sempre de forma exaustiva, quais direitos e garantias fundamentais podem ou não ser suspensos durante a declaração de emergência. Isso serve para demarcar quais áreas da Constituição não aceitam qualquer forma de flexibilização, mesmo em caso de emergência.

Por fim, em quarto lugar, talvez o aspecto de *design* constitucional mais sensível quando se fala em estado de emergência é a formulação

---

[511] GROSS, Oren. *Constitutions and Emergency Regimes.* In: GINSBURG, Tom. DIXON, Rosalind (Eds.). *Comparative Constitutional Law.* Londres: Edward Elgar Publishing, 2011, p. 340.

de um sistema de freios e contrapesos. Duas principais questões precisam ser definidas nessa última frente. Primeiro, qual órgão terá a competência para, de forma independente e autônoma, monitorar o desdobramento do estado de emergência e o exercício dos poderes emergenciais, garantindo sua aderência aos limites constitucionais. Segundo, qual é o prazo de duração do estado de emergência, quais são as condições para que uma solicitação de renovação seja feita e qual órgão tem competência para aprovar ou não tal pedido. Ademais, também é preciso definir, para cada uma das categorias de estado de exceção, quantas renovações sucessivas serão permitidas.

Esses quatro elementos, portanto, buscam trazer mais estabilidade e previsibilidade para a declaração do estado de emergência e o consequente exercício dos poderes emergenciais. O objetivo primordial é salvaguardar a Constituição para que direitos e garantias fundamentais que foram temporariamente suspensos ou flexibilizados voltem a valer assim que a emergência acabar. Afinal, a emergência é uma exceção constitucional, não a regra.[512] Nesse sentido, nota-se que, além de estipular prazos e condições para o final da emergência, diversas constituições também proíbem que emendas constitucionais sejam aprovadas durante o período. É o que prevê, por exemplo, o artigo 60, §1º da Constituição Federal do Brasil: "A Constituição não poderá ser emendada na vigência de intervenção federal, de estado de defesa ou de estado de sítio".

A existência de tal instituto no constitucionalismo moderno é, portanto, uma interessante concessão que parte de um momento de conscientização pragmática por parte do poder constituinte. Emergências são inevitáveis e, mais do que isso, imprevisíveis. Quando acontecerem, é preciso agir rapidamente, desconsiderando, assim, certos limites constitucionais que foram pensados especificamente para períodos de normalidade. A falta de flexibilidade, por sua vez, pode gerar tamanha tensão em momentos de crise a ponto de conduzir o Estado a um momento de ruptura constitucional. Assim,

---

[512] Há um longo debate na filosofia política sobre momentos de exceção constitucional e suas implicações para o exercício do poder público no Estado. Embora se reconheça a importância dessa discussão, não haverá espaço, dada as restrições metodológicas do presente trabalho, para enfrentá-la com a profundidade necessária. Ver, nesse sentido, AGAMBEN, Giorgio. *Estado de exceção*. São Paulo: Boitempo, 2004.

buscando salvaguardar o regime constitucional, o constituinte aceita a possibilidade de suspensão dos limites inscritos na Constituição, sempre, é claro, de forma temporária e com o amparo de um sistema de freios e contrapesos.

O instituto do estado de exceção, ao lado de seus diferentes elementos de *design* constitucional, pode (e deve) ser generalizado e reespecificado para o contexto da governança de plataformas.[513] O que se viu durante o período da pandemia da Covid-19 é um exemplo do que pode acontecer na ausência de uma política de crise ou exceção nas principais redes sociais. Plataformas como Facebook e Twitter passaram a revisar suas políticas internas para enfrentar discursos falsos e perigosos sobre, por exemplo, o uso de máscaras, a importância do distanciamento social, a adequação de medidas de *lockdown*, a eficiência e segurança da vacina e a origem do vírus. Entretanto, isso foi feito de forma desordenada e sem transparência, muitas vezes por meio de postagens em *blogs* institucionais sem qualquer aviso aos usuários.

A maioria das pessoas, em especial os usuários, sequer se deu conta de que tais plataformas estavam operando sob uma espécie de estado de emergência — flexibilizando, assim, certas políticas de moderação de conteúdo —, justamente por inexistir uma moldura normativa que servisse de base para tal comparação. Ou seja, o que se deu, na prática, foi um estado de emergência sem "constituição emergencial". Como escrito em maio de 2020 num artigo de opinião, esse estado de emergência digital preocupa por dois motivos: "Primeiro, nada garante que será *temporário*. Não há nenhum mecanismo capaz de suspender as novas regras assim que a pandemia acabar. Segundo, nada garante que será *conservador*. Justamente por não existirem [tais] mecanismos [...], [as novas regras] poderão se tornar parte da nova 'normalidade'".[514]

---

[513] Para uma discussão detalhada e algumas sugestões de como isso pode ser feito na prática, ver ARCHEGAS, João Victor. Moderating Misinformation During the Covid-19 Pandemic: Why Social Media Plataforms Need an Emergency Constitution. *Keele Law Review*, v. 3, 2021, 90-99.

[514] ARCHEGAS, João Victor. Estado de emergência digital: regulando *fake news* durante a pandemia. *JOTA*, 8 maio 2020. Disponível em: https://www.jota.info/opiniao-e-analise/artigos/estado-de-emergencia-digital-regulando-fake-news-durante-a-pandemia-08052020. Acesso em: 04 jan. 2024.

Sem regras e procedimentos mais claros, diversas questões seguem em aberto. Quais situações justificam a flexibilização de políticas e protocolos de moderação? Quais atores dentro da estrutura de governança da plataforma fazem essa análise? Quais políticas e protocolos de moderação podem ser suspensos ou flexibilizados? Por quanto tempo? Há algum sistema de freios e contrapesos que traga um elemento de supervisão e monitoramento? Como os usuários serão informados de todos esses desdobramentos? Ainda em 2020, portanto, estava claro que o primeiro passo para trazer mais transparência e estabilidade ao estado de emergência digital seria a elaboração de uma política de crise por parte de grandes plataformas como o Facebook, indicando de forma clara quais seriam os parâmetros para sua atuação durante situações de emergência.

Por ocasião da revisão do seu caso mais célebre até o momento, a suspensão por tempo indeterminado de Donald Trump do Facebook e Instagram, o *Oversight Board* aproveitou a oportunidade para se manifestar sobre o assunto. Ao final de sua longa decisão, o Comitê instou a empresa a "desenvolver e publicar uma política que governe sua resposta a crises ou situações inesperadas em que seus procedimentos regulares são ineficientes para prevenir ou evitar danos". Em resposta ao Board, a empresa desenvolveu um "protocolo de política de crise" (*crisis policy protocol*) após conduzir uma pesquisa interna e consultar dezenas de especialistas em áreas como segurança nacional e resposta humanitária.[515]

O protocolo tem por objetivo, segundo a própria descrição da empresa, "codificar respostas específicas de política [interna]" para situações de crise, permitindo, assim, que a Meta tenha uma resposta global consistente "com a flexibilidade [necessária] para se adaptar às rápidas mudanças de condição".[516] O protocolo é informado

---

[515] BICKERT, Monika. *Community Standards Enforcement Report, Second Quarter 2022*. Facebook Newsroom, 25 ago. 2022. Disponível em: https://about.fb.com/news/2022/08/community-standards-enforcement-report-q2-2022/. Acesso em: 04 jan. 2024.

[516] Uma descrição detalhada do protocolo pode ser consultada na minuta do *Policy Forum* de 25 de janeiro de 2022 em: https://transparency.fb.com/sr/policy-forum-minutes-january-25-2022. O *Policy Forum* é uma reunião organizada pela Meta para discutir mudanças de políticas entre diferentes times da empresa. Alguns observadores são convidados para acompanhar tais encontros, em geral especialistas que foram consultados a respeito da mudança de política em questão e membros do *Oversight Board*.

por crises passadas enfrentadas pela empresa e se estrutura em três níveis de risco. Cada nível corresponde a diferentes ações de moderação que podem ser adotadas pela empresa, por exemplo, acelerar o processo interno de inclusão em listas de moderação de certos termos ou *hashtags* associados a atos de violência ou que podem colocar usuários em risco. O protocolo também oferece alguns exemplos do que pode ser considerado uma situação de emergência (aumento de atividade militar em certo território, eleições em regiões de alto risco, imposição de restrições estatais para o acesso à Internet, etc.) e como identificar o seu término (redução da atividade militar ao nível pré-crise, resolução pacífica do período eleitoral, suspensão das restrições estatais para o acesso à Internet, etc.).

Ademais, tais situações são distribuídas entre os três diferentes níveis de risco, sendo o aumento de atividade militar uma emergência de nível 1 (mais baixo) ao passo que um golpe de Estado, por exemplo, é tido como uma emergência de nível 3 (mais alta). Esse é, certamente, um importante primeiro passo na direção de uma política de exceção nos moldes do constitucionalismo contemporâneo. Pela primeira vez, a empresa indicou quais situações podem configurar uma emergência para fins de moderação de conteúdo, como essas situações são classificadas em diferentes níveis de risco, quais mudanças específicas de governança são adotadas para enfrentar cada tipo de crise e, ainda, quais indicadores são levados em consideração para identificar o fim da emergência.

Nada obstante, diversos outros elementos indicados acima estão faltando ou foram implementados apenas parcialmente. Em primeiro lugar, a Meta deveria indicar uma lista de situações que podem configurar uma emergência bem como todos os poderes emergenciais à sua disposição e não apenas exemplos de ambas as categorias. É claro que, por se tratar de uma emergência, tais categorias podem sofrer alterações e devem ser relativamente flexíveis. O problema é que, até o momento, a empresa só ofereceu alguns poucos exemplos que são insuficientes para que observadores externos possam ter uma compreensão mais ampla do protocolo. Em segundo lugar, a Meta não deu explicações sobre seus procedimentos internos a respeito de quando e como o protocolo é acionado, quais atores estão envolvidos na sua implementação e quando se dá seu término. Por fim, o protocolo não está necessariamente sujeito ao controle de órgãos independentes, embora o Board venha demonstrando uma preocupação contínua com seu aprimoramento por meio de suas recomendações de política. Uma possível alternativa seria a inclusão do Comitê nesse processo, assumindo as funções de aprovação da declaração de emergência, monitoramento do exercício dos poderes emergenciais e aprovação da manutenção do protocolo após determinado período de tempo ou de acordo com indicadores preestabelecidos.[517]

É justamente diante da necessidade de aperfeiçoamento do protocolo que a função de "tradutor" de questões constitucionais torna-se central. Desde a publicação do protocolo da Meta pela primeira vez em agosto de 2022, o Comitê vem fazendo novas recomendações à empresa para aproximar ainda mais a sua política de crise dos elementos de *design* constitucional elencados acima. Sempre, é claro, buscando sua reespecificação à luz das nuances do regime transnacional no qual tanto a plataforma quanto o Board estão inseridos. Primeiro, portanto, é preciso generalizar a função do estado de emergência constitucional — qual seja, a de "modelo de acomodação" entre a limitação do poder e a construção de respostas flexíveis para momentos de crise — para que, depois, seja possível reespecificar o instituto.

Em um caso de 2022 envolvendo uma postagem de protesto contra o governo iraniano, o Comitê recomendou que a empresa notificasse os usuários sempre que implementasse exceções de moderação em momentos de crise, bem como o seu prazo de duração e um aviso de expiração.[518] A Meta, entretanto, acatou a recomendação parcialmente e passou a dar mais transparência apenas para o número total de exceções implementadas anualmente em seus relatórios de transparência, limitando-se a dizer que poderia considerar no futuro a implementação de uma notificação ao lado da indicação de prazos de duração, mas que isso não seria feito em curto ou médio prazo.

---

[517] ARCHEGAS, João Victor. Moderating Misinformation During the Covid-19 Pandemic: Why Social Media Plataforms Need an Emergency Constitution. *Keele Law Review*, v. 3, p. 90-99, 2021.

[518] 2022-013-FB-UA. Disponível em: https://www.oversightboard.com/decision/FB-ZT6AJS4X/.

No final de 2023, então, o Board foi ainda mais incisivo em uma de suas decisões sobre uma exceção de moderação aplicada no contexto do conflito Israel-Palestina, especificamente para permitir o compartilhamento de imagens de israelenses sequestrados, agredidos e executados pelo Hamas.[519] Em razão da falta de transparência sobre todos os contornos do protocolo de crise e a inexistência de uma notificação clara sempre que políticas de exceção são adotadas pela empresa, o Comitê ressaltou que é impossível saber se a exceção em questão faz parte do protocolo publicado em 2022 ou se foi improvisada. Ainda, não estão claros os critérios para sua implementação, quando ela deixará de ser necessária e se a Meta voltará a remover esse tipo de conteúdo tão logo a medida deixe de ser justificável.

Nas palavras do Board, a "regular notificação e a transparência sobre o escopo e o limite temporal das exceções ajudam a garantir que elas permanecerão tão limitadas quanto possível". Ou seja, inexistem garantias de que a exceção é de fato excepcional e não um novo normal. Mais do que isso, falta transparência e um mínimo de previsibilidade sobre a declaração do estado de exceção. Entretanto, é um avanço significativo para o Board expressar tais preocupações em suas decisões e indicar a importância de se aperfeiçoar o protocolo à luz de elementos tipicamente constitucionais. De simplesmente recomendar a criação de uma política de crise à empresa em 2021, o Comitê passou a oferecer elementos concretos de *policy design* que buscam aproximar o protocolo de uma verdadeira "constituição emergencial" ao final de 2023. Mais uma vez, ecoando as palavras de Celeste, o *Oversight Board* vem cumprindo sua função de progressivamente traduzir elementos constitucionais para a arena transnacional.[520]

4.2 Regulação de plataformas digitais no Brasil

Embora o processo de constitucionalização de regimes transnacionais tenha sido o foco do capítulo até aqui — em especial a governança interna de redes sociais —, o constitucionalismo digital,

---

[519] 2023-050-FB-UA. Disponível em: https://www.oversightboard.com/decision/FB-M8D2SOGS/.
[520] CELESTE, Edoardo. *Digital Constitutionalism: The Role of Internet Bills of Rights*. Nova Iorque: Routledge, 2023, p. 73-75.

vale lembrar, não ignora o papel desempenhado pelo Estado em termos de regulação de plataformas digitais e novas tecnologias em geral. Nas palavras de Lucas Muniz, o constitucionalismo digital nos apresenta uma moldura normativa de corregulação que "combina, de um lado, as oposições normativas elaboradas pelo poder constituído nacional e, do outro, o desenvolvimento contínuo de procedimentos e normas internas pelas próprias plataformas".[521] O *Oversight Board*, diante do sistema complexo que é a governança de plataformas em geral — incluindo protocolos e mecanismos de moderação de conteúdo —, é uma interessante e promissora solução para certos desafios enfrentados na seara digital, mas certamente não é uma panaceia.[522]

É preciso, assim, olhar para além do regime transnacional em questão e avaliar como iniciativas regulatórias estatais (ou, no caso da União Europeia, supraestatais) podem contribuir com o desenvolvimento do constitucionalismo digital a partir de uma perspectiva de corregulação. Devemos, afinal, tratar a relação entre constitucionalismo estatal e constitucionalismo digital não a partir de uma perspectiva de exclusão mútua, mas principalmente de complementaridade e interdependência, como se fossem vasos comunicantes. É por isso, vale lembrar, que a perspectiva de corregulação emerge como central para o presente trabalho. Afinal, é o modelo regulatório que foca na construção de pontes de transição e canais de diálogo entre diferentes sistemas que são autônomos entre si, sem descartar, entretanto, a possibilidade de irritações ou colisões mútuas.

Lembre-se, assim, que diversas distorções que são comumente identificadas no funcionamento de grandes plataformas digitais — como funcionalidades criadas para "viciar" os usuários, distribuição de conteúdos sensacionalistas, práticas anticoncorrenciais, etc. — advêm de interesses privados associados ao modelo de negócios que hoje prevalece no mercado digital. Seria irreal e contraproducente

---

[521] CONCEIÇÃO, Lucas Henrique Muniz da. *A Constitutional Reflector? Assessing Societal and Digital Constitutionalism in Meta's Oversight Board*. Global Constitutionalism, 1-34, 2024, p. 22. Tradução livre.

[522] KLONICK, Kate. Of Systems Thinking and Straw Men. *Harvard Law Review Forum*, v. 136, 2023, p. 359.

imaginar que iniciativas de autorregulação, por si só, dariam conta de todas essas distorções. Embora o Board, como se viu, tenha promovido mudanças significativas nas práticas de moderação da Meta, suas diversas restrições estatutárias e operacionais o impedem de tocar em outras questões igualmente importantes ou até mesmo mais urgentes. E mesmo se elas estivessem dentro do seu escopo, é difícil comensurar o seu potencial impacto em outras áreas de governança que não a moderação de conteúdo. Golia, nesse sentido, afirma que "mesmo dentro da moldura de pluralismo legal do constitucionalismo societal, as constituições nacionais e o direito estatal permanecem centrais" e são instrumentos indispensáveis para se atingir o objetivo do constitucionalismo digital de "limitar de forma significativa [...] as dinâmicas sociais mais disruptivas" das grandes plataformas digitais.[523]

Mais uma vez, um dos principais argumentos do presente trabalho é que o constitucionalismo digital pressupõe uma relação de corregulação entre o Estado e plataformas digitais, dando lugar a um constitucionalismo híbrido. É dizer, plataformas e Estados devem trabalhar lado a lado para resolver os principais desafios hoje enfrentados na Internet e que tocam diretamente em questões públicas, especialmente a proteção e o exercício de direitos e liberdades fundamentais, o funcionamento de regimes democráticos, a integridade do processo eleitoral e a eficácia de medidas de combate a situações de emergência. Isso envolve, portanto, um reconhecimento mútuo de suas respectivas áreas de independência e autonomia normativa, em especial diante das transformações causadas pela digitalização, globalização e expansão do poder privado na arena transnacional.

Essa será, então, uma questão recorrente nas análises a seguir: como construir regulações que respeitem a esfera de autonomia normativa de plataformas digitais que operam na arena transnacional — o que é essencial para o seu processo de constitucionalização — e, ao mesmo tempo, sejam eficientes na promoção do interesse público

---

[523] GOLIA, Angelo Jr. The Transformative Potential of Meta's Oversight Board: Strategic Litigation within the Digital Constitution? *Forthcoming in Indiana Journal of Global Legal Studies*, v. 30, n. 2, 2024, p. 12. Disponível em: https://papers.ssrn.com/sol3/papers.cfm?abstract_id=4401086. Tradução livre.

em um espaço digital seguro e saudável para todos os usuários? Nas palavras de Suzor, "o desafio do constitucionalismo digital é achar [formas híbridas] de *accountability* para promover tanto autonomia quanto responsabilidade" na seara digital.[524] No mesmo sentido, Teubner e Golia deixam claro que o constitucionalismo societal está aberto para a inclusão de diferentes normatividades que convivem lado a lado na sociedade global, recepcionando também "a regulação estatal, desde que orientada para uma efetiva constitucionalização [dos regimes transnacionais]".[525]

4.2.1 O Projeto de Lei nº 2.630, de 2020, entre a pandemia e o 8 de janeiro

Uma regulação de plataformas orientada pelo constitucionalismo digital, portanto, irá necessariamente ser estruturada de forma a promover e não limitar o processo de autorreflexão que leva à constitucionalização de regimes transnacionais a partir da institucionalização do princípio da contestação. Mas, é claro, sempre deverá buscar a imposição de mecanismos de estabilização externa quando necessário — afinal, não se trata de um argumento a favor de uma absoluta autorregulação, mas sim de uma moldura de corregulação ajustada às dinâmicas específicas da transnacionalização contemporânea.

Para melhor ilustrar esse debate, será feita adiante uma análise aprofundada do Projeto de Lei nº 2.630/2020, que ficou conhecido no debate nacional (e também internacional) como "Projeto de Lei das *Fake News*". Embora tenha surgido como uma proposta legislativa de combate à desinformação — em especial às notícias falsas em redes sociais —, o projeto foi, ao longo dos anos, sendo transformado em uma ampla e geral regulação de plataformas digitais que ofertam seus serviços ao público brasileiro. Se aprovado,

---

[524] SUZOR, Nicolas P. *Lawless: The Secret Rules that Govern our Digital Lives*. Cambridge: Cambridge University Press, 2019, p. 165. Tradução livre.
[525] TEUBNER, Gunther. GOLIA, Angelo Jr. *Societal Constitutionalism in the Digital World: An Introduction*. Max Planck Institute for Comparative Public Law & International Law Research Paper Series, n. 2023-11, p. 15-16. Tradução livre.

tornar-se-á a terceira legislação brasileira a se aprofundar em temas de governança digital, sendo as duas primeiras o Marco Civil da Internet, em 2014, e a Lei Geral de Proteção de Dados, em 2018.

O Projeto de Lei nº 2.630, portanto, oferece uma oportunidade única de se avaliar uma regulação de plataformas ainda em construção e como seus principais mecanismos regulatórios relacionam-se com os preceitos do constitucionalismo digital indicados no capítulo anterior. O projeto foi apresentado pelo senador Alessandro Vieira (CIDADANIA/SE), em 13 de maio de 2020. Embora assinado oficialmente apenas pelo senador e apresentado diretamente ao Senado Federal, o projeto também teve importantes contribuições dos deputados Felipe Rigoni (PSB/ES) e Tabata Amaral (então do PDT/SP). Os dois deputados e o senador compõem um gabinete compartilhado que vem se debruçando especialmente sobre regulação de novas tecnologias no Congresso Nacional. Como era de se esperar dado o contexto no qual foi esboçado, o projeto foi influenciado por dois eventos marcantes da história recente do Brasil. Em primeiro lugar, o disparo em massa de mensagens em serviços de mensageria privada e o uso de técnicas de comportamento inautêntico coordenado em redes sociais para favorecer a campanha presidencial de Jair Bolsonaro em 2018.[526] Em segundo lugar, os milhões de conteúdos que circularam nas redes durante a pandemia da Covid-19 com desinformação sobre a origem do vírus, uso de máscara, *lockdown*, distanciamento social, medicamentos sem comprovação científica, vacinas, número total de mortos e infectados, etc.

Essas duas experiências — a segunda ainda em desenvolvimento quando da apresentação da primeira versão do texto em 2020 — deixaram marcas evidentes no projeto. A redação original do artigo 1º, por exemplo, indica que o seu objetivo é estabelecer "normas, diretrizes e mecanismos de transparência de redes sociais e de serviços de mensageria privada através da internet, para desestimular o seu abuso ou manipulação com potencial de dar causa a

---

[526] Para uma descrição aprofundada das estratégias de comunicação digital adotadas pela campanha do então candidato Jair Bolsonaro em 2018, ver MELLO, Patrícia Campos. *A máquina do ódio*: notas de uma repórter sobre *fake news* e violência digital. São Paulo: Companhia das Letras, 2020.

danos individuais ou coletivos". Já no artigo 13, o projeto buscava limitar o número de encaminhamentos de uma mesma mensagem em serviços como o Telegram e o WhatsApp para "no máximo 5 (cinco) usuários ou grupos" e estipulava que cada grupo teria no máximo 256 membros. A ideia, assim, era criar uma espécie de quebra-molas digital, freando o compartilhamento em massa de conteúdos com potencial desinformativo mesmo em plataformas que implementam protocolos de criptografia de ponta a ponta (*end--to-end encryption* or E2EE) e, assim, permitem apenas uma moderação de comportamento e não necessariamente de conteúdo. No §1º do referido dispositivo, estavam previstas duas exceções, quando o encaminhamento de uma mesma mensagem ficaria limitado "a no máximo 1 (um) usuário ou grupo": em período de propaganda eleitoral e durante situações de emergência ou calamidade pública.

Em geral, tratava-se de um projeto relativamente enxuto, com 31 artigos ao todo — desde então, o texto dobrou de tamanho, chegando a 60 artigos no substitutivo apresentado pelo relator na Câmara dos Deputados, como se verá a seguir. A versão original do projeto focava em questões de transparência, como a publicação periódica de relatórios de moderação por plataformas digitais que ofertem seus serviços no Brasil e contem com mais de dois milhões de usuários registrados. Nada obstante, alguns de seus dispositivos atraíram severas críticas, incluindo a de que se trataria de uma tentativa de censura para prejudicar certos atores políticos com um grande público digital. Esse foi o posicionamento do então presidente Jair Bolsonaro, que chegou a informar aliados sobre sua intenção de vetar o projeto caso aprovado pelo Congresso Nacional,[527] e dos seus filhos, a exemplo do senador Flávio Bolsonaro (PL/RJ), um dos primeiros parlamentares a chamar o texto de "PL da Censura" durante uma sessão no Senado em 2020.[528]

---

[527] *Estadão*. Filhos de Bolsonaro criticam aprovação da PL das *fake news* no Senado. Publicado em 1º de julho de 2020. Disponível em: https://noticias.uol.com.br/ultimas-noticias/agencia-estado/2020/07/01/filhos-de-bolsonaro-criticam-aprovacao-da-pl-das-fake-news-no-senado.htm. Acesso em: 07 jan. 2024.

[528] PRADO, Thiago. 'Bolsonaro me disse que vai vetar PL das *Fake News*', diz pastor Silas Malafaia. *O Globo*, 06 jul. 2020. Disponível em: https://blogs.oglobo.globo.com/sonar-a-escuta-das-redes/post/bolsonaro-me-disse-que-vai-vetar-pl-das-fake-news-diz-pastor-silas-malafaia.html. Acesso em: 07 jan. 2024.

Dois aspectos do projeto eram destacados pelos críticos. Primeiro, a criação de uma nova hipótese de improbidade administrativa para o agente público que "disseminar ou concorrer para a disseminação de desinformação, por meio de contas inautênticas, disseminadores artificiais ou redes de disseminação artificial de desinformação". Segundo, a completa proibição de contas inautênticas, disseminadores artificiais não rotulados, conteúdos patrocinados não rotulados e redes de disseminação artificial para fins de desinformação em plataformas digitais. Em razão da abrangência e maleabilidade do termo "desinformação", os críticos temiam que tais dispositivos seriam instrumentalizados para justificar a remoção indiscriminada de seus conteúdos e contas da Internet.[529]

Iniciou-se, assim, o longo processo legislativo em torno do Projeto de Lei nº 2.630, marcado por polarização política e falta de consensos mínimos. Inicialmente, o projeto tramitou com facilidade no Senado e era visto como prioritário na agenda legislativa do Congresso Nacional, muito em razão do grande número de informações falsas ou distorcidas que circulavam nas redes a respeito da Covid-19, desde que os primeiros casos da doença no Brasil foram confirmados, no início de 2020. Apresentado em 13 de maio daquele ano pelo senador Alessandro Vieira, o projeto foi aprovado pelo Senado em 30 de junho. Após ser recebido pela Câmara dos Deputados, entretanto, perdeu tração e sofreu inúmeras mudanças de texto que reconfiguraram por completo a iniciativa legislativa.

É possível argumentar que o projeto só voltou para o centro do cenário político nacional após a derrota de Jair Bolsonaro nas eleições de 2022 e o início do terceiro mandato do presidente Lula.[530] Dois principais eventos contribuíram com a revitalização do debate

---

[529] Para uma discussão aprofundada sobre a desinformação no contexto eleitoral brasileiro e atuação da Justiça Eleitoral, ver PORTELLA, Luiza Cesar. *Desinformação e democracia*: um panorama jurídico eleitoral. Belo Horizonte: Fórum, 2022.

[530] Para uma análise detalhada das ações dos três poderes em relação ao projeto, ver SALGADO, Eneida Desiree; ARCHEGAS, João Victor. Regulação de plataformas entre os três poderes: perspectivas para o futuro do constitucionalismo. In: ANDREASSA JUNIOR, Gilberto et al. (Org.). *Os diferentes tempos da Constituição*: entre 1988 e 2058. Curitiba: Íthala, 2023, p. 161-179.

no país. Primeiro, os ataques contra as instituições, protagonizados por apoiadores de Jair Bolsonaro no dia 8 de janeiro de 2023. Segundo, uma série de ataques terroristas em escolas brasileiras ao longo do primeiro semestre de 2023. O governo Lula, em especial por intermédio da recém-criada Secretaria de Políticas Digitais da Secom e do Ministério da Justiça e Segurança Pública, passou a trabalhar diretamente com o relator na Câmara dos Deputados, o deputado Orlando Silva (PCdoB/SP), no intuito de reforçar seu apoio ao projeto. Ademais, o próprio Supremo Tribunal Federal passou a pressionar o Congresso Nacional pela aprovação do Projeto de Lei nº 2.630.[531] Embora a Câmara dos Deputados tenha aprovado o regime de urgência para a iniciativa em 25 de abril de 2023, até agosto de 2024 o projeto ainda não tinha sido levado ao plenário para uma votação final de mérito e deve ser reestruturado por um grupo de trabalho na Câmara dos Deputados.[532]

O rótulo de "Projeto de Lei das *Fake News*", embora ainda muito usado no discurso público e por diferentes canais de mídia, foi aos poucos se distanciando do que o projeto de fato busca regular. No estágio de tramitação no qual se encontrava quando o presente trabalho foi escrito, o seu texto mencionava o termo "desinformação" apenas três vezes: uma no contexto de medidas de fomento à educação e duas no capítulo sobre a competência do Comitê Gestor da Internet no Brasil (CGI.br) de promover estudos sobre o tema e apresentar diretrizes para a formulação de códigos de conduta pelas plataformas. A versão original do projeto, ao seu turno, mencionava o termo 20 vezes e contava com um capítulo inteiro dedicado ao tema.

Levando em consideração que o texto dobrou em número total de dispositivos entre uma versão e outra, torna-se ainda mais significativa a escolha do legislador de evitar certos termos e, consequentemente, mudar o foco da proposta. Duas razões parecem justificar essa mudança. Em primeiro lugar, a falta de

---

[531] MELLO, Patrícia Campos *et al*. STF pressiona Congresso após PL das *Fake News* emperrar e vê urgência para regular big techs. *Folha de S.Paulo*, 05 maio 2023. Acesso em: 07 jan. 2024. Disponível em: https://www1.folha.uol.com.br/poder/2023/05/stf-pressiona-congresso-apos-pl-das-fake-news-emperrar-e-ve-urgencia-para-regular-big-techs.shtml.

[532] Essa era a situação do PL quando o presente trabalho teve sua redação concluída em agosto de 2024.

consenso sobre o que significa "desinformação" que vem, por sua vez, alimentando a narrativa de que o projeto é uma tentativa de censura por parte de alguns parlamentares que perseguem seus opositores políticos — ainda que, ao menos durante o governo Bolsonaro, tais opositores estivessem na base governista. Remover as menções ao termo é, assim, uma típica concessão legislativa. Em segundo lugar, como será mais bem explorado a seguir, o projeto teve seu escopo ampliado e se transformou em uma proposta de regulação de plataformas digitais como um todo, deixando em segundo plano dispositivos específicos de combate à desinformação ou notícias falsas em geral.[533]

4.2.2 Efeito Bruxelas, dever de cuidado e riscos sistêmicos

A mudança de perspectiva fica evidente logo no artigo 1º da proposta. Na versão debatida no Senado, o dispositivo mencionava que o objetivo da lei era "estabelecer normas, diretrizes e mecanismos de transparência das redes sociais e de serviços de mensageria privada através da internet, para desestimular seu abuso ou manipulação". O substitutivo elaborado pelo deputado Orlando Silva e que está sob análise da Câmara dos Deputados, por sua vez, articula, em seu artigo 1º, que o objetivo da lei é "estabelecer normas e mecanismos de transparência para provedores de redes sociais, ferramentas de busca, de mensageria instantânea, assim como diretrizes para seu uso".[534] Essa é uma mudança significativa que representa a intenção do parlamentar de transformar o Projeto de Lei nº 2.630 em uma proposta regulatória mais abrangente.

---

[533] Esse não deve ser lido, em nenhuma hipótese, como um argumento de que o PL nº 2.630/2020 não terá qualquer impacto positivo no combate à desinformação. Diversos dos seus dispositivos podem contribuir significativamente com essa agenda, em especial os relatórios de transparência, a análise de riscos sistêmicos e o dever de cuidado. Nada obstante, tais mecanismos tocam em diversos outros aspectos de governança digital, diluindo a questão específica da desinformação ao longo do texto em contraposição ao destaque dado ao tema na versão original do PL.

[534] O substitutivo pode ser acessado em: https://www.camara.leg.br/proposicoesWeb/fichadetramitacao?idProposicao=2358897.

Primeiro, o foco deixa de ser apenas o abuso e a manipulação de plataformas e passa a ser o seu uso como um todo, indicando que a proposta também irá tocar em outros aspectos do funcionamento desses serviços. Segundo, enquanto a versão original preocupava-se sobremaneira com redes sociais e serviços de mensageria privada, refletindo as preocupações mencionadas acima a respeito das eleições de 2018 e do início da pandemia em 2020, a atual versão inclui ferramentas de busca como Google, mais uma vez indicando a intenção do parlamentar de expandir as fronteiras do projeto. De outra sorte, a nova versão delimita melhor o grupo de plataformas que serão abrangidas por suas disposições, optando por incluir apenas aquelas com um maior potencial de impacto sobre a sociedade. Nos termos do artigo 2º, a lei aplica-se apenas a redes sociais, ferramentas de busca e serviços de mensageria instantânea que tenham mais de 10 milhões de usuários mensais no Brasil.

Muitas das mudanças sofridas pelo PL podem ser atribuídas às discussões regulatórias em torno do *Digital Services Act* na União Europeia — aprovado em 2022 e implementado ao longo de 2023 — e o chamado "efeito Bruxelas".[535] Esse foi o termo cunhado por Anu Bradford para ilustrar a influência do ecossistema regulatório de novas tecnologias no continente europeu sobre o processo legislativo de diversos outros países, em especial no Sul Global. Se o Brasil um dia foi pioneiro em discussões legislativas envolvendo governança da Internet durante o processo de construção do Marco Civil da Internet, hoje o país se junta ao grupo de observadores da União Europeia que buscam apenas emular parte das soluções regulatórias gestadas em Bruxelas.

É inegável, nesse sentido, a influência que diplomas como a *General Data Protection Regulation* e o *Artificial Intelligence Act* tiveram, respectivamente, na Lei Geral de Proteção de Dados e no Projeto de Lei nº 2.338, de 2023. O mesmo pode ser dito em relação ao *Digital Services Act* e o Projeto de Lei nº 2.630, de 2020. Diversos mecanismos introduzidos pela regulação europeia foram incorporados na proposta brasileira, especialmente ao longo do primeiro semestre de 2023 quando o governo Lula passou a trabalhar

---

[535] BRADFORD, Anu. *The Brussels Effect: How the European Union Rules the World*. Oxford: Oxford University Press, 2020.

com o deputado Orlando Silva para a formulação de uma nova versão do texto. Embora nem todas as sugestões do governo tenham sido implementadas, resta evidente que ambos os lados estavam atentos para os desdobramentos regulatórios no continente europeu e inspiraram-se na estrutura inaugurada pelo *Digital Services Act*.

Nesse sentido, um levantamento do Instituto de Tecnologia e Sociedade do Rio de Janeiro (ITS Rio) constatou que, entre março de 2022 — quando a primeira versão do substitutivo circulou na Câmara dos Deputados — e abril de 2023, o projeto teve 44% do seu texto alterado, sendo a maioria dessas modificações feitas apenas entre março e abril de 2023 durante as conversas do governo Lula com o deputado Orlando Silva por intermédio da Secretaria de Políticas Digitais da Secom.[536] Diversas das inovações incluídas no texto nesse momento são reflexos diretos do *Digital Services Act*, a exemplo do dever de cuidado, da análise de riscos sistêmicos e do mecanismo de *notice and action* para conteúdos potencialmente ilegais. Nenhum desses mecanismos existia na versão do texto que estava sendo discutida na Câmara dos Deputados ao longo de 2022 e passaram, nessa nova versão, ao *status* de elementos estruturantes da proposta.

Nos momentos que antecederam a aprovação do regime de urgência para o projeto na Câmara dos Deputados em abril de 2023, foram diversas as manifestações de apoiadores da proposta, incluindo o próprio deputado Orlando Silva, no sentido de que ela já havia sido suficientemente debatida desde sua apresentação em 2020, tornando-a apta a ser votada o quanto antes. Vale destacar, entretanto, que tais manifestações desconsideravam, intencionalmente ou não, as profundas mudanças feitas no texto num curto período de tempo, as quais, evidentemente, não haviam sido debatidas no Congresso. Vale destacar, ainda, que não se tratava de mudanças acessórias ou triviais, mas sim de alterações significativas em elementos basilares da proposta que representam quase metade do seu texto (44%). A pressa em se aprovar essa nova versão

---

[536] BUTCHER, Isabel. PL das Fake News: 44% do seu texto foi alterado desde sua primeira versão em 2022. *Mobile Times*, 26 abr. 2023. Disponível em: https://www.mobiletime.com.br/noticias/26/04/2023/pl-das-fake-news-44-do-seu-texto-foi-alterado-desde-sua-primeira-versao-em-2022/. Acesso em: 12 jan. 2024.

do projeto no primeiro semestre de 2023 sem o amadurecimento necessário talvez tenha sido uma das principais razões pelas quais a proposta perdeu fôlego e apoio na Câmara dos Deputados.

Em linhas gerais, a atual versão do Projeto de Lei nº 2.630 conta com três eixos estruturantes. Primeiro, a publicação de relatórios de transparência. O objetivo desse eixo é jogar luz sobre a "caixa preta" da moderação de conteúdo para que tanto os usuários quanto as autoridades públicas possam acessar informações antes ocultas sobre padrões e protocolos de governança das principais plataformas digitais. É uma forma, portanto, de corrigir a assimetria de informações que hoje existe entre usuários, governos e plataformas. Segundo, a imposição de um dever de cuidado associado à análise de riscos sistêmicos. Refletindo a proposição de Evelyn Douek, a proposta vê a governança de plataformas enquanto sistema, deixando de lado o foco em decisões individuais de moderação. As plataformas devem, então, realizar análises de riscos sistêmicos, antecipando potenciais danos que podem ser causados pelos seus serviços, e agir de acordo com o seu dever de cuidado, buscando, assim, formas de mitigar os riscos identificados.

É o que diz o §2º do artigo 11: "A avaliação [do cumprimento do dever de cuidado] será realizada sempre sobre o conjunto de esforços e medidas adotadas pelos provedores, não cabendo avaliação sobre casos isolados". Esses esforços e medidas, por sua vez, incluem a adaptação de sistemas e interfaces, a atualização dos termos de uso e dos critérios para sua implementação e mudanças nos processos internos de moderação (artigo 8º). Ademais, o projeto também indica alguns riscos que devem ser tomados como prioritários pelas plataformas, a exemplo da difusão de conteúdos que possam agravar a violência contra a mulher, diminuir a esfera de proteção legal da criança e do adolescente e colocar em risco a proteção do Estado Democrático de Direito (artigo 7º).

Por fim, em terceiro lugar, o projeto também orbita em torno do funcionamento de uma autoridade regulatória com competência para fiscalizar a implementação da lei e aplicar eventuais sanções em caso de descumprimento das suas obrigações. Esse é um dos pontos mais controvertidos do texto. Não há consenso sobre a necessidade de criação de uma autoridade especializada em regulação de plataformas digitais nem sobre a delegação da competência de fiscalização da lei para uma autoridade já em funcionamento, como a Anatel. A primeira opção foi amplamente criticada por opositores da proposta que associavam a criação de uma autoridade especializada ao funcionamento de uma espécie de "ministério da verdade" com poderes para decidir o que é ou não desinformação na Internet, embora nada no texto indique que isso seria parte do seu escopo de atuação. A segunda opção também foi objeto de resistência por alguns setores que entendem que órgãos como a Anatel não dispõem da *expertise* necessária para lidar com esse assunto e, em razão da sua atuação passada, estão sujeitos a certos conflitos de interesses.

A atual versão do Projeto de Lei nº 2.630, assim, deixa essa questão propositalmente em aberto. Não há nenhuma indicação, com exceção de alguns poderes atribuídos ao CGI.br, como se verá abaixo, de quem irá assumir as diversas funções que precisam ser desempenhadas para a correta implementação da moldura regulatória, em especial a condução dos processos administrativos para se averiguar o descumprimento das obrigações legais e, consequentemente, a aplicação das respectivas sanções. A indefinição sobre esse ponto-chave impossibilita, ao menos por enquanto, uma análise mais aprofundada a respeito do funcionamento da proposta na prática. Esse também é, possivelmente, um dos motivos pelos quais o projeto deixou de ser prioridade para a agenda legislativa do Congresso Nacional, ainda que esteja, na prática, tramitando em regime de urgência desde abril de 2023.

4.2.3 Caminhos a partir do constitucionalismo digital

Embora tenha sido reformado à luz das discussões regulatórias na União Europeia, refletindo, assim, uma moldura pautada no modelo de corregulação de plataformas, o Projeto de Lei nº 2.630, de 2020, ainda apresenta uma série de pontos de tensão com o Marco Civil da Internet, em especial o artigo 19, que foi apresentado no início deste trabalho. Esses pontos devem ser encarados como indicativos de eventuais incompatibilidades entre o projeto e a agenda de corregulação proposta pelo constitucionalismo digital. Afinal, o artigo 19 do Marco Civil é a forma que o legislador encontrou de chancelar a esfera de autonomia das plataformas na formulação de suas próprias políticas e regras de governança — incluindo a moderação de comportamento e conteúdo de seus usuários — sem, contudo, abrir mão do papel do Poder Judiciário de julgar ilegalidades cometidas no espaço digital e responsabilizar os provedores em hipóteses previamente delimitadas.

Mudanças nesse frágil (e importante) equilíbrio podem trazer consequências negativas para a proteção da liberdade de expressão na Internet, incentivando a remoção de conteúdo como uma medida de proteção contra a responsabilização por danos causados por terceiros. Mais do que isso, se mal calibradas, tais medidas regulatórias podem atuar contra as forças sociais que hoje apontam para a constitucionalização de plataformas digitais. Isso significaria não só a perda da chance de se aprimorar a governança digital através do constitucionalismo moderno, mas também um maior afastamento do Estado deste regime transnacional a partir de uma (contraproducente) posição de antagonismo.

São, ao menos, três principais pontos de tensão presentes no substitutivo apresentado pelo deputado Orlando Silva, em 27 de abril de 2023. Em primeiro lugar, o artigo 6º do projeto apresenta duas novas exceções ao artigo 19 do Marco Civil, prevendo que os provedores poderão ser responsabilizados civilmente, de forma solidária, "pela reparação de danos causados por conteúdos gerados por terceiros cuja distribuição tenha sido realizada por meio de publicidade de plataforma" e "por danos decorrentes de conteúdos gerados por terceiros quando houver descumprimento das obrigações de dever de cuidado, na duração do protocolo de segurança".

Desconsiderando as duas exceções ao artigo 19, todas as demais hipóteses de responsabilização por descumprimento da regulação — por exemplo, a concretização de riscos sistêmicos não endereçados após uma auditoria externa — são administrativas por natureza e devem ser apuradas, portanto, em processo administrativo a ser instaurado pela autoridade regulatória competente. Em tais casos, portanto, não há apuração de responsabilidade por falhas de moderação em conteúdos individuais de seus usuários, mas sim por falhas de conduta diante da operação de seus sistemas de moderação e governança como um todo. É o que prevê o artigo 48 da proposta, que faz parte do seu capítulo sobre sanções: "As sanções [administrativas] não serão aplicadas a processos de moderação de conteúdos específicos por iniciativa própria dos provedores e de acordo com seus termos de uso".

Embora a primeira exceção prevista pelo artigo 6º, envolvendo responsabilidade por publicidade, não seja necessariamente problemática,[537] a segunda exceção abre um leque de questões a respeito de sua compatibilidade com o regime do Marco Civil da Internet. Para compreendê-la inteiramente, entretanto, antes é preciso avaliar os contornos do chamado "protocolo de segurança", uma inovação regulatória a ser introduzida pela proposta brasileira. Segundo o artigo 12, "quando configurada a iminência de riscos descritos no artigo 7º, ou a negligência ou insuficiência da ação do provedor, poderá ser instaurado, na forma da regulamentação e por decisão fundamentada, protocolo de segurança pelo prazo de até 30 (trinta) dias". O artigo 7º, por sua vez, descreve riscos ao Estado Democrático de Direito, à integridade eleitoral, à proteção da criança e do adolescente, etc.

Trata-se, portanto, de uma espécie de estado de emergência decretado pela autoridade reguladora. A instauração do protocolo de segurança deve delimitar, de forma clara, "os provedores impactados e indícios de que há insuficiência ou negligência na sua atividade", além "de quais conteúdos gerados por terceiros serão passíveis de responsabilização" durante sua vigência (artigo 14). Ademais, o protocolo também deve indicar quais medidas de mitigação devem ser adotadas pelos provedores impactados. Estes, por sua vez, deverão elaborar relatórios especificando as medidas adotadas durante a vigência do protocolo e os conteúdos

---

[537] No caso de publicidade, a plataforma conta com todos os mecanismos necessários para fazer um controle prévio e evitar a circulação de conteúdos que possam ser considerados danosos aos usuários. Grandes empresas como a Meta já disponibilizam até mesmo bibliotecas interativas de anúncios e propagandas eleitorais para consulta pública, permitindo até mesmo que as peças sejam filtradas a partir de categorias como público-alvo, valor investido, número de usuários atingidos, etc. Considerando, ainda, que esse é o coração do modelo de negócios dessas grandes plataformas, parece razoável que elas sejam responsabilizadas solidariamente por danos causados por esse tipo de conteúdo. Lembre-se que, para os demais tipos de discursos, a plataforma segue sujeita aos limites do artigo 19 do Marco Civil. Ainda assim, deve ser considerado o risco de se delegar uma atividade própria do Poder Judiciário às empresas de tecnologia. Afinal, elas precisariam avaliar a legalidade de conteúdos publicitários à luz da legislação brasileira para determinar se eles podem ou não circular na plataforma.

removidos (artigo 15). Também há a previsão de criação de um canal de denúncias para apurar eventuais abusos cometidos pelos provedores no âmbito do protocolo.

Da forma como está estruturado, entretanto, o protocolo dispõe de uma série de inconsistências e distorções. Primeiramente, as hipóteses que justificam a instauração do protocolo são extremamente amplas, embutindo no sistema um alto grau de subjetividade que pode forçar as plataformas atingidas a removerem mais conteúdo do que o necessário para evitar uma eventual responsabilização. Por exemplo, a autoridade reguladora pode entender que há um risco iminente à integridade eleitoral que não está sendo suficientemente endereçado e determinar que o protocolo irá englobar todos os conteúdos que levantem falsas suspeitas sobre a contabilização dos votos. A partir desse momento, os provedores poderão ser responsabilizados por danos decorrentes de conteúdos de terceiros que se encaixem nos moldes do protocolo, desde que demonstrado conhecimento prévio (artigo 13).

O conhecimento prévio, por sua vez, estará presente, segundo o texto do projeto, sempre que o conteúdo em questão tiver sido notificado por algum usuário à plataforma por meio de um sistema de notificação de conteúdos potencialmente ilícitos que deve ser criado nos termos do artigo 16: "Os provedores deverão criar mecanismos que permitam a qualquer usuário notificá-los da presença em seus serviços, de conteúdos potencialmente ilegais, de forma justificada". Entretanto, é extremamente improvável que a plataforma consiga, em escala e considerando o elevado número de conteúdos sobre as eleições compartilhados por seus usuários, determinar exatamente o que é um conteúdo que levanta ou não falsas suspeitas sobre a contabilização dos votos. Basta um usuário dizendo que não confia no Tribunal Superior Eleitoral? Ou então uma página de um jornal local que noticia, sem fontes, que pessoas falecidas estão "votando" em uma determinada seção eleitoral?

Não é difícil vislumbrar um cenário no qual, diante do risco de responsabilização, uma grande plataforma decida simplesmente remover todo e qualquer conteúdo notificado (ou sua grande maioria) como um mecanismo de defesa institucional. Isso tornaria o sistema de notificação, na prática, um verdadeiro mecanismo de *notice and takedown* (notificação e remoção), com impactos negativos significativos para o discurso dos seus usuários durante o período eleitoral. O mecanismo de notificação do artigo 16, assim, transformar-se-ia numa verdadeira arma que poderia ser instrumentalizada para fins político-eleitorais. É dizer, grupos que compartilham determinada visão poderiam se organizar *on-line* para notificar conteúdos em massa durante a vigência do protocolo para forçar a plataforma a derrubar postagens, comentários ou perfis de seus opositores políticos.

Em uma situação de emergência, com centenas de milhares de conteúdos sendo notificados e diante da dificuldade de tomar decisões com a nuança necessária em escala, é possível imaginar a plataforma adotando uma política interna de, "na dúvida, melhor remover". Ainda, vale destacar que o protocolo, embora tenha um prazo de vigência de 30 dias, pode, na prática, ser renovado *ad infinitum*. O projeto não prevê qualquer restrição nesse sentido, exigindo tão somente que "o órgão emissor da decisão" revise o protocolo a cada 30 dias "mediante decisão motivada de ofício e fundamentada em fatos concretos que demonstrem a continuidade dos riscos iminentes". A incerteza sobre o fim do protocolo pode ser mais um fator na criação de uma atmosfera de incerteza e falta de previsibilidade que levará as plataformas a removerem conteúdos minimamente contestáveis, controversos ou limítrofes como um mecanismo de defesa contra a responsabilização civil.

Em segundo lugar, como mencionado acima, o artigo 16 prevê a criação de um mecanismo de notificação de conteúdos potencialmente ilícitos para os usuários das plataformas que estão no escopo da regulação. Esse é um instrumento regulatório que vem sendo debatido há alguns anos e encontra paralelos tanto na controvertida legislação alemã de 2017, a NetzDG, quanto no *Digital Services Act*, da União Europeia de 2022. A ideia é que os próprios usuários possam notificar a plataforma sempre que encontrarem um conteúdo que potencialmente viola a legislação local e não apenas as suas regras internas como os termos de uso ou padrões da comunidade. A partir do recebimento da notificação, as plataformas teriam um dever de agir (*notice and action*), revisando o pedido do usuário e tomando uma decisão sobre a remoção ou não do conteúdo em questão.

Ainda assim, em regra, as plataformas não poderiam ser responsabilizadas civilmente por danos decorrentes daquele conteúdo, embora a NetzDG preveja, por exemplo, a aplicação de severas sanções administrativas — como multas de até 50 milhões de euros — caso conteúdos "manifestamente ilegais" não sejam removidos dentro de 24 horas. O Projeto de Lei nº 2.630 de 2020, portanto, inova ao permitir a responsabilização civil solidária das plataformas após o recebimento da notificação, desde que o conteúdo notificado esteja dentro dos limites estipulados pelo protocolo de segurança. Uma das principais distorções de tal mecanismo é a delegação de poder feita a favor das plataformas para que determinem se os conteúdos notificados violam ou não a legislação nacional. Ou seja, as plataformas tornam-se intérpretes da lei local, ainda que não tenham legitimidade ou *expertise* para desempenhar tal função.

No caso do artigo 16 do projeto, entretanto, os problemas parecem ser ainda mais graves. O paralelo desse mecanismo no *Digital Services Act*, por exemplo, estipula uma série de requisitos mínimos para que os usuários possam notificar conteúdos potencialmente ilegais.[538] São, ao todo, quatro elementos que devem estar presentes na notificação de acordo com a regulação europeia: uma explicação suficientemente fundamentada das razões pelas quais o usuário acredita que aquele conteúdo é ilegal; uma clara indicação da localização eletrônica daquela informação, como sua URL; o nome e o endereço de *e-mail* do usuário notificante, a não ser em casos em que a proteção do seu anonimato seja justificável (por exemplo, abuso sexual e exploração de menores); e, por fim, uma declaração de que o usuário está agindo de boa-fé (*bona fide belief*) e que todas as informações e alegações contidas na notificação são precisas e completas.

Veja-se, portanto, que tais requisitos mínimos são indispensáveis para que se evite tanto a instrumentalização quanto o abuso do mecanismo de *notice and action* em plataformas digitais. Se não houver qualquer contrapartida ou ônus para o usuário notificante, o mecanismo será facilmente utilizado por grupos digitais organizados para forçar a remoção de determinados conteúdos, com graves

---

[538] Ver Seção 2, Artigo 16 do *Digital Services Act* para as regras sobre o mecanismo de *notice and action*.

consequências para a proteção da liberdade de expressão. O Projeto de Lei nº 2.630, entretanto, contenta-se em estipular, em seu artigo 16, §1º, que "os requisitos mínimos para a notificação de conteúdos serão definidos em regulamento". Ou seja, o projeto abre mão da importante tarefa de definir os contornos do sistema de notificação já no texto legal, facilitando, assim, a instrumentalização do mecanismo na falta de requisitos mínimos para a notificação que possam efetivamente equilibrar os diferentes interesses e incentivos em jogo.

Para além disso, há uma indesejável incerteza sobre os efeitos da notificação para fins de apuração e aplicação das sanções administrativas. Como visto acima, o texto da proposta abre apenas duas novas hipóteses de responsabilização civil das plataformas que, na prática, representam exceções legais ao artigo 19 do Marco Civil da Internet. Uma delas envolve justamente o mecanismo de notificação de conteúdos potencialmente ilegais durante a vigência do protocolo de segurança. As sanções administrativas, por sua vez, nos termos do artigo 48 do projeto, "não serão aplicadas a processos de moderação de conteúdos específicos por iniciativa própria dos provedores e de acordo com seus termos de uso". Há, entretanto, uma exceção: "salvo em caso de descumprimento sistemático das obrigações previstas no Capítulo III". Uma dessas obrigações é justamente a criação e funcionamento do mecanismo de notificação.

Não fica claro, entretanto, o que significaria, nesse contexto, um "descumprimento sistemático das obrigações". Não implementar o mecanismo de notificação? Inconsistências no funcionamento do mecanismo de notificação? Ou, então, a não remoção de conteúdos ilegais notificados? Essa incerteza sobre como se dará a aplicação de sanções administrativas em relação ao Capítulo III informará, inevitavelmente, a postura das plataformas em relação ao mecanismo de notificação. Mais uma vez, diante da possibilidade de responsabilização, as plataformas podem adotar uma postura defensiva e optar por remover mais conteúdos notificados para evitar a aplicação das sanções administrativas previstas pela iniciativa legislativa.

Em terceiro e último lugar, o artigo 52 do PL estipula que "os provedores deverão elaborar códigos de conduta a partir de diretrizes definidas pelo CGI.br, que incluam medidas para a garantia das finalidades desta lei". O Comitê Gestor da Internet no Brasil, dentro do escopo do projeto, não apenas tem o dever de definir as diretrizes para tais códigos de conduta — que devem estar de acordo com os princípios e objetivos da lei, como o fortalecimento do processo democrático e a promoção de transparência na governança de plataformas — como também a competência de validar os documentos depois de elaborados. Não há, entretanto, nenhuma garantia de que o comitê irá apresentar apenas diretrizes gerais para a elaboração dos códigos, muito em razão da amplitude dos princípios e objetivos da lei aos quais as diretrizes se vinculam.

Assim, na prática, o CGI.br pode elaborar diretrizes específicas e detalhadas que diminuiriam significativamente a esfera de autonomia das plataformas sobre algumas das suas áreas de governança, considerando, ainda, que compete ao próprio comitê validar os códigos posteriormente. Mas a principal questão a ser debatida é a natureza conferida aos códigos de conduta pelo Projeto de Lei nº 2.630. Segundo seu artigo 52, §3º, os provedores são obrigados a "disponibilizar publicamente espaço para apresentação de denúncias de violações das políticas e medidas constantes no código de conduta". Ou seja, não se trata apenas de um código de conduta propriamente dito, mas sim de um novo conjunto de regras de moderação com um mecanismo de implementação específico previsto em lei.

Na prática, portanto, esse dispositivo coloca o projeto na contramão do desenho de corregulação defendido pelo presente trabalho. A depender de como forem elaborados — com maior ou menor especificidade e englobando mais ou menos áreas de governança —, os códigos de conduta podem, na prática, revogar elementos dos termos de uso ou padrões da comunidade das plataformas afetadas, substituindo regras internas por regras definidas por um regulador externo. Levando em conta que as plataformas são, ainda, obrigadas a disponibilizar um canal de denúncias envolvendo possíveis violações aos códigos de conduta, cria-se um incentivo para que a moderação de conteúdo seja feita de acordo com os critérios estabelecidos nos códigos, sendo quaisquer inconsistências com suas regras internas resolvidas em favor daqueles.

A principal distorção desse modelo é a redução da esfera de autonomia das plataformas na definição e implementação de suas próprias regras de governança. Esfera que, como visto, garante uma inovação contínua, o avanço da agenda do constitucionalismo digital e a promoção de diversidade no ecossistema de moderação de conteúdo. Esse não é um argumento, vale relembrar, no sentido de que agentes externos, principalmente do setor público, não podem influenciar a construção de parâmetros internos de governança. Isso, entretanto, deve acontecer dentro de uma moldura de corregulação que promova um equilíbrio mais eficiente entre os diferentes interesses em jogo, permitindo, assim, a constitucionalização do regime transnacional à luz do constitucionalismo estatal por meio da generalização e reespecificação de seus valores, princípios e estruturas.[539]

Assim, a partir da análise acima, algumas propostas de reforma podem ser feitas a partir do constitucionalismo digital para que a esfera de autonomia das plataformas seja preservada, ao passo que melhorias em sua governança interna sejam promovidas a partir de uma moldura de corregulação sensível aos interesses públicos e não apenas privados. Primeiro, o protocolo de segurança precisa ser repensado, especialmente para que sejam implementados mecanismos de controle que impeçam que a sua duração se dê, na prática, por tempo indeterminado em razão de sucessivas renovações, trazendo, assim, maior segurança e previsibilidade para as plataformas impactadas.

Segundo, o mecanismo de notificação de conteúdos potencialmente ilegais deve incorporar requisitos mínimos para sua utilização pelos usuários das plataformas abrangidas pelo projeto. Isso significa exigir uma contrapartida capaz de desestimular sua manipulação ou abuso, a exemplo das exigências feitas pelo *Digital Services Act* abordadas acima como uma declaração de que o usuário está agindo de boa-fé (*bona fide belief*) e que todas as informações e alegações contidas na notificação são precisas e completas. Ademais,

---

[539] É sim possível imaginar que os códigos de condutas serão usados dentro de uma perspectiva de corregulação, promovendo em vez de desacelerar o constitucionalismo digital. Nada obstante, não existem elementos suficientes na atual versão do PL que indiquem que esse é o único resultado possível (ou até mesmo provável). O PL, portanto, deixa diversas questões em aberto — em especial a respeito do escopo dos códigos de conduta e o grau de especificidade das diretrizes a serem apresentadas pelo CGI.br —, o que coloca a moldura de corregulação de plataformas em risco no Brasil.

é preciso esclarecer o texto do artigo 48 para que a possibilidade de responsabilização administrativa não sirva como um incentivo para que o sistema de *notice and action* (notificação e ação) se torne, na prática, um sistema de *notice and takedown* (notificação e remoção).

Em terceiro e último lugar, a relação tanto do CGI.br quanto de uma eventual autoridade reguladora com as plataformas deve ser redesenhada para que o potencial do modelo de corregulação possa ser explorado ao máximo. Isso significa, por exemplo, definir no texto da proposta que as diretrizes apresentadas pelo CGI. br para a formulação de códigos de conduta devem ser gerais, evitando proposições específicas. Ademais, embora o comitê tenha a competência de aprová-los assim que finalizados pelas plataformas, os códigos devem ser vistos como guias de como moderar conteúdo à luz dos diferentes interesses públicos em jogo, não implicando a estruturação de um mecanismo de denúncia específico por parte dos usuários.

Ainda, o projeto poderia se beneficiar de um processo claro de diálogo entre plataformas, autoridade reguladora e CGI.br. Seguindo algumas das lições do *Oversight Board*, deve existir um mecanismo pelo qual tais instituições possam sugerir mudanças de política às plataformas que, por sua vez, terão um prazo determinado para responder de forma fundamentada se irão ou não implementar as recomendações. Isso permite que mudanças de governança sejam feitas de forma colaborativa entre o Estado e as plataformas, seguindo, assim, os preceitos do constitucionalismo digital. Mais do que isso, o processo se desenvolve publicamente, permitindo que diferentes *stakeholders* participem das discussões e pressionem as plataformas por mudanças efetivas. É dizer, o Estado-nação passa a contribuir com a constitucionalização das plataformas, em vez de apostar em formas ineficientes de regulação, considerando as nuanças do regime transnacional em questão.

5. CONSIDERAÇÕES FINAIS

A transformação social causada pela Internet veio também acompanhada de uma transformação na forma como o poder é exercido na era digital. Grandes empresas de tecnologia hoje influenciam diversos aspectos das nossas relações interpessoais, seja quando estamos decidindo quem será o(a) próximo(a) presidente do país ou qual carro comprar. A questão central que atravessou o presente trabalho é que, independente do ângulo pelo qual avaliamos essa nova realidade social, é inegável que as ações das principais plataformas digitais têm impactos diretos e profundos sobre o exercício dos nossos direitos e liberdades fundamentais. Entretanto, essas empresas atuam hoje, em razão de um processo de digitalização associado ao fenômeno da globalização, em uma arena transnacional que não é facilmente alcançada pelo Estado. As chamadas *big techs*, assim, ascendem à posição de "impérios na nuvem" e passam a competir com o Estado por poder e influência. Em especial, plataformas de redes sociais organizam e administram a esfera pública digital, controlando a liberdade de expressão de bilhões de pessoas.

Novos desafios, em geral, exigem novas soluções. Isso não significa, entretanto, soluções necessariamente revolucionárias — muitas vezes bastam releituras ou adaptações. É nesse sentido que o constitucionalismo digital oferece soluções promissoras para os obstáculos normativos enfrentados pela sociedade em rede. Elementos constitucionais, em especial aqueles associados ao núcleo normativo do constitucionalismo moderno, podem ser generalizados e reespecificados dentro de subsistemas da sociedade global que se encontram em acelerado processo de diferenciação funcional. Isso não significa, entretanto, que basta apostar na promoção de uma autorregulação irrestrita, confiando apenas na criação de mecanismos de autocontenção pelas próprias plataformas digitais. O processo de constitucionalização depende de pressão externa, autorreflexão interna e estabilização externa. Ainda, olhando para além da governança privada de grandes empresas de tecnologia, o constitucionalismo digital também aponta para a estruturação de iniciativas de corregulação que colocam o Estado e as plataformas em constante diálogo na busca por soluções efetivas. Em outras palavras, pontes de transição devem ser construídas entre sistemas autônomos na seara transnacional.

Em linhas gerais, portanto, o problema de pesquisa enfrentado foi a concentração de poder por grandes empresas de tecnologia e seus impactos para o exercício de direitos e liberdades fundamentais na era digital. Essa constatação, por sua vez, levanta uma série de questões que estão vinculadas ao "relacionamento complicado" que se formou entre Direito e Internet ao longo dos anos. Tais questões foram objeto de análise ao longo do segundo capítulo desta pesquisa. No centro desse debate estão dispositivos, como o artigo 19 e a seção 230, que garantem a imunidade de provedores de aplicações contra a responsabilização por danos causados por terceiros. De um lado, tais dispositivos consolidam um espaço de autorregulação de plataformas em nome da promoção de inovação tecnológica e proteção da liberdade de expressão dos usuários. Do outro, entretanto, são constatadas diversas distorções como a falta de transparência e *accountability* em sistemas e procedimentos de moderação de conteúdo. Embora novas iniciativas regulatórias busquem corrigir parte das distorções identificadas, é inegável que a parcial desterritorialização causada pela Internet diminui consideravelmente o alcance dos mecanismos clássicos de regulação à disposição do Estado.

É nesse contexto, então, que surgiu a principal hipótese de pesquisa: é preciso refletir sobre a estruturação e implementação de limites constitucionais dentro da própria governança privada das grandes empresas de tecnologia, não sendo mais suficiente apenas a regulação estatal clássica. Para isso, entretanto, foi preciso antes refletir sobre a viabilidade teórica do constitucionalismo digital, enfrentando, ao longo do caminho, diversas críticas e objeções. Vale aqui, então, destacar algumas das conclusões da investigação teórica feita no terceiro capítulo da pesquisa. Em primeiro lugar, o constitucionalismo moderno comporta diferentes manifestações formais e deve ser compreendido a partir de uma moldura de "mais ou menos", em vez de "tudo ou nada". Em segundo lugar, o constitucionalismo encontra no Estado a sua manifestação formal mais completa e robusta. Assim, a experiência acumulada pelo constitucionalismo estatal continua sendo central para o desenvolvimento do constitucionalismo além do Estado. Em terceiro lugar, o constitucionalismo digital não é uma proposição ingênua no sentido de que grandes empresas de tecnologia irão naturalmente se autolimitar e, por isso, qualquer interferência estatal deve ser rechaçada. Em quarto e último lugar, iniciativas regulatórias estatais são necessárias e devem ser promovidas dentro de um quadro de corregulação que esteja efetivamente alinhado aos preceitos do constitucionalismo digital.

A partir disso, o quarto capítulo buscou demonstrar que o constitucionalismo digital não é apenas teoricamente viável como também oferece importantes subsídios para aplicações práticas que já estão em desenvolvimento. Em outras palavras, não se trata apenas de uma teoria abstrata que empresta a linguagem constitucional moderna como uma espécie de "talismã". Essas aplicações, por sua vez, seguem as conclusões do capítulo anterior, reforçando a posição de que é preciso pensar tanto a partir do ponto de vista da governança interna de plataformas digitais quanto a partir da perspectiva de iniciativas regulatórias estatais. Em primeiro lugar, o *Oversight Board* da Meta é um exemplo promissor de como o princípio da contestação pode ser institucionalizado dentro do ecossistema de moderação de conteúdos de uma rede social. Em segundo lugar, iniciativas como o Projeto de Lei nº 2.630, de 2020, no Brasil, e o *Digital Services Act*, na União Europeia, desde que ajustadas à luz das propostas feitas ao final do quarto capítulo, podem reforçar o modelo de corregulação e auxiliar no processo de constitucionalização de plataformas digitais e outros provedores de aplicações relevantes.

Uma futura agenda de investigação sobre o tema pode se debruçar, ainda, sobre outras questões que não foram diretamente endereçadas por este trabalho. Por exemplo, podemos pensar em uma regulação de inteligência artificial também a partir do constitucionalismo digital? Com o intuito de garantir uma maior legitimidade democrática para a governança de conteúdo em plataformas de redes sociais, seria viável a implementação de conselhos regionais formados por representantes eleitos pelos próprios usuários? O constitucionalismo digital realmente comporta soluções baseadas no chamado "federalismo de plataforma"? É desejável que, como parte do objetivo de garantir uma maior proteção dos valores constitucionais *on-line*, seja promovida a criação de novas redes sociais a partir de uma perspectiva de tecnodiversidade? Vale notar que essas perguntas guardam um ponto em comum com a investigação feita até aqui: a necessidade de enfrentar a concentração de poder por grandes corporações que atuam no plano transnacional e, a partir de ações de governança, influenciam diversos aspectos da nossa vida em sociedade sem a necessária legitimidade, transparência ou *accountability*.

Figura 2 – Recorte da "Batalha das Corporações-nação", de Sebastian Errazuriz

Ademais, tudo isso depende de um elemento inicial sem o qual mudanças efetivas não são possíveis: pressão social. A luta pela proteção de direitos e liberdades fundamentais na Internet é uma iniciativa multissetorial por excelência. Mais do que isso, extrapola os limites territoriais do Estado e desdobra-se principalmente na arena transnacional. Soluções de governança como o *Oversight Board* não existiriam não fosse a pressão social coordenada desempenhada por diversos atores, em especial a sociedade civil organizada. É preciso, entretanto, muito mais. O Board, por exemplo, é um primeiro passo na direção certa, mas ainda está longe de onde devemos chegar se o objetivo é construir um ecossistema de moderação de conteúdo com efetiva transparência e *accountability*. Na escultura de Errazuriz que abriu este trabalho, há uma quarta figura humana sendo esmagada aos pés do cavalo que, ainda assim, resiste em largar seu celular. Trata-se de uma pessoa comum, isolada pela tecnologia e vítima de uma relação assimétrica de poder. É sobre essa parte da história que devemos nos concentrar daqui em diante. Ao constitucionalismo digital, assim, cabe a desafiadora tarefa de empoderar pessoas, defender direitos humanos e fundamentais e estabelecer limites constitucionais na nova fronteira do poder.

REFERÊNCIAS

ACKERMAN, Bruce. The Emergency Constitution. *Yale Law Journal*, v. 113, n. 5, 2004.

AGAMBEN, Giorgio. *Estado de exceção*. São Paulo: Boitempo, 2004.

AISCH, Gregor et al. Dissecting the #PizzaGate Conspiracy Theories. *The New York Times*, 10 dez. 2016.

ARCHEGAS, João Victor. A Suprema Corte do Facebook e o Direito Constitucional para além do Estado. *JOTA*, 07 ago. 2019.

ARCHEGAS, João Victor. Comparative Emergency Powers: Brazil and the Philippines under COVID-19. *Catholica Law Review*, v. 5, n. 1, 2021.

ARCHEGAS, João Victor. Estado de emergência digital: regulando fake news durante a pandemia. *JOTA*, 08 maio 2020.

ARCHEGAS, João Victor. Moderating Misinformation During the COVID-19 Pandemic: Why Social Media Plataforms Need an Emergency Constitution. *Keele Law Review*, v. 3, 2021.

ARCHEGAS, João Victor. Trouble Down Under: O Facebook coloca seu poder de barganha à prova na Austrália. ITS Rio, 26 de fevereiro de 2021.

ARCHEGAS, João Victor; BARROSO, Luna van Brussel. Trump contra Facebook: um raio-X da decisão do Oversight Board. *JOTA*, 06 maio 2021.

ARCHEGAS, João Victor; LANA, Alice de Perdigão. Como Neymar se tornou imune à moderação na rede social. *JOTA*, 19 set. 2021.

BALKIN, Jack M. Free Speech in the Algorithmic Society: Big Data, Private Governance, and New School Speech Regulation. *UC Davis Law Review*, v. 51, 2018.

BALKIN, Jack M. How to Regulate (and Not Regulate) Social Media. *Journal of Free Speech Law*, v. 1, n. 74, 2021.

BARBOZA, Estefânia Maria de Queiroz; DEMETRIO, André. Quando o gênero bate à porta do STF: a busca por um constitucionalismo feminista. *Revista de Direito GV*, v. 15, n. 3, 2019.

BARROSO, Luna Van Brussel. *Liberdade de expressão e democracia na era digital*: o impacto das mídias sociais no mundo contemporâneo. Belo Horizonte: Fórum, 2022.

BELLAMY, Richard. Constitutionalism. *Encyclopaedia Britannica*, 2016.

BELLAMY, Richard. *Political Constitutionalism*: A republican defence of the constitutionality of democracy. Cambridge: Cambridge University Press, 2007.

BELLEFLAMME, Paul; PEITZ, Martin. *The Economics of Platforms*: Concepts and Strategy. Cambridge: Cambridge University Press, 2021.

BERMAN, Paul Schiff. Cyberspace and the State Action Debate: The Cultural Value of Applying Constitutional Norms to "Private" Regulation. *University of Colorado Law Review*, v. 71, 2000.

BICKEL, Alexander M. *The Least Dangerous Branch*: The Supreme Court at the Bar of Politics. New Haven: Yale University Press, 1962.

BICKERT, Monika. Community Standards Enforcement Report, Second Quarter 2022. *Facebook Newsroom*, 25 ago. 2022.

BICKERT, Monika. Publishing our internal enforcement guidelines and expanding our appeals process. *Facebook Newsroom*, 24 abr. 2018.

BJORNSKOV, Christian; VOIGT, Stefan. The Architecture of Emergency Constitutions. *International Journal of Constitutional Law*, v. 16, n. 1, 2018.

BLUMBERG, Deborah Lynn. 3 ways the 'splinternet' is damaging society. *MIT Sloan*, 14 jun. 2023.

BOWERS, John; ZITTRAIN, Jonathan. Answering impossible questions: Content governante in an age of disinformation. *Harvard Kennedy School Misinformation Review*, v. 1, n. 1, 2020.

BRADFORD, Anu. *Digital Empires*: The global struggle to regulate technology. Oxford: Oxford University Press, 2023.

BRADFORD, Anu. *The Brussels Effect*: How the European Union Rules the World. Oxford: Oxford University Press, 2020.

BRASIL. Supremo Tribunal Federal. Ação Direta de Inconstitucionalidade nº 6.529. Relatora Ministra Cármen Lúcia. Tribunal Pleno. Julgado em 11 de outubro de 2021. Dje, 22 out. 2021.

BRASIL. Supremo Tribunal Federal. Repercussão Geral no Recurso Extraordinário nº 1.037.396/SP. Relator Min. Dias Toffoli. Julgado em 1 de março de 2018. Dje, 04 abr. 2018.

BRASIL. Supremo Tribunal Federal. Repercussão Geral no Recurso Extraordinário com Agravo nº 660.861/MG. Relator Min. Luiz Fux. Julgado em 22 de março de 2012. Dje, 07 nov. 2012.

BROWN, Wendy. *Cidadania sacrificial*: neoliberalismo, capital humano e políticas de austeridade. Rio de Janeiro: Zazie Edições, 2018.

BUTCHER, Isabel. PL das Fake News: 44% do seu texto foi alterado desde sua primeira versão em 2022. *Mobile Times*, 26 abr. 2023.

CADWALLADR, Carole; GRAHAM-HARRISON, Emma. Revealed: 50 million Facebook profiles harvested for Cambridge Analytica in major data breach. *The Guardian*, 17 mar. 2018.

CAMPOS, Ricardo. *Metamorfoses do direito global*: sobre a interação entre Direito, tempo e tecnologia. São Paulo: Contracorrente, 2022.

CASTELLS, Manuel. *A sociedade em rede*. São Paulo: Paz & Terra, 2013.

CASTILLO, Michelle. Zuckerberg tells Congress Facebook is not a media company: 'I consider us to be a technology company'. *CNBC*, 11 abr. 2018.

CELESTE, Edoardo. Digital constitutionalism: a new systematic theorisation. *International Review of Law, Computers & Technology*, v. 33, n. 1, 2019.

CELESTE, Edoardo. *Digital Constitutionalism*: The Role of Internet Bills of Rights. Nova Iorque: Routledge, 2023.

CHANDER, Anupam. Facebookistan. *North Carolina Law Review*, v. 90, n. 5, 2012.

CHANDER, Anupam. How Law Made Silicon Valley. *Emory Law Journal*, v. 63, n. 3, 2014.

CHEN, Adrian. The Agency. *The New York Times Magazine*, 2 jun. 2015.

CONCEIÇÃO, Lucas Henrique Muniz da. A Constitutional Reflector? Assessing Societal and Digital Constitutionalism in Meta's Oversight Board. *Global Constitutionalism*, 1-34, 2024.

COSTELLO, Róisín Á. Faux Ami? Interrogating the normative coherence of 'digital constitutionalism'. *Global Constitutionalism*, 2023.

COWLS, Josh *et al*. Constitutional metaphors: Facebook's "supreme court" and the legitimation of platform governance. *New Media & Society*, v. 0 *(ahead of print)*, 2022.

COX, Kate. Trump vetoes $740B defense bill, citing "failure to terminate" Section 230. *Ars Technica*, 23 dez. 2020.

DAHL, Robert A. *A Constituição norte-americana é democrática?*. Rio de Janeiro: Ed. FGV, 2015.

DE GREGORIO, Giovanni. *Digital Constitutionalism in Europe*: Reframing Rights and Powers in the Algorithmic Society. Cambridge: Cambridge University Press, 2022.

DOUEK, Evelyn. Content Moderation as Systems Thinking. *Harvard Law Review*, v. 136, 2022.

DOUEK, Evelyn. Facebook's "Oversight Board": Move Fast with Stable Infrastructure and Humility. *North Caroline Journal of Law & Technology*, v. 21, n. 1, 2019.

DOUEK, Evelyn. *How much power did Facebook give its Oversight Board?* Lawfare Blog, 25 de setembro de 2019.

ESTADOS UNIDOS. Corte de Apelações do Segundo Circuito. *Knight First Amendment Institute v. Trump*. 928 F.3d 226, 2019.

ESTADOS UNIDOS. Corte Distrital do Distrito Sul de Nova Iorque. *Cubby, Inc. v. CompuServe, Inc.* 776 F. Supp. 135, 1991.

ESTADOS UNIDOS. Suprema Corte de Nova Iorque. *Stratton Oakmont, Inc. v. Prodigy Services Co.* 23 Media L. Rep. 1794, 1995.

ESTADOS UNIDOS. Suprema Corte dos Estado Unidos. *Packingham v. North Carolina*. 582 US (2017).

ESTADOS UNIDOS. Suprema Corte dos Estados Unidos. *Gonzalez v. Google LLC*. 598 U.S. 617 (2023).

ESTADOS UNIDOS. Suprema Corte dos Estados Unidos. *Twitter, Inc. v. Taamneh*. 598 U.S. 471 (2023).

FACHIN, Melina. Constitucionalismo multinível: diálogos e(m) direitos humanos. *Revista Ibérica do Direito*, v. 1, n. 1, 2020

FARRELL, Henry *et al*. Mark Zuckerberg runs a nation-state, and he's the king. *Vox*, 10 abr. 2018.

FELDMAN, Noah. A Supreme Court for Facebook. *Facebook Newsroom*, 30 jan. 2018.

FELDMAN, Noah. Facebook Supreme Court: A Governance Solution. *Facebook Newsroom*, março de 2018.

FELDMAN, Noah. *The Three Lives of James Madison*. Nova Iorque: Random House, 2017.

FERRAJOLI, Luigi. Pasado y futuro del estado de derecho. *Revista Internacional de Filosofía Política*, n. 17, 2001.

FITZGERALD, Brian. Software as Discourse: A Constitutionalism for Information Society. *Alternative Law Journal*, v. 24, n. 3, 1999.

FROSIO, Giancarlo (Ed.). *The Oxford Handbook of Online Intermediary Liability*. Oxford: Oxford University Press, 2020.

GARGARELLA, Roberto. *Latin American Constitutionalism, 1810-2010: The Engine Room of the Constitution*. Oxford: Oxford University Press, 2013.

GEBEYE, Brihun Adugna. *A Theory of African Constitutionalism*. Oxford: Oxford University Press, 2021.

GILL, Lex et al. Towards Digital Constitutionalism? Mapping Attempts to Craft an Internet Bill of Rights. *Berkman Klein Center Research Publication* No. 2015-15, 2015.

GILLESPIE, Tarleton. *Custodians of the Internet: Platforms, content moderation, and the hidden decisions that shape social media*. New Haven: Yale University Press, 2018.

GINSBURG, Tom (Ed.). *Comparative Constitutional Design*. Cambridge: Cambridge University Press, 2012.

GINSBURG, Tom. MOUSTAFA, Tamir (Eds.). *Rule by Law: The Politics of Courts in Authoritarian Regimes*. Cambridge: Cambridge University Press, 2008.

GOLDSMITH, Jack. WU, Tim. *Who Controls de Internet? Illusions of a Borderless World*. Oxford: Oxford University Press, 2006.

GOLIA, Angelo Jr. The Transformative Potential of Meta's Oversight Board: Strategic Litigation within the Digital Constitution? *Indiana Journal of Global Legal Studies*, v. 30, n. 2, 2024.

GRADONI, Lorenzo. Constitutional Review via Facebook's Oversight Board: How platform governance had its Marbury v Madison. *Verfassungsblog*, 10 fev. 2021.

GRIMM, Dieter. *Constitutionalism: Past, Present, and Future*. Oxford: Oxford University Press, 2016.

GROSS, Oren. Constitutions and Emergency Regimes. In: GINSBURG, Tom. DIXON, Rosalind (Eds.). *Comparative Constitutional Law*. Londres: Edward Elgar Publishing, 2011.

HARRIS, Brent. Global Feedback and Input on the Facebook Oversight Board for Content Decisions. *Facebook Newsroom*, 27 jun. 2019.

HESPANHA, António Manuel. *O direito democrático numa era pós-estatal*: a questão política das fontes de direito. Publicação Independente (Amazon), 2018.

HIRSCHL, Ran. The Design Sciences and Constitutional "Success". *Texas Law Review*, v. 87, 2009.

HÖRNLE, Julia. *Internet Jurisdiction Law and Practice*. Oxford: Oxford University Press, 2021.

HOROWITZ, Donald. Constitutional Design: Proposals versus Processes. In: REYNOLDS, Andrew (Ed.). *The Architecture of Democracy: Constitutional Design, Conflict Management, and Democracy*. Oxford; Oxford University Press, 2002.

HOUGHTON, Ruth. O'DONOGHUE, Aoife. 'Ourworld': A feminist approach to global constitutionalism. *Global Constitutionalism*, v. 9, n. 1, 2019.

HOWARD, Philip N. *Lie Machines: How to save democracy from troll armies, deceitful robots, junk news operations, and political operatives*. New Haven: Yale University Press, 2020.

HOWE, Amy. Justices take major Florida and Texas social media cases. *SCOTUS Blog*, 29 set. 2023.

HUI, Yuk. On the Limit of Artificial Intelligence. *Philosophy Today*, v. 65, n. 02, 2021.

JACKSON, Vicki C. Constitutional Law in an Age of Proportionality. *The Yale Law Journal*, v. 124, n. 8, 2015.

KADRI, Thomas E. Juridical Discourse for Platforms. *Harvard Law Review Forum*, v. 136, 2022.

KELLER, Daphne. Internet Platforms: Observations on speech, danger, and money. *Aegis Series* Paper No. 1807, 2018.

KELLER, Daphne. Toward a Clearer Conversation about Platform Liability. *Knight First Amendment Institute*, 06 abr. 2018.

KENDALL, Brent. Appeals Court Upholds Texas Law Regulating Social-Media Platforms. *The Wall Street Journal*, 15 set. 2022.

KERN, Rebecca. White House call to 'remove' Section 230 liability shield. *Politico*, 08 set. 2022.

KLEIN, Ezra. Mark Zuckerberg on Facebook's hardest year, and what comes next. *Vox*, 2 de abril de 2018.

KLONICK, Kate. Of Systems Thinking and Straw Men. *Harvard Law Review Forum*, v. 136, 2023.

KLONICK, Kate. The Facebook Oversight Board: Creating an Independent Institution to Adjudicate Online Free Expression. *The Yale Law Journal*, v. 129, 2020.

KLONICK, Kate. The New Governors: The People, Rules, and Processes Governing Online Speech. *Harvard Law Review*, v. 131, 2018.

KOSKENNIEMI, Martti. Constitutionalism as a mindset: reflections on Kantian themes about international law and globalization. *Theoretical Inquiries in Law*, v. 08, n. 01, 2006.

KOSKENNIEMI, Martti. *From Apology to Utopia: The Structure of International Legal Argument*. Cambridge: Cambridge University Press, 1989.

KOSSEFF, Jeff. *The Twenty-Six Words that Created the Internet*. Ithaca: Cornell University Press, 2019.

KUMM, Mattias. Global Constitutionalism: History, Theory and Contemporary Challenges. *Revista Direito e Práxis*, v. 13, n. 4, 2022.

LANA, Alice de Perdigão. *Nudez na internet*: mulheres, corpo e direito. Curitiba: Ioda, 2023.

LANDAU, David. Abusive Constitutionalism. *UC Davis Law Review*, v. 47, n. 1, 2013.

LEHDONVIRTA, Vili. *Cloud Empires: How Digital Platforms Are Overtaking the State and How We Can Regain Control*. Cambridge: MIT Press, 2022.

LEMOS, Ronaldo. Internet brasileira precisa de marco regulatório civil. *UOL*, 22 maio

2007.

LEMOS, Ronaldo. Uma breve história da criação do Marco Civil. In: DE LUCCA, Newton et al. (Coords.). *Direito e Internet III*. Tomo II: Marco Civil da Internet (Lei nº 12.965/2014). São Paulo: Quartier Latin, 2015.

LEMOS, Ronaldo; ARCHEGAS, João Victor. A constitucionalidade do artigo 19 do Marco Civil da Internet. In: BRITTO, Carlos A. Ayres de Freitas (Coord.). *Supremo 4.0*: constituição e tecnologia em pauta. São Paulo: Revista dos Tribunais, 2022.

LESSIG, Lawrence. *Code and other Laws of Cyberspace*. Nova Iorque: Basic Books, 1999.

LESSIG, Lawrence. The Law of the Horse: What Cyberlaw Might Teach. *Harvard Law Review*, v. 113, n. 2, 1999.

LEVY, Steven. *Facebook: The Inside Story*. Londres: Penguin Business, 2020.

LOUGHLIN, Martin. *Against Constitutionalism*. Cambridge: Harvard University Press, 2022.

LOUGHLIN, Martin. Constitutional pluralism: An oxymoron? *Global Constitutionalism*, v. 3, n. 1, 2014.

LUHMANN, Niklas. *Introduction to Systems Theory*. Cambridge: Polity Press, 2013.

MACKINNON, Rebecca. *Consent of the Networked: The Worldwide Struggle for Internet Freedom*. Nova Iorque: Basic Books, 2012.

MADISON, James. *The Federalist No. 51*. In: HAMILTON, Alexander et al. *The Federalist*. Indianapolis: Liberty Fund, 2001.

MARSDEN, Christopher T. *Internet Co-Regulation: European Law, Regulatory Governance and Legitimacy in Cyberspace*. Cambridge: Cambridge University Press, 2011.

MCCABE, David. Florida, in a First, Will Fine Social Media Companies that Bar Candidates. *New York Times*, 24 maio 2021.

MCCARTHY, Tom. Zuckerberg says Facebook won't be 'arbiter of truth' after Trump threat. *The Guardian*, 28 maio 2020.

MCILWAIN, Charles Howard. *Constitutionalism: Ancient and Modern*. edição revisada. Ithaca: Cornell University Press, 1947.

MEADE, Amanda et al. Facebook reverses Australia news ban after government makes media code amendments. *The Guardian*, 23 fev. 2021.

MELLO, Patrícia Campos et al. STF pressiona Congresso após PL das Fake News emperrar e vê urgência para regular big techs. *Folha de S.Paulo*, 05 maio 2023.

MELLO, Patrícia Campos. *A máquina do ódio*: notas de uma repórter sobre *fake news* e violência digital. São Paulo: Companhia das Letras, 2020.

MENDES, Gilmar Ferreira; FERNANDES, Victor Oliveira. Constitucionalismo digital e jurisdição constitucional: uma agenda de pesquisa para o caso brasileiro. *Revista Brasileira de Direito*, v. 16, n. 1, 2020.

MEYER, Emilio Peluso Neder. Constitucionalismo Iliberal. *Revista Direito e Praxis*, v. 13, n. 4, 2022.

MEYER, Emilio Peluso Neder. *Constitutional Erosion in Brazil*. Oxford: Hart Publishing, 2021.

MINOW, Martha. *Saving the News: Why the Constitution Calls for Government Action to Preserve Freedom of Speech*. Oxford: Oxford University Press, 2021.

MONCAU, Luiz Fernando M. ARGUELHES, Diego Werneck. *The* Marco Civil da Internet and Digital Constitutionalism. In: FROSIO, Giancarlo (Ed.). *The Oxford Handbook of Online Intermediary Liability*. Oxford: Oxford University Press, 2020.

MONTESQUIEU. *Do espírito das leis*. São Paulo: Nova Cultural, 2005.

MORAVCSIK, Andrew. What Can We Learn from the Collapse of the European Constitutional Project? *Politische Vierteljahresschrift*, v. 47, n. 2, 2006.

MOREIRA, Adilson José. *Pensando como um negro*: ensaio de hermenêutica jurídica. Belo Horizonte: Contracorrente, 2019.

MOZUR, Paul. A Genocide Incited on Facebook, With Posts from Myanmar's Military. *The New York Times*, 15 out. 2018.

NEGÓCIO, Ramon. Dos problemas constitucionais diluídos na rede à construção de uma *Lex Meta*. *Revista Direito Mackenzie*, v. 17, n. 1, 2022.

NEVES, Marcelo. (Não)Solucionando problemas constitucionais: transconstitucionalismo além de colisões. *Lua Nova*, n. 93, 2014.

NITRINI, Rodrigo Vidal. *Liberdade de expressão nas redes sociais*: o problema jurídico da remoção de conteúdo pelas plataformas. Belo Horizonte: Dialética, 2021.

OKOTH-OGENDO, H.W.O. *Constitutions without Constitutionalism: Reflections on an African Political Paradox*. In: GREENBERG, Douglas et al. (Eds.). *Constitutionalism and Democracy: Transitions in the Contemporary World*. Oxford: Oxford University Press, 1993.

PARKINSON, Justin. Why is Cecil Rhodes such a controversial figure? *BBC News Magazine*, 1º abr. 2015.

PEREIRA, Jane Reis Gonçalves; KELLER, Clara Iglesias. Constitucionalismo digital: contradições de um conceito impreciso. *Revista Direito e Praxis*, v. 13, n. 4, 2022.

PERNICE, Ingolf. Constitutional Law Implications for a State Participating in a Process of Regional Integration: German Constitution and "Multilevel Constitutionalism". *German Reports on Public Law*, jul./ago. 1998.

PERNICE, Ingolf. Multilevel Constitutionalism and the Crisis of Democracy in Europe. *European Constitutional Law Review*, v. 11, 2015.

PETERS, Anne. The Merits of Global Constitutionalism. *Indiana Journal of Global Legal Studies*, v. 16, n. 2, 2009.

PORTELLA, Luiza Cesar. *Desinformação e democracia*: um panorama jurídico eleitoral. Belo Horizonte: Fórum, 2022.

POZEN, David. Authoritarian Constitutionalism in Facebookland. *Knight First Amendment Institute*, 30 out. 2018.

PRADO, Thiago. 'Bolsonaro me disse que vai vetar PL das Fake News', diz pastor Silas Malafaia. *O Globo*, 06 jul. 2020.

PREUSS, Ulrich K. *Disconnecting Constitution from Statehood: Is Global Constitutionalism a Viable Concept?* In: DOBNER, Petra. LOUGHLIN, Martin (Orgs.). *The Twilight of Constitutionalism?*. Oxford: Oxford University Press, 2010.

REDEKER, Dennis et al. Towards Digital Constitutionalism? Mapping attempts to craft an Internet Bill of Rights. *International Communication Gazette*, v. 80, n. 4, 2018.

ROBERTSON, Adi. Mark Zuckerberg wants to democratize Facebook — here's what happened when he tried. *The Verge*, 05 abr. 2018.

RODOTÀ, Stefano. Una Costituzione per Internet?. *Politica del Diritto*, ano XLI, n. 3, 2010.

SALGADO, Eneida Desiree; ARCHEGAS, João Victor. Regulação de plataformas entre os três poderes: perspectivas para o futuro do constitucionalismo. In: ANDREASSA JUNIOR, Gilberto et al. (Org.). *Os diferentes tempos da Constituição*: entre 1988 e 2058. Curitiba: Íthala, 2023.

SALGADO, Eneida Desiree; PORTELLA, Luiza Cesar. *Fake news*: compartilhou, viralizou. In: ALMEIDA, André Motta de (Org.) *Democracia conectada e governança eleitoral*. Campina Grande: EDUEPB, 2020.

SANTARÉM, Paulo Renã da Silva. *O direito achado na rede*: a concepção do Marco Civil da Internet no Brasil. São Paulo: Dialética, 2022.

SANTIAGO, Abinoan. 'Eu merecia respeito': a luta da professora com o Google que chegou ao STF. *Tilt UOL*, 28 mar. 2023.

SARTORI, Giovanni. Constitutionalism: A preliminary discussion. *The American Political Science Review*, v. 56, n. 4, 1962.

SAVOLAINEN, Laura. The shadow banning controversy: perceived governance and algorithmic folklore. *Media, Culture & Society*, v. 44, n. 6, 2022.

SCHROEDER, Lucas. Em carta para fórum da Unesco, Lula defende regulação das redes sociais contra desinformação. *CNN*, 22 fev. 2023.

SCIULLI, David. *Theory of Societal Constitutionalism: Foundations of a non-marxist critical theory*. Cambridge: Cambridge University Press, 1992.

SHAPIRO, Scott. *Fancy Bear Goes Phishing: The dark history of the information age, in five extraordinary hacks*. Nova Iorque: Farrar, Straus & Giroux, 2023.

SOUZA, Carlos Affonso et al. Notes on the creation and impacts of Brazil's Internet Bill of Rights. *The Theory and Practice of Legislation*, v. 5, n. 1, 2017.

SOUZA, Carlos Affonso. Brasil não precisa importar nova regra de Trump sobre redes sociais. *UOL*, 29 maio 2020.

SUBRAMANIAN, Samantha. Inside the Macedonian Fake-News Complex. *WIRED*, 15 fev. 2017.

SULLIVAN, Mark. Exclusive: The Harvard professor behind Facebook's oversight board defends its role. *Fast Company*, 08 jul. 2019.

SUZOR, Nicolas. A constitutional moment: How we might reimagine platform governance. *Computer & Security Review*, n. 36, 2020.

SUZOR, Nicolas. *Digital constitutionalism and the role of the rule of law in the governance of virtual communities*. Tese de Doutorado, Queensland University of Technology, 2010.

SUZOR, Nicolas. *Lawless: The secret rules that govern our digital lives*. Cambridge: Cambridge University Press, 2019.

TENÓRIO, Augusto. Monark sofre novo revés na Justiça e segue sem monetização do canal. *Metrópoles*, 18 fev. 2023.

TEUBNER, Gunther. BECKERS, Anna. Expanding Constitutionalism. *Indiana Journal of Global Legal Studies*, v. 20, n. 2, 2013.

TEUBNER, Gunther. *Constitutional Fragments: Societal Constitutionalism and Globalization*. Oxford: Oxford University Press, 2012.

TEUBNER, Gunther. *Fragmentos constitucionais*: constitucionalismo social na globalização. São Paulo: Saraiva Educação, 2020.

TEUBNER, Gunther. GOLIA, Angelo Jr. Societal Constitutionalism in the Digital World: An Introduction. *Max Planck Institute for Comparative Public Law & International Law Research Paper Series*, n. 2023-11, 2023.

TEUBNER, Gunther. Horizontal Effects of Constitutional Rights in the Internet: A Legal Case on the Digital Constitution. *The Italian Law Journal*, v. 3, n. 1, 2017.

TEUBNER, Gunther. Quod omnes tangit: Transnational Constitutions Without Democracy?. *Journal of Law and Society*, v. 45, n. S1, 2018.

TUFEKCI, Zeynep. *Twitter and Tear Gas: The Power and Fragility of Networked Protest*. New Haven: Yale University Press, 2017.

TUSHNET, Mark. Authoritarian Constitutionalism. *Cornell Law Review*, v. 100, n. 2, 2015.

TUSHNET, Mark. Constitutional Hardball. *The John Marshall Law Review*, v. 37, 2004.

WALKER, Neil. Taking Constitutionalism beyond the State. *Political Studies*, v. 56, n. 3, 2008.

WALUCHOW, Wil. KYRITSIS, Dimitrios. Constitutionalism. In: ZALTA, Edward N. NODELMAN, Uri (Eds.). *The Stanford Encyclopedia of Philosophy. Summer 2023 Edition*.

WEST, Sarah Myers. Censored, suspended, shadowbanned: User interpretations of content moderation on social media platforms. *New Media & Society*, v. 20, n. 1, 2018.

WETTSTEIN, Florian. *Business and Human Rights: Ethical, Legal, and Managerial Perspectives*. Cambridge: Cambridge University Press, 2022.

WONG, David. FLORIDI, Luciano. Meta's Oversight Board: A Review and Critical Assessment. *Mind and Machines*, v. 22, 2022.

ZUBOFF, Shoshana. *A era do capitalismo de vigilância*. São Paulo: Intrínseca, 2021.

Esta obra foi composta em fonte Palatino Linotype, corpo 10,5
e impressa em papel Offset 70g (miolo) e Supremo 250g (capa)
pela Formato Artes Gráficas.